THOMAS JEFFERSON
杰斐逊大传

林葳 ◎ 著

华中科技大学出版社
http://www.hustp.com
中国·武汉

图书在版编目(CIP)数据

杰斐逊大传/林葳著. --武汉：华中科技大学出版社，2020.6
ISBN 978-7-5680-6221-3

Ⅰ.①杰… Ⅱ.①林… Ⅲ.①杰佛逊(Jefferson，Thomas 1743-1826)-传记 Ⅳ.①K837.127=41

中国版本图书馆 CIP 数据核字(2020)第 076771 号

杰斐逊大传
Jiefeixun Dazhuan

林葳 著

责任编辑：	沈剑锋
封面设计：	胡椒书衣
责任校对：	刘 竣
责任监印：	朱 玢
出版发行：	华中科技大学出版社（中国·武汉） 电话：(027) 81321913
	武汉市东湖新技术开发区华工科技园 邮编：430223
印　　刷：	北京市艺辉印刷有限公司
开　　本：	710mm×1000mm　1/16
印　　张：	19
字　　数：	283 千字
版　　次：	2020 年 6 月第 1 版第 1 次印刷
定　　价：	45.00 元

本书若有印装质量问题，请向出版社营销中心调换
全国免费服务热线：400-6679-118　竭诚为您服务
版权所有　侵权必究

【前言】

自由是神圣不可侵犯的自然权利之一

美国第3任总统托马斯·杰斐逊和法国拿破仑·波拿巴皇帝是同一个时代且有过交集的风云人物。可以毫不夸张地说，杰斐逊像拿破仑一样对他所在的国家及所处的时代都产生过巨大而深远的影响。在美国的英雄圣殿中，杰斐逊拥有无人可以撼动的崇高地位、数不清的霸气头衔和让世人炫目的光环。

杰斐逊是一位伟大的政治家。

从杰斐逊的从政生涯人们不难看出，他从不贪恋权位，但关键时刻他又不得不握紧权柄：一方面主张加强联邦中央集权；另一方面又极力反对、防止出现专制政府和独裁君主。一方面他主张国家干预经济，并力主经济独立，发行美国货币；另一方面又反对设立国家银行，担心少数人借机洗钱，把持国家经济命脉。一方面在国际事务中坚持由华盛顿制定的中立原则；另一方面又为维护国家利益而积极备战，竭力发展海上武装。一方面主张废止，至少是限制奴隶制，禁止奴隶贸易；另一方面又享受着奴隶制带来的种种特权……他的政见和决策总是随形势的变化而不断调整。但是，只要符合国家和民众的利益，他都愿意而且善于妥协。正因为如此，他才有诸多建树：保护农业，废除国产税，发展民族资本主义工业；从法国手中购买路易斯安那地区，使美国领土增加近一倍；积极推行向西扩展的政策，提高综合国力，维护联邦统一，促进美利坚民族大融合；坚守海上自由贸易原则，打击海盗，促使美国走向海洋强国；寄情教育事业，创办弗吉尼亚大学。

作为政治家，他表现出许多高贵的品质：勤恳扎实，自强不息；光明正大，不搞阴谋诡计；清正廉洁、遵守法纪，以身作则；只讲贡献，不计较个人荣誉；急公好义，关心国事……无论是当州长还是总统，他都没有个人荣耀感，也没有权力欲，从不利用职权地位谋求私利，他只是感到个人责任加重了，为了完成使命，甘愿奉献自己的一切。他时刻都在思考如何使国家变强盛，如何为人民谋福利，如何维护民主……他一生克己奉公，自强不息，勤奋不已，退隐后仍不休息，继续发挥着自己的余热，直至生命终结。

杰斐逊也是一位具有远见卓识的思想家。

每当人们谈及美国民主革命，总会很自然地联想到《独立宣言》，其中的"天赋人权"——包括"生命、自由和追求幸福"的权利，就是杰斐逊民主思想理论的核心，由此引申出的"权力与平等"思想则是其思想精髓。他提出了对公权予以制约、对私权予以保护的观点，反对一切压迫，仇视君主制和贵族特权，尤其反对暴政。为防止暴政和出现专制君主，他设计了周密完善的制约机制：对国家权力实行三权分立，并通过制定宪法加以保证；主张放权于民，把普及教育和发展教育看作防止民主蜕化为暴政的最重要手段；建立民众监督机制，让民众享有选举、监督政府官员的权利。而且，他主张赋予民众革命、武力反抗暴政的权利。对于私权，他极力主张保护私有财产，使每个人都享有基本的经济保障。私权还包括一切自然权利，他把人身自由、思想自由、宗教自由列为神圣不可侵犯的自然权利之一，反对任何遏制、束缚思想自由的东西，不管它是教会还是政府；他对民众有深厚的感情，主张消灭贫困，反对社会不平等；他重视人的尊严，重视人的价值；他强调每个人都有获得幸福的权利，民众有免于恐惧的自由；他反对自私自利、尔虞我诈、互相残害的人际关系；他渴望看到的是一个重情谊、互相爱护的富有人情味的人际关系。他曾说："关怀人的生命安全及幸福，而不是破坏它们，应该是一个良好政府的首要的、唯一的正当的目的。"毋庸置疑，杰斐逊是18世纪启蒙思想在美国的主要代表人物之一，是美国"民族之魂"，他留给美国的政治遗产——博大精深的民主思想体系，至今还在造福每一个美国公民。

杰斐逊还是一位聪明睿智的"杂家"。

杰斐逊从小学习拉丁文、古希腊文和法文，阅读了包括政治、历史、文学、哲学等方面的名著，知识渊博，兴趣广泛。他对发展农业情有独钟，把农业视为"经济生活、公民美德和道德幸福的基础"，其理想是将美国建设成为一个以小土地所有制为基础的农业国家，他对农业社会的弘扬体现在其论著以及与朋友的通信中，也体现在他对蒙蒂塞洛庄园的改造中。他亲自设计建造了蒙蒂塞洛庄园和弗吉尼亚大学的主体建筑，这两个建筑群不仅外观独具特色，融实用主义、象征主义与自然环境为一体，而且内里洋溢着自由的理念以及自我决定、自我实现的价值观念，都是建筑史上的经典之作。他不仅领衔起草了《独立宣言》，还撰写了专著《弗吉尼亚纪事》，其写作方法和修辞手法也堪称典范。他还精通测量学、天文学、生物学、密码技术等多种学科，而且是著名律师及造诣颇深的小提琴手。许多人认为杰斐逊是历任美国总统中智慧最高者。美国第35任总统肯尼迪在白宫宴请49位诺贝尔奖得主时说："今天这里汇聚了全人类最多的智慧，也许只有托马斯·杰斐逊在此独自用餐的时候胜过此时。"可以说，从来没有哪一个学者、科学家获得过如此高的赞誉。

本书以丰富、翔实的史料为基础，以全新的视角、朴实严谨而流畅的语言，生动展现了杰斐逊的生平轨迹，同时探索了美国民主革命历程、美国早期的法制建设以及推动美国走向强盛的经济和对外政策，寄望于读者能从中得到有益的启示。

目 录
Contents

第一章 跌跌撞撞成长路 1

    1. 来自高原的拓荒者 1

    2. 童年的记忆 6

    3. 面临丧父的考验 13

    4. 超级学霸的炼成 19

第二章 少年辛苦终身事 30

    1. 青涩之恋 30

    2. 接受学徒式法学教育 37

    3. 既做律师，又当庄园主 44

    4. 风起云涌的抗税斗争 53

第三章 投身革命建勋业 ································ 59

1. 跻身政界 ······································ 59
2. 共筑爱巢 ······································ 63
3. 从抗争到决裂 ·································· 69
4. 独立革命的第一枪 ······························ 76
5. 吹响独立革命的号角 ···························· 81

第四章 二任州长重改革 ································ 91

1. 致力于新政府民主改革 ·························· 91
2. 极力推行宗教改革 ······························ 97
3. 积极援战的州长 ······························· 103
4. 撰写《弗吉尼亚纪事》 ························· 114

第五章 出使法国谋合作 ······························· 122

1. 痛失爱妻 ····································· 122
2. 重返议会 ····································· 127
3. 你好,法兰西 ································· 135
4. 浪漫故事遗留的缺憾 ··························· 144

第六章 求同存异奠根基 ······························· 151

1. 制宪会议与联邦宪法 ··························· 151

2. 主政国务院 …… 164
3. 两个核心人物的缠斗 …… 171

第七章　权力巅峰展宏图 …… 178

1. 韬光养晦待时机 …… 178
2. 当选副总统 …… 186
3. 白宫新主人 …… 194

第八章　治国拓疆有奇略 …… 202

1. 治国新策 …… 202
2. 打击海盗，走向海洋强国 …… 209
3. 购买路易斯安那 …… 213
4. 以"阳谋"对付阴谋 …… 221
5. 一场禁运风波 …… 229

第九章　急流勇退显境界 …… 235

1. 默默隐退 …… 235
2. 与老友重修旧好 …… 241
3. "偏僻的寺院" …… 247
4. 在困顿的日子 …… 254

第十章　别具一格树丰碑 ………………………… 262

1. 真假莫辨的陈年旧事 ………………………… 262
2. 弗吉尼亚大学的奠基人 ……………………… 271
3. "一个字也不能多" …………………………… 280

附录　托马斯·杰斐逊大事年表 ………………… 288

第一章　跌跌撞撞成长路

1. 来自高原的拓荒者

1492年10月12日，哥伦布首次登上美洲大陆，从而作为美洲新大陆的发现者被载入史册。对这一重大发现尤为感兴趣的是一些海洋强国，如英国、葡萄牙、法国、荷兰等。据说英国人最早登上新大陆的是一支由百余人组成的探险队，登陆的地点是北卡罗来纳的罗阿诺克岛。但几十年后这些探险者在岛上已无迹可寻，成为一个难解之谜。不过，英国人并没有因此而放弃探险，之后他们又到达弗吉尼亚州詹姆斯敦，并在这里建立了一个探险基地。可以肯定的是，美国的弗吉尼亚州是英国在北美大陆最早的殖民地。

17世纪初期，海洋强国的探险计划渐渐演变成了殖民扩张。欧洲掀起了移民大潮，大批移民开始漂洋过海来到北美洲。那时移民北美洲，不仅需要具备冒险精神，还要有审慎的计划和为数不少的金钱。弗吉尼亚州虽然开发较早，但移民们最初看到的新大陆只是一片苍翠的密林，不仅没有传说中的黄金宝藏，而且要面对非常仇视外来者的印第安人。移民一方面要开荒种地，应付艰苦的日常生活，另一方面又要时刻提防当地原住民印第安人的袭击。值得庆幸的是，这里一望无际的沿着东海岸从北向南延伸2000多英里①的原始大森林，是一座巨大的宝库，

---

① 1英里=1609米。

能够提供充裕的燃料，还能盖房子、制家具、造船；肥沃的土地可以种植玉米、小麦、大豆等粮食作物，以及烟草、茶树。经过移民们的开发，弗吉尼亚等地成为很多人向往的富庶之地。

需要说明的是，英国自1607年设立詹姆斯城（属伦敦公司）以后，先后在北美洲东海岸设立了13个殖民地，按照设立的时间顺序，大致是弗吉尼亚、马萨诸塞、罗德艾兰（罗德岛）、康涅狄格、新罕布什尔、马里兰、特拉华、纽约、新泽西、宾夕法尼亚、北卡罗来纳和南卡罗来纳，最后一个佐治亚设立于1733年。从欧洲移民到英殖民地的绝大部分是英国人，还有很少一部分来自法、荷、葡、德等国。来自英国的移民主要有两种人，一种是在政治、宗教斗争中失利的原属于上层社会贵族的落难者；一种是心怀发财梦、雄心勃勃的冒险者。后来移民过来的那些属于贵族阶层的人，尤其是有爵位的人，大多数在北美洲殖民地有英王室封赏的土地，但那些土地基本上是没有开垦的处女地；而没有封地的冒险者则要自己想办法找一块土地（强占或者购买），然后开垦成农场；有了足够多的土地后，又买来一些奴隶（绝大多数来自非洲）逼他们干活，自己便成了农场主。

大约在17世纪20年代初，杰斐逊家族的冒险者们千里迢迢，横渡大西洋来到北美洲弗吉尼亚定居。这个家族最早登上新大陆的是哪些人已无从得知，只知道他们是从英格兰威尔士斯诺登山区（高原广漠荒凉之地）移民来的，至于这个家族在英国原属哪个阶层（传说中的名门望族不可信，顶多算自耕农阶层），也无法考证。杰斐逊家族在弗吉尼亚有史可查的是：有一个家族成员在1619年詹姆斯敦召开的议会议员选举大会上当选为这个镇的议员。人们没有记下他的姓名，但可以肯定他是个有钱人，因为当时只有比较富有或者身份特殊的人才有资格当选议员。

这个家族到了老托马斯·杰斐逊这一代，家族史才有了较为详细的记载。老托马斯是一个种植园主，17世纪40年代末他与查尔斯城一位县法官的女儿结婚后，到约克河边的约克敦（尚未设镇）从事土地买卖生意。由于17世纪中叶到弗吉尼亚的移民迅速增多，土地十分紧俏，老托马斯赚到了不少钱，随后买地建造了豪华宅邸，添置了大量家具，还买了不少奴隶来开荒种地干苦力活。老托马斯于1698年去世，他的全部家产包括土地和奴隶在内，都由儿子小托马斯继承。但小托马斯没有在约克敦做生意，而是到了距里士满很近的亨利科县发展种植业，将父亲的田产扩大了数倍，在切斯特菲尔德、查尔斯城都有他的田地。他在亨利科县又建了一栋豪宅，还拥有单独的马厩和一匹用于竞赛的良马。不久他又成为该县的治安官与和平法官。弗吉尼亚地方民团上校、威廉斯堡的威廉·伯德二世（侯爵）到他的豪宅做过客。可见小托马斯已经是弗吉尼亚地区名气不小的农场主了。

小托马斯生养了三个儿子，长子也叫托马斯，不幸早夭；次子叫菲尔德·杰斐逊，长大后在很远的罗阿诺克海边定居，后代人丁兴旺；三子叫彼得·杰斐逊，1708年2月29日出生于切斯特菲尔德县。杰斐逊族谱记载说彼得是1737年才来到美国的（见托马斯·杰斐逊自传），这一说法似乎有误。

彼得没接受多少学校教育，但他非常喜欢读书，凭兴趣自学了不少东西。当他长成一个十八九岁的小伙子时，身材十分魁梧，力大无比，耐力惊人，远近闻名。他还是一个意志坚强、头脑清晰的人，做事总希望尽善尽美。由于他的马术和打猎技艺都高人一等，加上非凡的勇气和见识，人们推举他为切斯特菲尔德县地方民团的队长。在维持与印第安人交界地区的秩序时，他不是靠武力手段，而是与印第安人友好相处，公平地对待印第安人，从而保持了地方的安宁。因为工作关系，彼得与威廉斯堡的威廉·伯德爵士也有不少往来，虽然两人年龄相差很大，但并不影响他们成为好朋友。彼得还因此和弗吉尼亚最有名望的伦道夫家族攀上了关系。

彼得在弗吉尼亚切斯特菲尔德县也是一个很有名气的测量师，享有很高的声望，人们常会把他亲历的一些事情当作传奇故事来讲。据说他曾经独自推倒一间木棚，而三个奉命将这间木棚拆毁的奴隶合手也没能撼动分毫。还有一次，彼得自己立起了两个单体重量1000磅①的烟草大桶，简直是天生神力，令人惊叹。而他令人敬佩的不只是强悍的体力，更在于他坚韧不拔的毅力。其中最为典型的事例是，为了界定弗吉尼亚州与北卡罗来纳州的边界，准确描述这一带的山川地貌、水土特性，他和威廉-玛丽学院的数学教授约书亚·弗莱一同绘制了第一幅弗吉尼亚州的权威地图，并从弗吉尼亚州和北卡罗来纳州边界荒山野岭的东头走到西头。这是一次令人难以想象的森林穿越。杰斐逊家族史中有这样一段记录：穿越蓝岭时，彼得·杰斐逊和他的同伴日间击退了野兽的袭击；夜晚，出于安全考虑，他们在树上轮流休息。在人烟稀少的土地上，因为食物匮乏，经常会筋疲力尽、晕倒昏厥，但这支队伍始终没有停止前进。靠生食动物的肉，彼得·杰斐逊得以生存下来，直到工作结束（也许正如家族史所记载的，吃掉能找到的所有可以维持生存的东西）。彼得用行动证明了他是一个英雄的开拓者，是一位值得大家尊敬的人。

1739年，31岁的彼得与19岁的珍·伦道夫结为伉俪。珍出生于英国伦敦，她的父亲艾夏姆·伦道夫移民北美洲，居住在古奇兰县的丹吉内斯庄园，是一个拥有很多产业的庄园主，还是英国皇家海军上尉。珍的母亲珍·罗杰斯是个美人，在英国伦敦享有很高的知名度。珍·伦道夫在伦敦接受了基础教育后，随母亲一起移民到北美洲。

伦道夫家族的北美始祖叫亨利·伦道夫，他娶了英国国会下议院一个议员的女儿为妻，在仕途上得到了不少助力。1642年他移民到弗吉尼亚后，很快在亨利科县县政府谋到了一个职位。他发迹后，回英国把他的侄子威廉·伦道夫也带来了。威廉十分精明能干，他来到弗吉尼亚后，接替了叔叔在亨利科县的职位，购买了大片土地，并进入航运业、烟草种植业及参与奴隶交易，短短几年就暴富，在詹姆斯河②河口修建

---

① 1磅≈0.45千克。
② 詹姆斯河：美国弗吉尼亚州中部河流，由杰克森河和考帕斯彻河汇流而成，在伯克利县北部切过阿巴拉契亚大山谷。

了一座富丽堂皇的庄园。不久，他与百慕大种植园主的女儿玛丽·艾夏姆·伦道夫结婚，一连生育了10个孩子。除了一个儿子夭折外，其余9个孩子均顺利长大成人，各自择地而居，又修建了八九座庄园。有文字记载说，"伦道夫家族人口众多，像苏格兰氏族那样，他们因众多的府邸而声名显赫"。

彼得的岳父艾夏姆·伦道夫便是威廉·伦道夫的儿子之一。作为皇家海军的一名船长，艾夏姆经常往返于北美新大陆与大不列颠之间，他在伦敦有豪宅，并在那里结婚生子，又在弗吉尼亚古奇兰县置办了庞大的产业，所以无论是在伦敦还是在弗吉尼亚，他都很有名气。他的英国先祖据说可以追溯至苏格兰国王大卫一世①。彼得的妻子珍·伦道夫作为这个名门望族的成员之一，继承了"祖上苏格兰莫里伯爵的爵位，这个家族与许多英国、苏格兰显赫的王亲贵胄有着血缘或联姻关系"。珍颇以自己拥有高贵的血统而骄傲。

彼得与珍结婚后，居住在弗吉尼亚州阿尔伯马尔县（从古奇兰县划分出来的，县城夏洛茨维尔在里士满西约105英里）。在县境内及周边地区，他拥有广袤的土地，蓄养了许多奴隶。其中大概2000英亩②土地来自伦道夫家族。在那里，彼得沿着里瓦纳河修建了庞大的沙德威尔庄园。据说这块土地是彼得用"一大碗潘趣酒"跟他的好朋友、珍的堂哥威廉·伦道夫（与其祖父同名）换来的，面积达400英亩。这里比彼得的其他土地更适合盖房子——里瓦纳河虽然只是一条不出名的小河，但它发源于蓝岭山脉，两岸树木茂密，郁郁葱葱，环境幽静宜人。这让他联想起数千里之外的故乡斯诺登山区；而这座新修建的庄园也是以他的妻子珍受洗礼和他们结婚的伦敦教区教堂来命名。这一切无不显露出彼得和珍对英国的怀念。

---

① 大卫一世：苏格兰国王，与诺森伯里亚伯爵沃西奥夫之女的联姻，使他卷入英国的政治斗争。他是第一位承认玛蒂尔达为英王亨利一世合法继承人的君王，并协助玛蒂尔达对斯蒂芬作战，后在诺萨勒顿附近的斯坦得被斯蒂芬击败。他把盎格鲁–诺曼底的封建制度引进苏格兰，重组教会，修筑了许多城堡，创建了一批苏格兰自治市。

② 1英亩≈0.4公顷。

彼得与珍的婚姻似乎很完美，但他们生育的第一个女儿却天生残疾，接下来的一个孩子怀上才三四个月就流产了，随后生下的儿子出生不久又夭折了，这让彼得夫妇既悲痛又懊丧。1743年4月13日，他们的第三个孩子降临人间，尽管没有任何吉兆显现，但婴儿响亮的啼哭声向人们宣告，他是一个健健康康、血气十足的男孩。

因为有了前两次的不幸遭遇，彼得夫妇对这个孩子格外看重，取名字挑来挑去选了好多，最后还是决定按照先辈们给孩子取名的习惯，把这个孩子当作长子，取名为托马斯·杰斐逊。这是杰斐逊家族中的第四个"托马斯"，显然寄予了家族传承的希望。若干年后，托马斯·杰斐逊在回忆录中写道："据父系家族传说，我们的祖先来自威尔士的斯诺登山一带，那里是英国海拔最高的地方。"而其他有关杰斐逊家族起源的一切都已消逝在历史的迷雾之中，与斯诺登山的联系是关于杰斐逊这个颇具声望的古老家族从古至今、代代相传的唯一记述。那里即便不是杰斐逊家族的诞生之地，也是其力量的源头。而托马斯·杰斐逊对他那有爵位的母亲及其显赫家族却很少在公开场合提及，因为他从未以此为自豪。

2. 童年的记忆

托马斯·杰斐逊童年在沙德威尔庄园生活的时间并不长。对他来说，童年时期留下的最早最深刻的记忆是在他3岁那年，全家人从沙德威尔庄园到塔卡胡农庄的一次旅行。这次旅行全程不过90英里，但对年幼的杰斐逊来说却是一次艰难而不愉快的行程。

当时他和一个奴仆同骑一匹马，屁股下面垫着一个枕头来缓冲震动，但没走多远，他的两条大腿内侧还是磨破了皮。于是，他让奴仆赶上父亲，问道："爸爸，我们到底要去哪里呢？难道是要回苏格兰吗？"他之所以这样问，是因为母亲珍说过他是苏格兰人。但他不知道要想骑马回苏格兰，这辈子恐怕也做不到。彼得微笑着看了看儿子，说："不，我们可能永远回不了苏格兰。我们只是去帮助一个朋友，替他照管农庄。""那他为什么不自己管理呢?"彼得语重心长地说:"因为这位朋友已经去世了,而他的儿子不太听话,不愿接管他的农场。他死前嘱托我去帮他代管,我应该担起这份责任。"

杰斐逊对父亲的话似懂非懂。他知道父亲是去帮人看管农庄,尚不知道父亲对土地的热爱胜任何东西,因为他原本就是地地道道的农民的儿子。土地、农场主、责任,这些词对杰斐逊来说还太深奥,他不再提问,忍着疼痛默默地跟在父亲后面。

彼得所说的这位朋友便是威廉斯堡的威廉·伯德二世爵士(另一说为珍的堂兄威廉·伦道夫),他生前极力推举彼得接任其弗吉尼亚民团最高长官的职位(上校衔),并在临终前几个月立下遗嘱,让彼得来管理他的塔卡胡庄园,抚养他的三个孙子。

伯德家族也是来自苏格兰,说起来威廉·伯德二世与彼得的岳父艾夏姆·伦道夫还是宗亲,他于1674年3月28日出生在弗吉尼亚亨利科县,7岁时被父亲送回英格兰老家费尔斯泰兹法学院攻读法律。他热衷于政治,尚未毕业就在伦敦从事政治活动,后来出任御用大律师长达37年,并获封侯爵爵位。1705年,威廉·伯德一世去世后,他返回弗吉尼亚殖民地继承了庞大的产业,住进威廉斯堡(以英国国王威廉三世的名字命名),被迫开始管理他不熟悉的农场业务。他对于蓄养非洲黑人奴隶情有独钟,拥有大批的非洲黑人奴隶。

威廉对威廉斯堡的奢靡生活感到很不满,这里人口增长迅猛,商业发达,但人们的精神开始堕落。他曾在日记中记录了1710年春天在威廉斯堡的一天,说"一些人不管生病和坏天气,都是喝得酩酊大醉来出庭",他还在"教堂墓地看见有人喝醉"。他一向重农轻商,平时常说"得拿眼盯着这些奸商"。他拥有一片著名的农场——韦斯托弗农场,在蓝岭脚下拥有大片土地。和他的农场同样享有大名的是他那存有4000多本书籍的私人图书馆。彼得经常去他那里借看。

詹姆斯河下游生产烟草,商贸发展很快。1737年,威廉捐出一块土地给英国弗吉尼亚殖民政府,用于修建新城,后来成为弗吉尼亚商业和奴隶交易的集中地。这座新城就是现在的弗吉尼亚州首府里士满。

威廉去世后，威廉·伯德三世虽然答应继承祖业，但他热衷于政治，无意经营农场，更不愿意到偏远之地过乡村生活，而且他一向视在农场里干活的黑人为低等民族，所以准备把祖业全部卖掉。在这种情况下，彼得根据威廉爵士的遗嘱，代管塔卡胡农庄，照看他的一些嫡亲和旁亲后人。或许是受威廉爵士的思想影响，彼得一直老老实实地当着农场主，而不像父亲那样去经商。他勤劳能干，喜欢读书，思维清晰敏捷，善于思考，不仅把塔卡胡农庄打理得井井有条，还兼管着自己的农庄，这些充分显现了他的管理才能。

彼得几乎没有受过正规教育，但他渴望进入上层社会，所以平常很注重通过自学和生活的磨炼来提升自己，并具有了较高的文化素养和社交能力，而且成为教区代表，后来又当选为弗吉尼亚州众议院议员。在这方面，他为孩子们做出了表率。杰斐逊后来在自己的一本书中写道："父亲的学识被忽略了，其实他意志坚强、判断敏锐、渴求知识，他通过阅读很多书籍来提升自己。"

彼得很重视子女的教育，在杰斐逊5岁的时候就把他送进一所英语学校读书。在学校里除了识字外，更多的是学习音乐和舞蹈，包括小步舞和一种名为"乡村舞"的舞蹈。杰斐逊结识了几个朋友，其中一个叫托马斯·曼·伦道夫，是威廉爵士的孙子，比托马斯·杰斐逊大2岁。他们经常一起玩耍，结下了很深的友谊，后来成为儿女亲家。

杰斐逊的姐姐珍妮（简）虽然不能跳舞，但她歌唱得非常好，而且善解人意，是弟弟"家里最亲密忠实的伙伴"。姐弟俩都热爱音乐，经常在树林里唱歌度过美好的时光。珍妮的赞美诗唱得更好，杰斐逊小时候完全是因受姐姐的美妙唱诵声吸引才愿意参加祈祷的。

随着社会地位的不断提高，彼得的交际越来越广。杰斐逊在很多年后还记得他家的客人是用银餐具进餐的，几乎每次晚宴后都有舞会，所以他很小就会跳各种舞蹈。此外，父亲的书房也是很吸引他的一个地方。在宅邸的一楼，彼得专门设置了几间书房，其中一间是他的办公室兼书房，里面除了一张宽大的原木办公桌外，其他地方几乎都被书架占据了。上面摆放的图书五花八门，以文学、哲学、宗教、历史、政治等类为多，诸如莎士比亚的戏剧集《泰勒斯·安东诺尼克斯》《威尼斯商人》，埃德蒙·斯宾塞①的政治史诗《仙后》、波·索尔亚斯·拉平的《英格兰史》等，还有古希腊盲诗人荷马、托马斯·莫尔②、威克里夫、乔纳森·斯威夫特③、约瑟夫·艾迪生④、多比亚斯·斯摩莱特等人的著作以及《观察家》杂志。杰斐逊后来回忆说："我年轻的时候，着迷于历史书籍和游记。"像《环球旅行记》《美洲》等著作，他都通读过几遍。这两本书为年轻的杰斐逊开启了一道通往更加广阔的世界的文学大门。

对于收集到的各类图书，彼得一般会先翻一翻，然后放到其他几个房间去。彼得还给儿子请了家庭教师，不仅教杰斐逊学习文化知识，还经常带他到大自然中去，培养他向社会学习的兴趣，向他灌输严谨求实、奋发向上的精神。所谓有其父必有其子，在父亲的引导下，杰斐逊从小接受的教育就很明确，要成为一个有所作为、对社会有贡献的人。这使他从小兴趣广泛，凡事都爱动脑筋把问题往深处想。父亲也常常教他一些很深奥的东西，比如要能够逐渐适应权力，有责任、有担当。杰斐逊渐渐感觉到父亲正努力跻身上层社会，试图彻底改变农民、农场主——所谓自耕农的身份地位。他是早期弗吉尼亚农场主的典型，一个相信靠自我奋斗能改变一切的人。

农庄里有100多个奴隶，杰斐逊自幼与他们朝夕相处，在塔卡胡山

---

① 埃德蒙·斯宾塞：英国文艺复兴时期的伟大诗人，代表作有长篇史诗《仙后》，田园诗集《牧人月历》，组诗《情诗小唱十四行诗集》《婚前曲》《祝婚曲》等。

② 托马斯·莫尔：欧洲早期空想社会主义学说的创始人，才华横溢的人文主义学者和阅历丰富的政治家，以作品《乌托邦》而名垂青史。

③ 乔纳森·斯威夫特：英国作家、政论家、讽刺文学大师，以《格列佛游记》《一只桶的故事》等作品闻名于世，曾被高尔基称为"世界文学创造者之一"。

④ 约瑟夫·艾迪生：英国散文家、诗人、辉格党政治家，担任过南部事务部次官、下院议员、爱尔兰总督沃顿伯爵的秘书等职。写有诗篇《远征》、悲剧《卡托》以及文学评论文章等。

庄又与印第安人有了接触，了解到他们的生活习惯和疾苦。八九岁的时候，他开始关心那些生活在社会底层的贫困者，尤其对黑人和印第安人表现出深深的同情和关注。彼得受威廉爵士的思想影响，既不愿意放弃一分土地，把经营农场作为自己毕生的事业（这必然要奴役奴隶），又十分看重社会地位，希望抹掉农民的身份，像贵族一样受到人们的尊敬。他一直处在这种矛盾之中，自然也影响到了杰斐逊。

年幼的杰斐逊像父亲一样热爱大自然，熟悉乡村的生活，了解拓荒者创业的艰辛，同时也很了解在农场干繁重体力活、没有人身自由的奴隶们的凄苦生活，他开始意识到了蓄奴的弗吉尼亚地区的复杂性。5岁的时候他就听说：一个叫伊芙的奴隶因为主人怀疑她下毒而被处以火刑，被活活烧死；另一个奴隶因不满主人的随意大骂想要逃走，被捉回来后，主人将他用铁链吊在树上，直到变成人肉干……杰斐逊幼小的心灵里充满了种种疑惑，却无法从父亲那里得到答案，甚至他一生——后来做了议员、当上总统后都没能很好地解决农场主与奴隶之间的矛盾关系。他在《弗吉尼亚纪事》中写道："奴隶主和奴隶之间的整个交易是一场充斥着狂暴激情的永久运动，是奴隶主对奴隶经年累月的专制，是奴隶对奴隶主屈辱的服从。"杰斐逊希望那些奴隶的孩子也能像他一样自由自在地生活，可以上学，可以参加各种宴会和舞会，可以自由地在田野林间嬉戏玩耍，可以吃饱饭，还有鞋子穿……然而，这一切都只是他的美好愿望而已。

在童年的记忆里，杰斐逊对蓝岭一带的印第安人酋长翁塔赛特的来访印象极为深刻。当时这位酋长要去威廉斯堡公干，顺道拜访了彼得，向彼得讲述了最近一次印第安人和白人因争夺地盘而发生的流血事件。印第安人为了夺回被白人庄园主夺去的一块土地，对白人的住宅进行袭击，抢掠了不少东西，并把白人赶走。白人随即进行报复，他们派出一支武装民兵，将领头的印第安人枪杀，割下他的脑袋挂在竹竿上示众，并抓走了五六个印第安参与者，将他们关押起来。翁塔赛特此行就是为了到威廉斯堡找总督寻求解决此事的妥善办法，以免造成更大的流血冲突。

一向主张与印第安人和睦相处的彼得热情地接待了翁塔赛特酋长，当晚还举办了篝火晚会。杰斐逊清楚地记得，在皎洁的月光下，人们跪在熊熊的篝火旁虔诚祈祷，气氛庄严肃穆。酋长为了拯救自己的同胞，把他们的苦难向苍天向神灵（他们信奉"万物有灵"）倾诉，这一场景深深打动了杰斐逊的心，也被牢牢地印刻在了他的记忆里。

在塔卡胡庄园度过6年平静的生活后，1752年年底，彼得带着家人——此时他又添了两个女儿和一个儿子——返回了沙德威尔庄园。这几年里，杰斐逊的母亲珍也参与了沙德威尔庄园的管理，同时也以自己特有的方式教育孩子们。出身贵族的她凡事都十分讲究，无论是宅邸装饰、家居用品、衣着打扮还是饮食，都追求精致与品位。她本人也很有学识，而且口才不错，善于交际，性格开朗，慈爱善良，可以说是一个比较完美的上层社会的贵妇人。她的生活习惯与品行对杰斐逊起着潜移默化的影响，在她的熏陶下，杰斐逊非常热爱音乐，感性、儒雅、富有同情心，从不轻易介入任何争议。但他与母亲的关系似乎不怎么亲密，他长大从政后主张"人人生来平等"，更不愿谈及母亲自认为处处高人一等的思想观念。

杰斐逊未满10岁便跟随威廉·道格拉斯牧师在诺森姆的圣詹姆斯教区学习。因为教区距离沙德威尔庄园较远，所以上学期间他和牧师一起寄宿，每年回家住三四个月。当时的教区学校都不太规范，课程设置比较随意。杰斐逊并不喜欢道格拉斯，认为他是一个很肤浅的人，不过也在他的指导下学习了英语、希腊语、拉丁语和法语。

除了学习文化知识之外，杰斐逊每天都和牧师一起做烦琐的祈祷仪式，早晨起床第一件事是祷告，午饭前也要祷告，晚饭后或睡觉前再祷告。他对此感到不胜其烦，有一天，他乘其他孩子不在时，悄悄来到一间屋子的后面，双膝跪地，比平时更虔诚地祷告说："仁慈的上帝啊，让这里的一切尽快结束吧，它实在是太长了。"可是，祷告没有任何作用，上帝对他的请求置之不理，牧师为他们安排的所有事情都得一丝不苟地执行。杰斐逊通过认真总结后得出了一个结论：不能对上帝期望太多。这成为一句教育后代的经典名言。

杰斐逊爱好读书，更喜欢在丛林中游玩，观察大自然，在西北蓝岭余脉的东坡猎取鹿、火鸡和其他野味。如果说母亲希望他成为一个温文尔雅的绅士，那么父亲则希望他多一些农民的朴实、勤劳与坚忍。杰斐逊很早就通过行动而不是理论，懂得并领悟了忍耐和随机应变的重要性，正如他父亲所希望的那样。他还没满11岁的时候，父亲给了他一把枪，让他一个人在沙德威尔地区的树林里狩猎，证明他能够独自在野外生存才能回家。起初考验并不顺利，杰斐逊一无所获，没有猎到任何东西来证明自己的能力。这是一片未经开发的原始森林，周围的一切——树木、灌木丛、岩石和河流，都让他感到恐惧和沮丧。但他拒绝放弃或认输，像一个坚定的猎人那样守在那里等待着好运降临。对此，杰斐逊家族史中是这样记述的："终于，他把一只野火鸡关进了围栏，用吊袜带把火鸡捆在树上，给了它一枪，然后扛起火鸡凯旋。"

这次丛林考验预示了杰斐逊一生的命运：前进途中遇到障碍时，他能够无所畏惧，勇往直前；遭遇意外时，他可以随机应变，转危为安；取得胜利时，他享受成功的喜悦又不骄纵。

对于杰斐逊的童年生活，除了以上零星的记载，人们知之甚少。

回沙德威尔后几年，杰斐逊的父母又生育了3个女儿，这个家也算得上人丁兴旺了。杰斐逊在回忆录中写道：

> 我们家里一共有6个女儿、2个儿子，我就是家里的老大。詹姆斯河边的一套宅子被我的父亲留给了弟弟。为了纪念老家，父亲将那套宅子称作斯诺登。留给我的则是我出生和成长的那片土地。父亲在我5岁的时候把我送去一所英语学校读书，9岁的时候又将我转到了一所拉丁语学校，我一直在那所学校里学习，直到父亲去世。我的老师道格拉斯先生是一个苏格兰牧师，他不光教了我基础的拉丁语和希腊语，同时也教了我法语，我十分怀念跟随他学习的那段时光。

3. 面临丧父的考验

很多人认为杰斐逊家族的人从来不支持任何宗教派别和涉足政治，不管是在新大陆还是旧大陆，他们更愿意不受打扰地经营自己的生意。但事实上，杰斐逊的父亲彼得不仅热爱土地，精心管理着数千亩农场，而且在政治上也有所追求。他当过县治安官和法官，后当选为州议员，又接替威廉爵士的职位担任弗吉尼亚州地方民团长官，并晋升为上校。可以说在这个州，他的权势与地位仅次于英国国王亲自任命的弗吉尼亚总督罗伯特·丁威迪。不过，有一点可以肯定，不管获得过怎样的官职和荣誉，他始终保持着农民勤劳、朴实的本色。

彼得对儿子杰斐逊政治思想方面的影响，主要是对自耕农的权利、土地、庄园主与奴隶矛盾等问题的思考。彼得对英国人最看重的宗教问题没有兴趣，无暇顾及国王和大主教都干些什么，只要权贵们能够依据土地法进行统治，不肆意践踏那些他们极为珍视的自由和自耕农应有的权利，其他方面都可以忍耐。他没有考虑在一个实行殖民统治的地区，要获得这样的权利是多么不易，而他却获得了一个普通自耕农无法得到的权力和地位。

这里还需要追溯一下英国政府对北美殖民地区实行殖民统治的演化过程，因为这是杰斐逊"天赋人权论"（自然权利）形成的基础。最初，英国政府成立了一个皇家委员会，专门管理北美洲的伦敦公司和普利茅斯公司（由英国清教徒①建立）。其中，伦敦公司专门管理那些因失去土地、破产而被迫卖身为奴的贫困农民和一些因犯错犯罪而被流放的人（称"契约奴"）；而普利茅斯公司管理的大多是有人身自由的移

---

① 清教徒：指要求清除英国国教中天主教残余的改革派。其字词于16世纪60年代开始使用，源于拉丁文的Purus，意为清洁。清教徒信奉加尔文主义，认为《圣经》才是唯一最高权威，任何教会或个人都不能成为传统权威的解释者和维护者。清教徒的先驱者产生于玛丽一世统治后期，流亡于欧洲大陆的英国新教团体中。之后，部分移居至美洲。

民。这两家公司希望英国政府正式承认他们的管辖权，于是向英国政府申请了特许状①。

1624年，伦敦公司将殖民地居民的管辖权移交给英国国王，从此，伦敦公司拥有的土地管理权（主要指弗吉尼亚地区）也收归国王所有，由英国政府对那里的居民实行殖民统治（领土主权认可，实际上政府只管收税）。1632年，英王将马里兰封给巴尔的摩爵士，授予他"完全控制当地的行政、立法和军事事务"的权力，他对英王则只有轻微的义务，即承认英王的最高权力并奉献某些贡物，这使巴尔的摩爵士"俨如一个国王，只是没有王冠"。也就是说，与公司管辖有别，那里的土地管理权归他私人所有。

英王虽然收回了一部分土地管辖权，但对殖民地实行殖民统治只是名义上的——在和平时期，英国政府并没有向北美洲派驻常备军，地方武装力量主要是民兵（民团），负责维护地方安全与治安；另外还设有治安官和法官，也完全由地方选举产生。殖民地居民对英国主权的承认与服从，并非出自武力威慑和暴力强制，而是基于国家认同和利益需要的一种自愿选择。不管是哪种移民，都不反对被称为"殖民地居民"，只要国王陛下承认他们在大西洋西海岸拥有大片土地的经营管理权，他们就心满意足了。

在英国本土发生资产阶级民主革命的年代（1640—1688年），英国政府对于殖民地的管辖基本上名存实亡，部分殖民地区开始进行独立自主的联合，新英格兰地区（包括马萨诸塞、罗德艾兰、康涅狄格、新罕布什尔）还拟定了名为"巩固而持久的攻守、协商及互助的友好联盟"条例，可视为殖民地区最早的宪法。他们按这个条例规定行使管辖权，处理公共事务。后来英国政府虽然颁布了航海条例并出台了殖民地区商

---

① 特许状：指中世纪欧洲国王赐予领主领地免受管辖的特恩权时所颁发的一种证明文书。其中载明禁止地方官员进入持有豁免证书的领地行使税收和审判等方面的职权。特许状实施的结果使封建领主对其领地拥有了独立的政治、经济、军事、司法等方面的统治权，王权衰落。

贸政策，但在新英格兰地区、纽约、马里兰、新泽西等地都未能施行。殖民地北部地区（大致以波托马克河为界）的移民为争取人权平等、商贸自由，与荷兰人和英国政府进行了长期抗争。直到1674年，英王才委派爱蒙德·安德洛斯为纽约地区总督，这是最早以国王名义任命的行政官员，但荷兰人又迫使安德洛斯于1681年被召回。

1684年，普利茅斯公司的特许状被吊销，新英格兰地区收归国王所有，不过马里兰、宾夕法尼亚和特拉华的大片土地仍归巴尔的摩爵士所有。随后，纽约、新泽西、南卡罗来纳和北卡罗来纳的土地也被国王收回。1686年，安德洛斯再度返回北美洲担任新英格兰总督，但还没有干满2年又被赶走了。相比而言，殖民地区的北方人一直没有南方人"听话"，而且他们是以工业、商贸为主，不像南方人对土地那么依赖和重视。南方人则以种植业为主，必须有足够多的土地。英国政府对殖民地的控制主要靠（海关）税收和土地经营权。

到18世纪初，英国国内完成资产阶级革命和改朝换代后，政府才根据原特许状中的有关规定，重申各个殖民地必须由英王创设的"法人和政治实体"或"永久政治实体和法人团体"来治理。其政治属性和土地权利均由英王授予，英国政府拥有合法的主权和管辖权。英王把殖民地区（尤其是南方）的大部分土地都封赏给那些有王室血统、有爵位的贵族。英国政府采用管理海外领地的方式进行统治，尽可能完整地将英国本土的社会结构、政治体制和法律体系移植到北美洲，按照英国政府自身的模式和功能来设计并建立各殖民地政府，包括选派总督、任命参事会、设立海关、审查殖民地议会制定的法令等。总督是英王的代表，任职者通常由英国从本土选派，而由本地人组成的参事会相当于英国的枢密院和议会贵族院（上院），由民众选举的议会（下院）则与英国的议会平民院相对，两者共同掌握立法权，可以制定不违背英国法律的地方法令法规。另外，还有主教、高级教士行使宗教方面的权利。

殖民地是由英国人建立、英国人统治的英国海外领地，所以殖民地的英裔居民自然就是英国国民，而不是受异族统治的"二等臣民"。他们应和英国本土出生的臣民得到同样的待遇和尊重，同样享有英国本土臣民的全部特权、公民权和自由权。这是从理论上界定的移民的正当权利。1740年，英国议会第一次制定了殖民地移民（不包括犹太人、异教徒、黑人奴隶）的入籍法，规定了归化为英国臣民的一系列程序。绝大部分北美移民都以成为英国臣民为荣。

这些权利是北美洲的英国移民用了几个世纪的时间争取到的。包括彼得在内的庄园主们对自己的生活状况感到很满意，没有提出任何其他要求。彼得生前对杰斐逊的教育，只涉及如何获得和维护一个属于英国臣民的自耕农或者说农场主的种种不可剥夺的权利，至于脱离英国管辖而独立的思想未免太过荒唐，人们完全不敢想。殖民地与宗主国长期保持相容、并存、互利的良性关系，客观上促进了北美洲的全面开拓和发展。

杰斐逊家族是在南方靠土地发展起来的，这使彼得对土地的热爱远远超过其他种植园主，但他也遇到一个不可调和的矛盾：一旦来到北美洲开拓土地，就必须像所有农场主那样行事，也就是说必须拥有奴隶。彼得厌恶这项制度，但他数千英亩的农田必须有人去耕种劳作，除了从海外运进来的有耐心且有力气的黑人，他还能使用谁呢？黑奴贸易已经进行了将近两个世纪，被运往美洲的黑人奴隶超过1000万，黑奴的大量使用促进了奴隶贸易的繁荣，北美洲的奴隶贸易在黑奴贩卖史上写下了罪恶的一页。这是一个很不幸的话题，以至200多年后的今天仍有一个问题困扰着很多人：为什么托马斯·杰斐逊——这个向全世界宣告所有人生而自由，并平等地享有生命权、自由权和追求幸福的权利的人，在他生命中的大部分时间，却在他的种植园里一直使用着100多个奴隶？追根溯源，奴隶制度这个令人尴尬的制度有其产生的特殊背景，同样，它必然要有一个消亡的过程，这在杰斐逊所处的那个时代还无法完成。

就在彼得跟12岁的儿子杰斐逊谈论土地、自耕农和作为英国公民应享有的权利以及奴隶制的种种弊端之际，英法两国争夺北美殖民地的冲突已经公开摆到了桌面上，而且愈演愈烈。如果双方在谈判桌上无法解决争端，那么战争就将不可避免。

这场可能发生的战争已经酝酿了好几年时间，这要从18世纪40年代末法国宣称拥有加拿大与路易斯安那州说起。路易斯安那州（以法国国王路易十四的名字命名）位于北美洲大陆中部，包括了密西西比河及其支流冲积灌溉的所有土地。这些地区的平原与森林均处于未开发状态。法国对路易斯安那州的占有，引起了英国政府及其殖民地居民的不满，因为英国的殖民地弗吉尼亚州的俄亥俄公司也正向西部（阿巴拉契亚山脉①以西地区）扩张，他们担心法国出兵占领密西西比河流域后，将使他们向西部扩展的计划无法进行。对此，弗吉尼亚总督丁威迪决定采取相应措施，对法国的行为加以遏制。

1753年，法国在俄亥俄河流域谷地修建了许多堡垒，这是法国试图从密西西比河向东、由五大湖向南扩张的全盘计划之一。丁威迪认为有必要警告法国，中止其侵犯英国俄亥俄流域殖民地的活动，于是在州内征兵，以做好和谈和打仗的两手准备。彼得作为地方民团长官（上校），自然要承担起这一重任。第二年，弗吉尼亚州征召了两个临时民团（每团500人左右），乔治·华盛顿②被任命为北峡民团少校副官，率部参加这次军事行动。他们西出"阳关"——从坎伯兰峡口穿越阿巴拉契亚山到俄亥俄河谷地，向法国驻军指挥官递交最后通牒书，要求法国人无条件离开。

在俄亥俄谷地的堡垒里驻守的是法国正规军和法属殖民地加拿大的民兵。他们得到当地原住民（主要是印第安人）的支持，试图阻止英

---

① 阿巴拉契亚山脉：位于美国东部，北美洲东部的巨大山系，是北美洲东部众多山脉的统称。从加拿大的纽芬兰和拉布拉多起，绵亘于北美洲东部，向南至亚拉巴马州中部止，全长近3200千米，宽130~560千米，呈东北-西南走向。在东部沿海地带和大陆内部广袤的低地之间形成一个天然屏障，因而对大陆的殖民和开发起着至关重要的作用，英国最初的13个殖民地就建立在阿巴拉契亚山脉以东的北起新罕布什尔、南至佐治亚的狭长地带。

② 乔治·华盛顿：美国杰出的资产阶级政治家、军事家、革命家，美国开国元勋、首任总统。因在美国独立战争及建国中扮演了最重要的角色，被尊称为"美国国父"。

国继续向西扩张他们在北美洲的殖民地，并阻挡殖民地内的民兵和英国即将派出的正规军。华盛顿率领他的部队历经千辛万苦，圆满完成了这次任务。但法国驻军的复信让丁威迪非常不满，他决定先发制人，以武力将法国人驱赶出去。然而，他手头的兵力有限（民兵的服役期只有几个月），彼得上校以及华盛顿中校（军衔升了一级）等人不得不再次招兵买马，他们不仅要出力，还要自掏腰包支付部分军饷，因为地方政府拿不出足够的钱来。弗吉尼亚民兵的组建工作可谓举步维艰。

在这种情形下，丁威迪慷慨地表示可以把俄亥俄流域的40万英亩土地拿出一半来分配给所有参军的志愿者，同时免除当地15年的租税。这个优厚的条件顿时吸引了大批弗吉尼亚的庄园主和自耕农，不过，在赶走法国人之前，这20万英亩土地的奖赏不过是画饼充饥而已。为了进一步鼓舞士气，丁威迪又开出了每天15磅烟草的津贴。很快，征兵人数达到1100多人，将由华盛顿率领再出"阳关"，向俄亥俄河流域开进。英国政府很支持丁威迪的军事行动，并从本土向北美殖民地区增派了皇家正规军。英法争夺殖民地的七年战争由此开始，美国人称之为"法国和印第安战争"。

1757年8月，英法战争正打得难解难分，彼得不知是因疲劳过度还是遭遇了风寒，病倒了。不久，这位强壮、公正、和善，深受白人和印第安人尊敬爱戴的庄园主、州民团长官（上校）、州议员撒手人寰，丢下了这个家族几代人奋斗得来的一切。彼得的去世对英法战争并没有多大影响，但对他人多口阔的家庭来说，无疑是一个沉重的打击。这一年，杰斐逊才14岁，一场严峻的考验正等待着他。父亲临终前给他留下遗训：要接受最好的正规教育，要锻炼体魄，将来经营管理好祖业。但杰斐逊因从小在父亲的光环下成长，对家庭的突然变故有些措手不及。

彼得留下了一大笔遗产：近5000英亩土地（约20平方英里）和100余名奴隶。但杰斐逊眼下根本没有什么管理能力，也没有放弃学业的心理准备和打算。就在他迷茫惶恐的时候，一向被他认为只图安逸享受的母亲担起了这份责任：管教8个尚未成年的孩子，管理奴隶和沙德威尔庄园千头万绪的事务，经营不少于 2700 英亩的田地（不包括没有开垦的土地）。这让杰斐逊对母亲刮目相看，数十年后，他和他的女儿都说珍·伦道夫是"一名有着极其透彻和深刻领悟力的女人"。珍的曾孙女也这样写道："她还是一个令人愉悦且充满智慧的人，与那个时代受过良好教育的其他弗吉尼亚州女性一样，身份高贵，气质不凡……是个出色的女管家。"珍顽强地经受住了种种磨难和考验，在她的鼓舞下，杰斐逊开始变得坚强起来，勇敢地走在充满坎坷的成长道路上。他后来在书中写道："我的生命旅程中最大的财富就是时常遭受的灾难和困苦，尽管我们深受其折磨。但正因为如此，才锻炼出我们坚强的意志来抵御这些悲剧，战胜灾难和困苦应该是我们人生中最重要的课程和锻炼。"

4. 超级学霸的炼成

父亲的死让杰斐逊渐渐学会了独立并坚强起来。他面临着人生的第一次重大选择：帮母亲打理农场还是继续求学？这是父亲遗嘱中强调的两件大事。他表示，如果必须在教育与遗产之间做出选择，他将选择教育。但农庄附近没有学校，要上学得到弗雷德里克斯堡教区去，那里距沙德威尔庄园至少 19 英里，必须离家住读。他征询母亲的意见，珍很开明地对儿子说："你已经到了可以自己做决定的年龄了。"于是，杰斐逊自己第一次做出的决定就是转学，师从詹姆斯·莫里。若干年后，他在一封信里提到："14 岁时我就必须完全靠自己来照顾自己，自己拿主意，我找不到什么亲戚朋友来给我指点道路。"

詹姆斯·莫里是一位优秀的牧师和学者，胡格诺派[①]教徒的后代，刚在阿尔伯马尔县定居下来。杰斐逊入学后，主要学习希腊语和拉丁语，接受古典教育，阅读古典作品，并研习历史、地理与自然科学。

莫里先生不仅学识渊博，人品也很令人敬佩，被认为是弗吉尼亚州

---

① 胡格诺派：基督教新教加尔文教派在法国的称谓。"Huguenots"原意为"日内瓦宗教改革的追随者"。该派将教育作为与天主教争夺教派势力、扩张宗教影响的重要工具。

受过最好教育的人。因为有了心理上的认同，杰斐逊对莫里先生教授的所有课程都学得非常用心，不仅阅读了大量古典作品，还细心分析了作品所表达的思想以及写作手法和技巧；对史书中提到的事件也记得很牢，还想办法进行考证。他比另外四名同学学得更深入，甚至可以读希腊原文作品，并写出读后感。更令人叹服的是，这位对文史哲非常感兴趣的学生对自然科学也有着同样的热情和天赋。他不仅脑袋好使，动手能力也很强。他的木工活做得很好，假期回家，他首先对自家的两扇木门进行了改造，在地板下安装了连动两个门轴的装置，使这种双开大门形成了同步转动开闭。家里的桌椅板凳都是他的实验品，他改造过的东西不仅更美观，而且自动化程度大大提高。他还改造了自己家墙上的挂钟，给它安装了一个垂直移动的指针，用来指示星期几，可以说这是世界上第一个日历钟。他也喜爱医学，虽然没有老师督导，但他解剖小鸟总是一丝不苟。

当然，杰斐逊喜欢的事物远远不止这些，他的兴趣之广泛，知识之全面，远远超过了他这个年龄应该学到的东西，也远远超出了人们的想象。而且，他和同学一起玩耍的时间似乎并没有减少。学堂所在地弗雷德里克斯堡位于波托马克河之南、拉帕汉诺克河之北，依山傍水，上山打猎、骑马、游泳、散步、拉小提琴，都是孩子们喜爱的活动。要讲骑马和拉小提琴，没人能比得过杰斐逊。杰斐逊的一位校友后来写到，杰斐逊在学校里非常突出，学业好、人勤奋但害羞。他还是一个优秀的跑步运动员、敏锐的猎人、勇敢而优雅的骑手。

后来，杰斐逊一直和四位同学中的两位保持着密切联系。其中一个叫詹姆斯·麦迪逊（美国第四任总统麦迪逊的表弟），他们俩经常一起讨论有关学校教育方面的话题；另一个叫小詹姆斯·莫里，是莫里老师的儿子。莫里老师希望小詹姆斯能子承父业，但他却特别喜欢做生意，而且有经商的天赋，后来他回到英国成了一个大富商。若干年后，杰斐逊给他写信说："在学校的时光多么令人难忘，经常能想起我们曾经沉浸于其中的青春记忆，回想起我们年轻时的风采、一起打猎的情景以及那时的所思所想。至少可以通过回忆，去捕捉那些青春闪光的瞬间。"杰斐逊的另外两个同学是达布尼·卡尔和约翰·沃克。杰斐逊与他们的关系虽然不及前两位密切，但他和卡尔在一起能很好地探讨学习中遇到的问题。每次散步后他们在一棵橡树下小憩，讨论也就随之开始了。他们都拥有纯真善良的天性，谈话也朴实自然，无拘无束。而他们讨论问题的态度却是严肃认真的，就像是面对人的生死大事一样。后来，卡尔成了杰斐逊的妹夫。

杰斐逊在莫里先生家住读了两年多，因此有机会阅读老师私藏的400多本书，畅游在知识的海洋里。他非常尊敬莫里先生，认为这位老师是"当之无愧的权威学者"，并声称这样的老师就像人生道路上的指南针，指引着他成长。但是，这所学校毕竟是一所规模很小的私立学校，杰斐逊和同学们学习两年多后都离开了，他们或是选择更高一级的学校深造，或是谋求一份工作开始职业生涯。杰斐逊则回到了沙德威尔庄园，因为他还没有确定自己的人生目标。

在农庄，母亲珍被大大小小的事务所拖累，几乎忘记了自己高贵的身份，而变成了一个很在行的庄园主。杰斐逊想帮忙，但经常插不上手，他做得最多的事情就是招待一些来访客人。当时举办家庭宴会和舞会成为一种时尚，而能够出入豪门并在"两会"上有一番突出表现则被视为绅士们的必修课。彼得已经去世快3年了，但这并不影响他修建的沙德威尔庄园对人们的吸引力。除了大雪封山、大水断路，总会有客人以各种各样的理由来庄园拜访，有些客人甚至是从弗吉尼亚州之外远道而来。

对于远道而来的客人，不仅要照顾好人，还要照看好他们的马，这对杰斐逊来讲是一个不小的负担。他本人比较喜欢马，不舍得让黑人奴隶照管好马。一匹好马的价格几乎比买10个奴隶还要高。照看马要小心，招待人更要一丝不苟，容不得半点疏忽。最初几天，杰斐逊还觉得有点新鲜，但他很快就烦了，认为这类人情往来大多是虚情假意，而且浪费时间，也耗费不少钱财。长期如此，他担心自己会变成一个游手好闲、腐化堕落的花花公子。他把自己的苦恼告诉母亲的表弟彼得·伦道夫。彼得·伦道夫是沙德威尔庄园的常客，他的庄园在詹姆斯河边，也就是他的祖辈留下的那座叫土耳其岛的庄园。他也曾有过类似的烦恼，所以非常理解杰斐逊的心情，并建议杰斐逊"别躺着享受安逸，去大学深造"。

杰斐逊愿意接受彼得·伦道夫的建议，但在做出最后决定之前还要征求他在贝莱蒙特的监护人约翰·哈维的意见，于是，他给监护人写信说："约翰先生，我的亲友彼得·伦道夫觉得我应该去威廉-玛丽学院深造，我认为这是一个非常不错的建议，因为，首先我留在沙德威尔庄园就少不了各种应酬，朋友不断来访势必会影响我的学习，我将会有四分之一的时间浪费在这上面。而进入大学后，我会获得更全面的知识，对今后一生也会更有帮助……我在那里也可以继续学习希腊语和拉丁语，此外还可以学习数学及其他一些科目。"

杰斐逊做出决定后便马上开始行动，积极准备入学考试。威廉-玛丽学院创立于1693年，是美国历史第二悠久的大学（早于耶鲁，仅次于哈佛），是一所有着"美国母校"之称的顶尖学府。它的校名是为了纪念英王威廉三世①和玛丽二世②，詹姆斯·布莱尔担任学院的第一位院长，直到去世。这所学院完全是按英国皇家宪章要求，高等教育必须包括三所学校：语法学校、哲学学校和神学院。哲学学校为学生提供道德哲学（逻辑、修辞、概念）和自然哲学（物理、形而上学和数学）；而神学院的年轻人要准备入英国教会。不过，该学院的入学考试并不太难，根据规定，只要考生的希腊语和拉丁语达到一定程度，没有逃课和其他不良记录，就可以通过。1760年，17岁的杰斐逊被威廉-玛丽学院录取。

---

① 威廉三世：即苏格兰的威廉二世、奥兰治的威廉亲王、奥兰治亲王、荷兰执政、英国国王。他是荷兰执政威廉二世之子，母亲玛丽公主是英国国王查理一世之女，被废黜的詹姆斯二世则是威廉三世的岳父。

② 玛丽二世：荷兰王后、英国女王，英国国王詹姆斯二世的长女，荷兰执政、英国国王威廉三世的妻子和共治者（在英国）。

威廉-玛丽学院位于州府威廉斯堡，距沙德威尔庄园200多英里。3月25日，杰斐逊在一个仆人的陪护下来到威廉斯堡，这是他第一次离开家人远出。到校当天晚上，他在日记中写了一段话来激励自己："当你置身于一个广阔的天地，置身于全新的陌生世界，没有朋友，没有保人给予你这个涉世未深少年任何忠告，危险无处不在，你必须完全依靠自己求得平安，并要学会在坎坎坷坷的人生道路上，跌跌撞撞地前行。"

威廉斯堡在里士满新城建成之前，是弗吉尼亚州最繁华热闹的城镇，其名字在英语中是"品位、时尚、优雅中心"的意思，有2000多常住居民。它的位置靠近约克敦和詹姆斯敦两个港口城镇，商贸十分昌盛，镇子里有剧场和客栈，还有枪铺、药铺、铁匠铺、面包店以及专门的奴隶交易市场。在春暖花开的季节，从镇子向四周眺望，看不到繁花锦簇的景致，到处都是大片大片青色的烟草田地。最初，这里的移民靠烧玻璃制瓶，利用野果酿酒，试销英国和其他欧洲国家赚点钱，但没有成功。后来，人们发明了烟草种植与加工，从此靠烟草生产和海外贸易发了财。

《弗吉尼亚州现状》一书中有这样一段描述："威廉斯堡是一个贸易城镇，它从人口来说虽然小，但它的城市功能却是很完整的。这个城镇最初由几个市政官治理，很多事情都在悄然发生变化。此地不仅货物丰富，商品种类繁多，最好的粮食和酒类充分供应，而且很多东西还从这里销往海外。这里居住着几个优秀家族，他们之中有不少人担任地方政府公职，但始终住在自己的房子里，甚至不花民众一分钱。他们风度优雅，穿着样式时髦的服装，举止言行一点也不亚于伦敦的贵族。大多数有名望的绅士都会驾着四轮马车、轻便马车或两轮马车，出入公共场合，他们为这个城镇的治安与繁荣做出了不少贡献。因此，在弗吉尼亚这个可爱、兴旺而且愉快的城市里，生活是很舒适、优雅从容、快乐而富裕的。"这不仅限于富有的绅士，很多普通人也在享受同样安逸的生活。

与街市相比，威廉-玛丽学院要冷清得多。学院里包括院长布莱尔

托马斯·杰斐逊,美国革命的思想领袖,《独立宣言》主要起草人、政治哲学家、美国第三任总统。

在内,只有8名教师,学生百余人,规模还不及英国一所公立中学的五分之一,可见殖民地的教育是很落后的。弗吉尼亚一些有钱有势的家族大多会把子女送往母国接受教育,殖民地的文化教育都是"舶来品",是"不完全"和不规范的。杰斐逊有条件去英国上学,但是因为英法战争还在进行之中,海上航行的安全没有保障,与其舍近求远,不如就近入学省心省钱,何况弗吉尼亚很多贵族子弟也都做出了同样的选择。

在学院里,杰斐逊结识了一些新朋友,其中有威廉·斯莫尔教授、乔治·威恩律师、弗朗西斯·富基尔总督(1758年接替丁威迪任总督)、佩顿·伦道夫(政治家)等。这些人对杰斐逊的成长和政治思想的形成起到了极为关键的作用。杰斐逊选择了哲学专业,另外还有法语、印第安语和神学专业。学院有一栋雷恩教学大楼,这栋楼是三层半砖墙结构,有着像教堂一样的圆顶,与它旁边的小教堂几乎一模一样。东面围墙外面就是布鲁顿教区教堂,所以这一片看上去像教堂群。过一条街向左不远处是总督府,过了总督府前的大草坪,便是弗吉尼亚州议会大厦,除了格洛斯特公爵的办公处外,州下议院和普通法院也设在议会大厦内。威廉-玛丽学院算是处于州政治中心,经常出现在这一带的大多是跟政府、教会以及学校有些关系的人。

杰斐逊发现,威廉斯堡是最适合自己的美妙世界:政治、文化的刺激与熏陶,将使他的生活乃至整个人生发生变化。而威廉-玛丽学院正是这个美妙世界的重要组成部分,拥有促进他成长的全部元素:堪称楷模的上流社会的一批精英,浩瀚的知识海洋,品行优良、学识渊博的导师,志趣相投的朋友……他认识的第一个导师是威廉·斯莫尔教授。

这天,杰斐逊一边看书一边走向教学大楼后面的宿舍。当他正在思考书中的一个问题时,迎面撞上了一个年轻的小伙子。"对不起,学长!"杰斐逊连忙道歉,断定对方比自己稍微年长一些,于是叫他学长。小伙子微微一笑说:"在这所学校里,我第一次见到你这么用功的学生,不知你是哪个部(专业系)的?"杰斐逊说自己是哲学部的,小伙子一听高兴地说:"太巧了,我也是哲学部的,是否愿意上我那里坐坐?"杰斐逊顿时发现了两人的一个共同点——待人热忱有礼,善于交友。于是,他跟着"学长"进了宿舍。

房子里几乎没有什么装饰,几把椅子,一张桌子,一张床,只有几个书架比较醒目。小伙子见杰斐逊对这个简陋的房间露出不屑的神情,有些不好意思地说:"东方有位先贤说过,身居陋室,唯吾德馨。这或许也是对我们的一种激励吧。"这次拜访,杰斐逊至少有两大收获:认识了一个新朋友,发现了书架上有几本他正在寻找的书。而这位新朋友就是两年前才从苏格兰过来任教的威廉·斯莫尔教授,他仪表端庄、学识渊博、温文尔雅、思想开明,很乐于与人交流,是学院唯一的非教士导师,他的到来给威廉斯堡带来了具有启发性的世界观。

威廉·斯莫尔刚到学院不久，哲学部教授的席位就空了出来，于是他被任命为临时教授，成为学院第一位正规讲授伦理学、修辞学和文学的老师。杰斐逊很喜欢这位年轻的导师，而且在很多学科上都接受过斯莫尔的指导。后来他评价说："遇到斯莫尔教授是我今生的殊荣，或许是他决定了我的人生。威廉·斯莫尔教授是苏格兰人，一名数学教授，对很多实用科学分支都很有造诣。他还具有与人顺利沟通的天分，而且为人正直，举止绅士，思维开阔，思想自由。"

杰斐逊从斯莫尔教授那里借到了康德的《纯粹理性批判》等哲学著作，对哲学思想启蒙有了新的认识："启蒙就是人类从自我造成的不成熟状态中解脱出来。……不成熟是指缺少他人的教导，没有能力运用自己的理智。这种不成熟状态之所以是自我造成的，其原因不在于缺少理智，而在于没有他人的教导就缺乏运用自己理智的决心和勇气。"除此之外，还有培根、洛克、牛顿、阿维森纳、布尔哈维等人的论著也让杰斐逊很感兴趣，而且他非常善于提问，凡事喜欢追根究底，"不管是车轮的结构还是对一种灭绝物种的尸体进行解剖"，他都会写下详细的笔记，这为他成为一个"大杂家"和"活动的百科全书"打下了基础。

杰斐逊非常敬佩斯莫尔教授，他后来回忆说："对我来讲，他就像父亲一样……"斯莫尔教授也很喜欢杰斐逊，把他当成一个朝夕相处的伙伴。在斯莫尔教授的引荐下，年轻的杰斐逊认识了乔治·威恩先生。他是弗吉尼亚地区大名鼎鼎的律师，拥有自己的律师事务所，也是学院的法律教授。他既是一位很有绅士风度、学识渊博、治学严谨的学者，也是一位品行良善、光明正大的政治活动家。相比之下，威恩先生对杰斐逊政治方面的影响更加直接一些。

威恩是一位共和主义者，他常常跟杰斐逊一起讨论约翰·洛克①的政治思想。其中有一个问题是，洛克认为，为了正确地了解政治权力，

---

① 约翰·洛克：英国哲学家，与乔治·贝克莱、大卫·休谟三人被称为英国经验主义的代表人物，同时他也在社会契约理论上做出了重要贡献。

并追溯它的起源，必须考察人类在建立国家前自然地处于什么状态。洛克指出，人本来就生活在一种"完全自由的状态"中。但是，在自然状态中，人们虽然是自由和平等的，却不是放任的状态。为了享受与他人一起生活的好处，人们组织社会，限制某些自由并接受管理，和统治者之间达成一种社会默契，在这个契约（精神）的基础上建立起代议制政府，人们同意服从当局；政府则允诺代表组成社会的个人并为了人们的利益公正地实施统治，这就要求任何人都不得侵害他人的生命、健康自由和财产，任何政府违犯社会契约并剥夺任何人的天赋权利，都会丧失其本身的合法性。洛克提出的每个人生来就拥有三种权利——生命、自由和财产的思想观念，成为杰斐逊政治思想理论的根基。大学期间，他大量阅读了洛克的著作，对洛克的宪政民主基本思想进行了全面了解和系统梳理，为探索公正政治理念寻找指导。

威恩先生不仅在政治理论和法律方面造诣很深，而且对希腊文和希腊古典哲学、拉丁文和拉丁文学也有比较深入的研究，因而成为教育杰斐逊时间最长、对其影响极深的重要人物，杰斐逊在自传中称威恩是自己"年轻时最爱戴的教师，一生中最尊敬的朋友"。

斯莫尔和威恩都非常重视重视杰斐逊这个好学上进、有抱负的学生，时常带他到总督弗朗西斯·福基尔的官邸参加宴会和欣赏音乐。这使年纪轻轻的杰斐逊得以跻身上层社会的交际圈子。

说到这位福基尔总督，还有不少趣事。他原本是英国哈特福德的一个乡村绅士，家境富有。他的父亲曾在牛顿领导下的造币厂工作，后任英格兰银行董事；福基尔本人也担任过南海公司董事，还是英国皇家学会会员。他写过一本有关税收知识的小册子，由皇家学会出版，并加印过三次。无论从哪个方面来说，他都是生活过得十分优越的那种人。福基尔思想开明，兴趣广泛，为人慷慨大度，在英国时他就交游甚广，频繁出入于上流社会的交际圈，结交了不少三教九流的朋友。所谓近朱者赤，近墨者黑，他跟良友交往，开阔眼界，增长见识，养成了一些好的品行习惯；跟损友往来，也沾染了不少恶习，尤其迷恋玩牌、赌博。据说，几个晚上他就将英国的家产输了个精光。

随后，福基尔想换个环境开始全新的生活。在朋友的帮助下，他谋得了一个到北美洲新大陆担任（丁威迪）总督助理的差事。到任不久，他就目睹了一场风暴灾害：弗吉尼亚州总督官邸北面的窗户被狂风、冰雹砸得稀烂，几乎没有一个是完好的。第二天早晨，福基尔不顾地面上结冰，独自跪在地上测量，准备将损坏的地方修复。他一边测量一边做记录，设想预案，之后把记录寄给他在英国的兄长，征询意见，没想到这本记录稿竟被英国皇家学会出版。可见福基尔是一个学识丰富的人。

福基尔还酷爱音乐，喜欢和同道中人合作三重奏和四重奏。擅长演奏小提琴的杰斐逊由此被纳入了这个合奏团队，与斯莫尔教授、福基尔总督、威恩律师一起演奏世界名曲。福基尔戏称这个合奏团队为老中青结合的"四人剧团"。杰斐逊对他的印象是，这个年过半百的男人终其一生都在追逐权势和享受快乐。因为职务关系，很多政治玩家都跟他有密切联系。在福基尔的引荐下，杰斐逊还认识了一位深受弗吉尼亚民众爱戴的政治家佩顿·伦道夫先生。后来因为共同的目标，他们有很长一段时间往来密切。这些上层社会的精英是杰斐逊生平所接触的第一批真正有教养的人，从这些人身上，他学到的东西比任何学生在威廉-玛丽学院学到的东西都要多。

无论是在福基尔的府邸还是在威恩先生家里，杰斐逊都感受到了上层社会生活的奢华，领会到了优质生活的艺术。参加聚会的人总是无拘无束，高谈阔论，天南地北，无所不谈，从文学到政治，从政治到自然科学，从自然科学到音乐美术，再到日常生活，等等。杰斐逊在这些聚会中大开眼界，增长了不少知识。多年后，他还不无庆幸地说："在那里，我听到的有益知识，有理性、有哲学意味的谈论，比我整个一生所听到的还要多，这是真正文雅的聚会"。可惜"四人剧团"因斯莫尔教授的离去而自动解散，而福基尔也发现弗吉尼亚的生活一点也不如英国本土淳朴，尤其是威廉斯堡放荡享乐成风，赌博、酗酒、赛马、猎狐成为一种时尚，他需要在这样的环境里潜心修炼，提高抵御力。

此后，杰斐逊也较少参加类似的聚会了，他将更多的精力放在读书学习上。据说，他每天有15个小时的学习时间：通常早晨8点之前阅读有关自然科学、伦理学、宗教和法律的书籍（阅读的有关书目已事先拟定好），早餐后到中午12点，学习法律（显然法律是学习的重点），午餐后1个小时学习政治（没有专门教本，找到感兴趣的著作就读，对他来说，政治无处不在），下午的大部分时间学习历史，晚餐后到次日凌晨1点左右，学习修辞、演讲技巧。另外，由于兴趣爱好过于广泛，他还要挤出时间来学习与自己的专业毫不相干的东西，比如医学方面的解剖学、高等数学微积分、牛顿的经典物理学等。他还喜欢读英国小说家斯特恩、菲尔丁和斯莫利特的作品，以及莎士比亚、弥尔顿和波特的诗歌。

为了有足够的精力学习，杰斐逊每天差不多花2个小时来锻炼身体。正值青春年少的他长着令人无法准确说出颜色的头发，面庞清癯，身材颀长，但他的体质还不错，因为他自从进入威廉-玛丽学院后一直坚持锻炼，而且成为一名技艺高超的骑师。他最常用的锻炼之法就是每天早晨用冷水洗脚，寒冬也不例外，他认为下点雨、天冷点更好；傍晚他会跑到离学校1英里外的一块巨石处，然后转身跑步回校。有时他会划独木舟穿越里瓦纳河，然后攀岩上岸；有时则骑马散步。他认为只有体魄健康、精力充沛才有助于创造充满活力的头脑。凶猛的动物是最健康的，它们就是在恶劣天气下练出来的，人也一样，健康的人适应能力更强。

杰斐逊之所以能够成为一个超级学霸，还应归功于他有一套行之有效的学习方法。他遨游书海，当他的同学、朋友纷纷躲开和绕过那些深奥晦涩的著作时，他却执着无比，像蚂蚁啃骨头似的从不放弃。同时，他的身边还有一群永远改变他生活的人，他的政治、外交才能都来自于这群人的帮助。自身的努力、坚韧和执着，加上严格的家教和良师的指点，杰斐逊一步步成长起来。

第二章　少年辛苦终身事

1. 青涩之恋

弗吉尼亚作为开发最早的殖民地,在南部地区算是最开放的。从18世纪中叶到18世纪后期,弗吉尼亚所有城镇都有几处娱乐场所,游手好闲的人们经常来这里喝酒、唱歌、跳舞、赌博、玩游戏,像杰斐逊这样的富家子弟想要避开这个喧嚣的世界,一心只读圣贤书,是件很困难的事情。不过,杰斐逊从不参加那些低俗的游戏,比如玩纸牌、赌马、酗酒、斗鸡等。他之所以被称为"学霸",除了阅读广泛、知识全面外,还在于他能有效地抵御种种诱惑,潜心钻研学问。当有人请他参加赌博时,他总能找到借口婉言拒绝,而这并未给他的人缘带来不好的影响,相反,很多人因为他坚守原则而乐于与他交往。后来他在自传中写道:"我经常混迹于赛马、玩牌等各种娱乐活动之中,还与科学、专业人士经常往来……在狐狸死去的狂热时刻,在钟爱的马匹获胜的时刻,在酒馆就某个问题雄辩的时刻……我常常问自己,我更应该追求哪一种名誉?驯马师?演说家?或是正直的国家权力的拥护者?"杰斐逊的一位同学对他作过这样的评价:"他的头脑一定是生来就有非凡容积和记忆力,它清晰得令人惊奇,思路敏捷而精密;他的勤勉从年轻时就令人叹服,而且能持之以恒。在青年时代他就确立了全部的生活计划。无论是工作的紧迫,还是娱乐的诱惑,都没有使他背离这个计划,他的成功多半要归功于这种有条不紊的勤奋。在校期间,当同学们在课间隙轻松地休息时，他还是习以为常地把希腊文法书拿在手中拼命地读。"

当然，杰斐逊并不是书呆子，他生性好动，爱交朋友，尤其喜欢参加社团活动，每有舞会必然准时参加。可能是因为他正处于青春躁动期，他开始对年轻异性流露出好感和朦胧而隐蔽的爱慕之情，只是还没有明确的对象而已。

十八九岁的杰斐逊长得又高又瘦，浅茶色（又似棕褐色）的头发，脸上长着雀斑，动作不大敏捷，人们给他取了个绰号叫"长腿汤姆"。他平时神色疏淡，偶尔嘴角会露出一丝浅浅的、迷人的微笑，淡褐色的深陷的眼睛富有表情，显得十分睿智。他的性格、品行、身份地位及待人处世的态度为他赢得了不少朋友，无论贵贱，无论长幼，都有他乐意与之为伍的朋友。

在1762年圣诞节来临之际，一个叫路易斯·伯韦尔的小学同学特意来邀请杰斐逊参加一个舞会。老朋友盛情相邀让杰斐逊非常高兴，精心打扮一番后，他准时来到舞会现场，只见伯韦尔与一个十六七岁的女孩坐在一起，他走过去的时候，伯韦尔站起来，两人轻抱了一下，互致问候。随后，杰斐逊将目光投向女孩，她看上去长得很漂亮，端庄文静，即使算不上大家闺秀，至少也是小家碧玉，有一种独特的气质。伯韦尔见杰斐逊递来询问的眼神，忙说："亲爱的汤姆，这位是我的妹妹丽贝卡。"

杰斐逊就这样在舞会上认识了丽贝卡·路易斯·伯韦尔小姐，而且粗略了解了她的身世。她和哥哥是孤儿，寄养在叔叔家里。她家几年前还算是殷实家庭，供他们兄妹念完了初小。父母去世后，他们辍学帮一个庄园主做工维持生计，他们都是虔诚的基督教徒，日子过得平淡而安逸。

丽贝卡的出现，使杰斐逊沉寂的情愫被搅动起来，或许是看惯了上层社会贵妇们的矫揉造作，他觉得丽贝卡像一个纯洁美丽的天使，给他的生命带来了一阵和煦的清风，给他的生活带来如繁花盛开的色彩。他时常在吃饭、睡觉前后忽然想起丽贝卡，他不相信自己坠入了情网，但却作不出任何其他的解释。对丽贝卡来说，她认为自己只是多结识了一个普通朋友而已，所以她的热情与谦虚都仅限于普通朋友的层面。此后，杰斐逊隔三岔五给丽贝卡写信，像许多恋爱中的小青年一样向她倾诉衷肠，几乎用尽了华丽的辞藻，仍觉得言语不能表达自己情感的千万分之一。因此，他想方设法寻找与丽贝卡见面的机会，并希望能尽快以某种方式确立两人的关系。

1763年复活节后的第一个周一，杰斐逊终于等到了一次机会。这次也是在舞会上，他和丽贝卡找了一个安静的地方交谈，他首先倾诉了相思之苦，接着阐明了爱她的数条理由以及有资格爱她的前提条件，最后希望丽贝卡能和他一起沐浴于爱河之中。他讲完这番话后，发现自己的鼻尖上已经渗出了细密的汗粒。丽贝卡只作了简单的回应，她甚至不知道应该怎样应对这样的谈话。杰斐逊从丽贝卡的表情领悟到，他的第一次慎重的爱的告白失败了，至少没有达到预期的效果。他不知道，爱情往往是盲目的，没有多少道理可言，靠的是激情四射，而他的表白，逻辑性太强，理智远多于真情实感的流露。"因为……所以"这样的公式不太适合当作爱情表达式。

回去以后，杰斐逊几乎一夜未眠，他一次又一次地检讨自己，从见到丽贝卡第一眼起，他就觉得她是个合适的结婚对象，不想因为自己词不达意而错失良缘，并希望丽贝卡能多给他一次机会。他对爱情仍满怀憧憬和信心，相信有朋友伯韦尔从中撮合，他的把握会更大。

就在杰斐逊准备为赢得爱情做进一步努力的时候，他患了严重的眼疾，不能远视，甚至不能看书，只能静坐养神。他被迫离校回到沙德威尔庄园住了一段时间。他的内心充满苦闷，什么事也不能做让他觉得很无聊，每一天都是那样的漫长难熬。尽管他写字很吃力，但还是给朋友约翰·佩奇写了一封信，诉说了艰难度日的感受："我感到一切事物似乎都在艰难地兜着圈子，我的生活也日复一日，让人感到苦闷压抑：每天早晨起床，以便吃早餐、午餐和晚餐，然后再次上床睡觉，以便第二天早晨起床，再如法炮制。我发现，还从来没有看见过比我们的昨天和今天更加一模一样的东西。"在治疗眼疾期间，一个叫罗莎的女仆对杰斐逊的照顾特别细心周到。在主人面前，她是那样的谦卑、温顺，如果说是因为种族歧视、身份卑微使她如此，那么，家里其他与她同等身份的仆人却远没有她表现得那么自然和诚心实意。杰斐逊对这个女仆有了一丝好感，不过这种好感不能有丝毫的流露，尤其是在那些贵族亲友面前，即使只是很正常的同情心，也要细心谨慎地加以掩饰。

当然，这段日子最让杰斐逊思念的还是丽贝卡，她的美貌与言行举止时不时会在他眼前浮现。入夏后，里瓦纳河河水暴涨，杰斐逊只能划独木舟从河的一边横渡到对岸去，然后登上一座小山，这是他喜欢的运动之一。他的眼疾已经好得差不多了，登高望远，不仅看得很清楚，而且四周的景色让人赏心悦目。他坐在一棵大树下，从旅行袋里掏出记事本想写下这一天的感想。动笔之前，他把夹在本子里的丽贝卡的肖像画拿出来仔细欣赏，似乎看出了她与往日的不同。这张肖像画是他费了好一番口舌才从伯韦尔那里要来的，他不知看过了多少遍，她淡然自若的神态中似乎隐藏着他不曾发现的内心秘密。这张画像不只是他对丽贝卡的念想，他还想通过它读懂这位少女的心。他看了很久后，重新放回记事本里，开始动笔写日记。过了一会儿，远处传来滚滚的雷声，树木微微摇晃起来，一场暴雨顷刻降临。他采取紧急措施，用衣服将记事本层层包裹，塞进旅行袋，然后奔跑下山。

回到家已是傍晚，他来不及换衣服便打开记事本查看。果然，他最担心的事情还是发生了：记事本湿漉漉的，他试图拭去丽贝卡的画像上面的水滴，反而使画面更加模糊不清了。这或许是天意，他沮丧万分，一种孤寂凄凉的感觉涌上心头。他一夜辗转难眠，思考着："这世上到底有没有真正的幸福？"他的回答是："没有。"他觉得自己一个人快要扛不住了，又向朋友佩奇诉苦，说自己数日来茶饭不思，脑子里空空如也，丽贝卡也好像从脑海里突然消失了，这让他有点不知所措。佩奇给他出主意说，与其躲在沙德威尔庄园自怨自艾，不如直接去威廉斯堡找她，当面向她"表示点什么"。但杰斐逊有自知之明，他宁可写 10 封信，因为他的文字表达能力比当着女孩的面表白要强不知多少倍。他文笔很好，却不善言辞；他喜欢把想法诉诸笔端，却厌恶与人当面辩论和解释。当着丽贝卡的面能"表示点什么"呢？"但是她将不会而且从来没有使我有理由抱有希望。"他还在犹豫，没有勇气去面对那种尴尬的场景。

转眼夏去秋来，杰斐逊在沙德威尔庄园度过了将近三个月时间，眼疾已经完全痊愈，没有理由继续待下去了，何况还要回校去完成学业。他终于下定决心回威廉斯堡，不管恋爱能否有好结果，都要再做一次努力。临行前，他又给佩奇写了一封信，这封信较长，算是对他这段日子的一些心得体会：

生活经历告诉我，上帝心中的完美幸福，绝不是指他所创造的世界上的某一生物的命运而言，但是他赋予我们很大的力量，使我们尽最大努力去接近这种幸福，这是我一直坚信不疑的。

然而，即使是我们当中最幸福的一些人，在生命的旅程中也往往会遇到可能沉重折磨我们的灾祸和不幸，如何增强我们的意志，使我们能经受这种灾难和不幸的打击，应当是我们生命中加以研究和努力做到的事情之一，要做到这一点，唯一的方法就是我们必须服从神的意志，不管发生什么事情都认为那是必然发生的。要懂得，由于我们忧心忡忡，不但无法在打击降临之前加以提防，反而会使打击降临之后增加它的力量。如果从这样的角度去考虑，以及类似的其他考虑，才有可能在某种程度上克服我们遇到的各种困难，在这样的生命重担下，以能忍受的最大限度的耐心，坚持下来而不致气馁，继续抱虔诚而毫不动摇的服从态度，直到我们旅程的尽头。到那时，我们可以把我们的职责交给当初托付给我们的人的手中，并获得在他看来与我们的功劳相当的报酬。亲爱的佩奇，这就是凡考虑自己人生境况的人所使用的语言，这也是每个希望使人生境况在其所容许的范围内尽量变得安适的人应该使用的语言，几乎没有什么事情能完全妨碍他，任何事情都不会严重地妨碍他。

由此可见，杰斐逊对待困难和逆境的态度是：既不悲观气馁但也不抗争和强求，而是以最大的忍耐力，虔诚而毫不动摇地顺从上帝的意志，或者说这是一种乐观的听天由命的态度。

1763年10月初，杰斐逊终于回到威廉斯堡。没几天，他就听说好几个人都在公开追求丽贝卡，这让他有了紧迫感，于是下决心再次向丽贝卡作一次爱的表白。恰好6日晚上在威廉斯堡雷利酒店的阿波罗大厅有一个舞会，杰斐逊做了精心准备，不仅选好了华丽的服装，还将要表白的语句仔仔细细斟酌了一番，熟记于心。

那天晚上，舞会大厅里灯火通明，优雅的乐曲将人们带入一个美妙的世界。深受感染的杰斐逊相信自己能够把握住这个机会。他主动走向丽贝卡，邀请她跳舞，丽贝卡答应和他跳舞，但保持着适当的距离。一切似乎都在按计划发展。关键时刻，杰斐逊却出了错。他把当时的情景写进笔记里："我做了很多准备，我先把要说的想好，然后组织成流畅的语言，还要用一种对方完全能够接受的方式来表达。"当他设法表白时，思维却一片混乱。他继续写道："我的天哪！终于盼到了一个表白的机会，但我竭尽全力所能做的就是说出几句支离破碎的话，完全词不达意，一时间我呼吸急促，上气不接下气，大脑彻底停摆。"丽贝卡对他的表现并不是很在意，也没有说一句安慰他和帮助他解脱困境的话。

好不容易挨到令人尴尬的场景结束，杰斐逊像打了败仗的士兵一样，迅速逃离战场。他知道自己彻底失败了，再也没有挽回的可能。尽管佩奇极力鼓动他去跟丽贝卡开门见山地谈一次，省去一些繁文缛节，直截了当地求婚，但他灰心丧气地说："再去又有什么用呢，只会让我再添一次尴尬的经历而已。"在遭受丽贝卡的拒绝后，他莫名其妙地患上了头痛病，每次一遇到压力就会持续头疼。他想暂时离开这个伤心之地，去英国旅行一次，不过最终未能成行，毕竟他还是一个在校就读的学生。他找到了另一种方式来排解心中的苦闷——从一些古典诗人的爱情诗中收集大量佳句，作为对爱情、对女人的愤怒的表达：

小爱神又一次从他碧蓝的眼睛
以含情的迷人眼波凝视着我，
千万股魅力将我投进了
美爱女神的永难解脱的网中。
他来了，我全身战栗，
像一匹驾轭去夺取奖品的老马，
不由自主地拉着快车去投入竞赛。
　　　　　　　　——伊比科斯（古希腊抒情诗人）

战无不胜的爱情呀，
爱情呀，你袭向富人，
你在少女柔润的脸上
度过漫漫长夜。
你还常常渡过大海
在荒野中的田舍出没。
永生的神也罢，短命的人也罢，
谁也逃不出你的掌心，
你使恋人都患癫狂病。
　　　　　　　　——索福克勒斯（古希腊作家）

眼光顾盼如处女的少年，
我追逐你，你不理睬，
你哪知道我灵魂的缰绳是由你掌握着的。
　　　　　　　　——阿那克里翁（古希腊抒情诗人）

他自己则感叹：所有的青春都没有写尽，所有的岁月早已刻上了伤痕。
之后，杰斐逊借助时间疗伤，渐渐平复了内心的波澜，将心思放在学习上。作为学霸，只要想到未完成的学业，他就有了自控力。当然，他在学习之余还是会想起丽贝卡,心有不甘。直到1764年3月,他仍在检讨自己失败的原因。他给朋友写信时说他娶丽贝卡的"计划"失败,是因为他自己"太消极"。

就在杰斐逊写这封信的时候,传来了一个不好的消息:丽贝卡答应嫁给约克镇年轻的富翁杰奎林·安布勒先生,婚礼就在这一个月举行。这个消息又将杰斐逊刚刚愈合的伤口撕裂了。他在笔记里写到,究竟是"为了金钱、美貌,还是为了原则,是一个十分微妙的值得争议的问题,谁也无法断定"。直到此时,丽贝卡仍不知道杰斐逊对她爱得如此之深,而伯韦尔和安布勒先生还准备邀请杰斐逊做婚礼的男傧相,这更让他感到悲哀莫名。

也许在别人看来,初恋的一次小小失败不值一提,但这对杰斐逊的一生都有着不小的影响。他在学院参加完最后几科的考试后,立刻逃离威廉斯堡,回到家里,然后像去年那样,驾着独木舟在里瓦纳河逆流而上。当时河水暴涨,水流很急,他拼命地划着,不断耗费自己旺盛的精力,但小舟却未能前进多远,直到他精疲力竭也没能到达斜对岸的山下。不过他并不在意能不能到达目的地,权当一种宣泄。

晚上回到庄园,杰斐逊发烧了,这是他高烧最严重的一次,脑子都有一点糊涂了。他没有吃饭就睡下了,并且很快进入梦乡。他隐隐约约看见一个像丽贝卡的女孩向他走来,对他讲着呢喃细语,但他却张口发不出声。他不知道女孩说了些什么,也不知道时间过了多久,当他早上醒来的时候,他对爱情婚姻的观念开始改变了。

2. 接受学徒式法学教育

1762年,以优异的成绩从威廉-玛丽学院毕业后,杰斐逊获得了在弗吉尼亚甚至整个北美大陆能够获得的最高学历,也算是了却了父亲的第一个遗愿。接下来,他顺理成章地继承了父亲留给他的至少2000英亩的成片土地(不包括零星散地)和20多个奴隶,开始自己学习管理农庄。父亲的第二个遗愿是希望他努力经营好农庄，成为富有而受人尊敬的绅士，并照顾好弟弟妹妹们。不过，杰斐逊对父亲为他设计的这一人生目标并不感兴趣，他在学校接受的教育及与弗吉尼亚上层社会精英人士的交往使他认识到，他必须有比做一个富有的农庄主更高的人生目标。

当时，北美洲的英属殖民地的政治体制和治理结构都不完善，一个州的总督可以代表英政府行使管辖权力，拥有行政、经济和军事大权，可以否决作为立法机构的上、下两议院的提案；而两议院则掌管总督的钱袋子，也就是说，总督的各项行政开支（包括公益事业）经费预算须经两议院审议通过，已形成相互约制。但事实上，总督早已将那些有钱人"团结"在自己周围，把他们之中的一些人任命为地方治安官（或民团指挥官）、法官、税务官等，两院的节制能力微乎其微。杰斐逊也很想跻身其中，获得政治权力，只是还没有找到很好的途径。若干年后他给外孙的信中这样说道："追忆往昔，我十几岁的时候，一切必须自己做出安排，自己做出决定，亲戚朋友中没有人能给我指明生活道路。回想起我时常和那些不良分子交往，很是后怕，幸好没有和他们一样误入歧途，没有像他们那样成为无益于社会的人。幸运的是，我很早就认识了一些很有地位的人，他们成为我的榜样。在身受诱惑和处于困境时，我会扪心自问，在这种情况下，斯莫尔博士、威恩先生、佩顿·伦道夫会怎么做，我怎么做才能使他们感到满意？我确信，这样想比我自己的理智更有力量、更有助于我坚持走正确的道路。我对他们所追求的远大而崇高的目标心仪已久，因此，我丝毫不怀疑，我想要走的路就是他们所走的路。"

在明确了自己的远大志向后，杰斐逊决定重返威廉斯堡，再次投到乔治·威恩门下，继续深造。这次他主攻法律，相当于现今读研究生，不过威廉-玛丽学院没有供已经毕业的大学生深造的学位，所以他接下的学习方式完全是学徒式的，没有系统的法学教材，老师也不在课堂上正式授课。但这并不影响他正常的法学理论学习，他找了很多相关书籍、论文作为教材，如著名法学家科克①的《英国法律学入门》《英国法总论》，并认真研究以前的一些经典案例，如威廉·萨凯尔德、罗伯特·雷蒙德等人的辩论文章和法庭辩护案例。因为英国属于海洋法系（又称普通法法系），成功的案例可以在以后的审判和仲裁裁决中被直接援引（就是以前怎么判，现在照例怎么判），所以，在法庭上听审并记住一些成功案例也是杰斐逊学习法学的一门重要课程。同时，它显示了英国法律体制中出庭律师具有的重要意义，也是杰斐逊选择律师职业的原因之一。

平时没有法庭审理案件的时候，杰斐逊就自学自己搜集来的"教材"；有法庭开庭审案时，他就出席旁听。他不是律师，本来不具备听审的资格，但因为乔治·威恩在司法界的影响力，杰斐逊不仅可以旁听本州县的案件审理，甚至殖民地各州的法庭审案也可以旁听，只要他有兴趣。

1764年秋，威恩向州下议院提交过一份抗议宗主国税收政策（已于1764年出台的《食糖法案》即《种植地条例》）的请愿书，在两院引起了强烈反响和争议。很多议员认为，威恩的请愿书言辞过激，可能会带来麻烦，甚至导致宗主国与殖民地区的武装冲突。1765年3月，杰斐逊回到威廉斯堡，第一次到议会听演讲，演讲的主题都是围绕抗税问题的。他对其中两个人的演讲印象特别深，一个是著名律师帕特里克·亨利②，另一个是他早就认识的政治家佩顿·伦道夫。就民众对宗主国新税收政策的反应来说，南方人远没有北方人那么激烈。北方一些城镇经常发生市民与海关的冲突，流血事件也时有发生，而南方则显得相对温和。一方面，英国政府增税对以种植业为主的南方地区的直接影

---

① 爱德华·科克：英国十六七世纪著名的普通法学家。他主要讨论的法律问题并不是一般性的法律问题，这与霍布斯、菲尔默、洛克、哈林顿等人不同，而只是英国法律问题。同时也只讨论英国法律问题中的一部分，即《普通法》（主要适用于国王法庭）。

② 帕特里克·亨利：美国革命家、演说家，弗吉尼亚首任州长（1736—1799年）。积极参加反抗英国殖民者、维护殖民地民众权利的斗争。在美国革命前夜的一次动员会上，以"不自由，毋宁死"的结束语闻名，鼓舞了弗吉尼亚的军心。1784—1786年再次担任弗吉尼亚州长。

响较小,另一方面,由于南方对政府的依赖尤其对土地的依赖性较大,土地拥有者自然要向英国政府表示忠诚,所以在议会的讲演者中,支持英国政府的人居多。他们不主张以过激言行和政府对抗,要求把威恩的请愿书直接递给英国议会,让他们去裁决处置。结果,威恩等人呈交给英国政府的请愿书没有受到足够重视,英国议会两院毫不迟疑地于1765年3月通过了《印花税法案》。

1765年,北美殖民者在纽约街头集会,反对英国政府通过《印花税法案》。

佩顿·伦道夫和帕特里克·亨利是强硬反对派。伦道夫在州政府任职,也是一名律师,他始终主张"不经殖民地同意,不得擅自征税,非合法选定代表不得征税";并说人们对英国政府即将实施的新税收政策的不满情绪,极有可能引发一场殖民地民众的反英革命。有人认为他危言耸听,不过杰斐逊对伦道夫的预言却深信不疑。

亨利的演讲则借题发挥,向人们灌输他的正义、自由、民主思想:"摆在会议代表们面前的问题关系到国家的存亡。我认为,这是关系到享受自由还是蒙受奴役的大问题，而且正因为它事关重大，我们的辩论就必须做到各抒己见。只有这样，我们才有可能弄清事实真相，才能不辜负上帝和祖国赋予我们的重任。……10年来英国政府的所作所为，凭什么足以使各位先生有理由满怀希望，并欣然用来安慰自己和议会？难道就是最近接受我们请愿时的那种狡诈的微笑吗？不要相信这种微笑，先生们，事实已经证明它是你们脚边的陷阱。不要被人家的亲吻出卖了！请你们自问，接受我们请愿时的和气亲善与遍布我们海陆疆域的大规模备战如何能够相称？难道出于对我们的爱护与和解，有必要动用战舰和军队吗？难道我们流露过决不和解的愿望，以致为了赢回我们的爱而必须诉诸武力吗？我们不要再欺骗自己了，先生们。这些都是战争和征服的工具，是国王采取的最后论辩手段。我要请问先生们，这些战争部署如果不是为了迫使我们就范，那又意味着什么？哪位先生能够指出有其他动机？"他最后呐喊："全能的上帝啊，制止他们这样做吧！我不知道别人会如何行事；至于我，不自由，毋宁死！"

杰斐逊非常赞同亨利的观点，钦佩他坚持个人信念和出众的口才，而且对他的成长之路也很感兴趣。

帕特里克·亨利出生于弗吉尼亚汉诺威县，父母分别是苏格兰和威尔士移民，属于土地不多的自耕农。他的父亲是一个有点文化的小知识分子，做过当地的土地测量员和法庭主持人。他希望儿子能多读点书，成为一个有知识、有文化的绅士。但亨利读完小学就辍学了，在哥哥的杂货店里当学徒。这个店是小本生意，看不出有多大前景，所以亨利早早便结了婚，然后经营父亲和岳父合送的有6个奴隶的小农场。但他既不勤奋又不会精打细算，不到两年就不得不卖掉农场，在小镇上开了一家店铺。生意做了四五年，仅够维持生计，他觉得没多大意思，于是开始想其他办法谋生——练口才，当律师，靠嘴吃饭。

目标定下来后，亨利开始努力。他在各种场合练习讲话，然后借阅了《科克论利特尔顿》和《弗吉尼亚法案汇编》等书，学习了大约六个月便向法律考试委员会报名参加律师资格考试。结果，他轻而易举地通过了，不过，不是因为熟悉法律知识，而是靠他机敏的辩才和推理。就是说，亨利的律师资格是在不到一年的时间里速成的，他的经历和经验给了杰斐逊很大的信心。

当然，杰斐逊也很有自知之明，他知道自己虽然学历比亨利高很多，但口才却差得很远。他早就听说亨利在"教区牧师薪金案"中的非凡表现，正是这个案子使亨利声名鹊起。教区牧师薪金案的情节并不复杂：在18世纪中叶，弗吉尼亚殖民地区的牧师薪金是以烟草支付的，1748年牧师薪金为每年17 200磅烟草。几年后，殖民地区的通流货币贬值，但烟草价格不断攀升，为了维护种植园主的利益，1755年和1758年，英国议会通过两项法令，把支付给牧师的薪金由烟草改为打折扣的现金，即每磅烟草价格折合为2便士，而弗吉尼亚地区的烟草价格已上升到每磅6便士，因此，许多牧师为现金报酬与他们应得的烟草在当时的价格之间的差价而提出诉讼，要求给予补偿。这是一件要求殖民纳税人给牧师补偿的案子，作为纳税人的辩护律师，亨利在法庭上大声抨击教会，并以其特有的煽情语言赢得了民心。在随后的州议员选举中，他被选为州议员，从此踏入了政坛。最后，该案上诉至英国枢密院审议，1769年议会通过了第三项让牧师满意的法令。

受亨利的启发，杰斐逊也开始苦练口才。他在笔记本上记录了各种判决、辩论、定义，甚至把一些案例中的辩词背得滚瓜烂熟，以便日后能信手拈来。除了模仿和自我摸索外，威恩先生也尽到了师傅带徒弟的义务，给杰斐逊推荐了不少可以当教材的好书。杰斐逊还研读了英国哲学家约翰·洛克《人类理解论》《政府论》等论文，洛克曾经说过："每一个人都被自然赋予某种权利，其中包括生命、自由和财产权利。"后来杰斐逊写在《独立宣言》里的那句名言便脱胎于洛克的学说，由此可见他受这位思想家的影响极深。

在接受欧洲思想家们的民主思想后，杰斐逊将很大一部分精力用来建立自己的民主思想体系——自然权利、民众主权和革命权利，并为实现这一目标进行了不懈的努力和斗争。正因为他在这方面花了太多的时间，所以他在法律方面的深造和口才训练，都没有像亨利那样做到"速成"。

1765年5月，杰斐逊又目睹了一次精彩的辩论。亨利作为州议员向议院提出了7项建议，认为殖民地民众理所应当像所有英国公民那样享有自由、人身特权、选举权和免税权。他强调说："我在这里郑重声明：殖民地民众理所当然地应当享有自己的自由，只有弗吉尼亚议会才有权向弗吉尼亚民众收税，任何人赞同殖民地议会以外的机构有权在殖民地征税，都将被视为殖民地民众的敌人。"

这时，会场有人喊道："这是叛国，叛国者！"但亨利处之泰然，淡定地说："恺撒有他的布鲁图来应付，查理一世①有他的克伦威尔②，乔治三世有③……"他的话又被叫嚷声打断："大逆不道！"亨利不得不提高声音继续讲道："乔治三世应当从他们的事例中得到教益，如果英政府不取消它对殖民地的这些压迫性措施，那么等待他的就是刀枪。……但愿我们能从他们的例子中获益，如果这是大逆不道，那就让它大逆不道吧！"

亨利发出的呐喊声，与佩顿·伦道夫的呼吁相附和，令人振聋发聩。同时发出同样声音的还有本杰明·富兰克林④、约翰·亚当斯⑤等人，这些声音形成了美国资产阶级革命的前奏。

---

① 查理一世：英格兰斯图亚特王朝国王，英国历史上唯一被公开处死的国王，欧洲史上第一个被公开处死的君主。
② 奥利弗·克伦威尔：英吉利共和国护国主，英国政治家、军事家、宗教领袖。17世纪英国资产阶级革命中，资产阶级新贵族集团的代表人物、独立派的首领。曾逼迫英国君主退位，解散国会，并转英国为资产阶级共和国，建立英吉利共和国，出任护国公，成为英国事实上的国家元首。
③ 乔治三世：1760年10月25日登基为大不列颠国王及爱尔兰国王，至1801年1月1日后因大不列颠和爱尔兰组成联合王国而成为联合王国国王，直到1820年驾崩为止。
④ 本杰明·富兰克林：美国政治家、物理学家，也是出版商、印刷商、记者、作家、慈善家，更是杰出的外交家、发明家。他是美国独立战争时期重要领导人之一，参与了多项重要文件的草拟，并曾出任美国驻法国大使，成功地使法国支持美国独立。
⑤ 约翰·亚当斯：《独立宣言》起草委员会的五个成员之一，被誉为"美国独立的巨人"。美国第一任副总统，其后接替乔治·华盛顿成为美国第二任总统，任职期间在内政、外交方面均无明显就，1800年再次竞选总统时被托马斯·杰斐逊击败。

杰斐逊在听了他们的演讲、辩论和发表的文章后，心灵受到了前所未有的震撼。他想，亨利到底算不算伟大的民主自由的捍卫者？如果不算，那么富兰克林、亚当斯等人算不算？他开始把目光从弗吉尼亚扩展开去，投向整个北美洲殖民地，除了刻苦研读法律，还对社会现状和潜在的危机进行更深层次的思考。同时，他更加确定了走一条像亨利、伦道夫走过的路，先成为律师，再进入政界，再……他还需要认真地做长远规划。

杰斐逊既酷爱读书学习，又热衷于交际，这一切都是为了让自己"站在一个非常高的起点"。他相信自己的命运与身边的很多人密切相关，从不曾切断自己与当代社会、文化潮流趋势的联系。

从1765年到1772年，这近7年的时间，杰斐逊基本是在乔治·威恩家里度过的。威恩的家与沙德威尔庄园有很多相似之处，比如都用银器就餐，家里经常会办晚宴招待客人，并定期举行宴后舞会。杰斐逊觉得这种自由奢华的生活非常惬意且很适合自己，他特意从古希腊诗人欧里庇得斯的诗中找到描述他与威恩一家在一起的日子的句子："没有什么比一个值得信赖的朋友更可贵，无论是财富还是皇权，拿这些令世人艳羡的东西与一位高尚的朋友相比是毫无意义的。"

3. 既做律师，又当庄园主

在威恩先生门下深造期间，由于农庄需要打理，杰斐逊经常往来于威廉斯堡和沙德威尔之间。

1765年，杰斐逊遇到了太多的事情，不仅让他应接不暇、忙乱无措，也让他情绪烦躁、思路紊乱。他有很多想不透的难题，要请教老师威恩；也有很多个人的问题，要跟朋友交流。除了给佩奇写信，他还有一个可以谈知心话的朋友，那就是他的小学和大学同学达布尼·卡尔。卡尔也在威廉-玛丽学院进修法律，他和杰斐逊志趣相投，都有远大的理想和抱负，他们之间的交流促进了他们共同成长。

这一年，卡尔与杰斐逊的二妹、19岁的马莎结婚了，这让杰斐逊高兴了一阵子。但刚过两个月，他的姐姐珍妮（简）却不幸逝世，这让他再次尝到了失去亲人的痛苦，也深感生命的脆弱。他与珍妮姐弟情深，整个秋天他都沉浸在悲痛之中。为了表达对姐姐的怀念，他写了一段悼文，大意是：

啊！最亲爱珍妮，你是世上最美好的姑娘。
啊！在青春绽放的最美时刻，你却悄然而去。
生命中与你邂逅，留下了无数美好的记忆。
别了，而今只能轻声与你道别，永远别离……

这年深秋，杰斐逊花了近两个月的时间去旅行，一是排解心中的苦痛，二是看看北方的大城镇。他先后到了安纳波利斯、费城、纽约。这是他第一次走出弗吉尼亚，欣赏到北方城乡的不同风光。途经马里兰州的时候，他看到了州议会议员们辩论的情景，"一点发言人的架势都没有"，他对马里兰州的下议院竟不像弗吉尼亚那样重视礼节而感到吃惊。当然，安纳波利斯（马里兰州首府）的水上风光也给他留下了非常深刻的印象。他在记事本里记录了在议会和马里兰城镇的所见所闻。费城是宾夕法尼亚州最大的城市（人们称之"兄弟之爱城"），也是当时人口最多的城市。杰斐逊去那里主要是为了防疫种痘，这是新生事物，一些开明人士都很积极踊跃地参加。杰斐逊见到了约翰·摩根医生，并接种了天花疫苗。随后，他特意拜访了一位朋友，并在朋友家里结识了马萨诸塞州的埃尔布里奇·格里，后来两人成了革命战友。

杰斐逊还在笔记本里写下了自己"脖子差点摔断"的冒险经历。不管怎样，这次旅行对杰斐逊的成长、成熟起到了不小的作用，使他从一个学生走向成年人，成为一个男子汉，并有了一种要走向未来、走向自由的感觉。

1766年春，他开始对农庄里种植的农作物和花草做生长记录。不过，这并不算科研活动，主要是一种心情的表达。比如，3月27日他记录"紫色的风信子开始吐蕊了"，4月6日记录"水仙和紫草开始绽放了"，"树林内的野生忍冬属植物也开了花"。这些说明他的心情大为好转。

旅游回来后，杰斐逊急着通过律师资格考试，在威廉斯堡待了很长一段时间。直到1767年，他才完成学业，通过考试获得了律师资格。而后，在恩师威恩先生的举荐下，他成为弗吉尼亚州议会的律师。

不久，杰斐逊在县城开了一家律师事务所。不过，在律师行业，他是小字辈，平时没有什么事情可干，大部分时间是在管理农庄，他准备再建一座庄园，与母亲和弟弟妹妹们分开居住，以方便社交和工作。

当时的弗吉尼亚正流行一句时髦语："欢乐，是智慧和良好生活的产物。"有钱人附庸风雅，大有欧洲贵族的风度，人们也以英国绅士的做派为荣。像杰斐逊这样的富裕家庭，无论是他本人还是他的母亲及弟妹们，都在追求和享受有品位的快乐生活。杰斐逊经常会把旺盛的精力分一部分出来，去看赛马，参加宴会和舞会，参加音乐会和欣赏最新的歌舞戏剧。这些活动有些是在沙德威尔庄园进行，有些是在威廉斯堡和县城进行，他不得不来回奔劳，但仍乐此不疲。但在同年人中，大家都认为他是一位聪明、热情、求知欲和上进心都很强的律师。

从业的头一年，杰斐逊接到的案子并不多，而且都是一些小案子。他受理的案件主要涉及土地所有权方面的争端，比如关于修建房屋周围护栏的争议、遗嘱继承、地产管理、利息等争议，甚至牲畜侵入邻居的田地毁坏栅栏、主妇吵架、彼此出言不逊引起的打架斗殴等鸡毛蒜皮的事情。他对大小案子虽然来者不拒，但还是有主次之分的。名律师亨利偏重于刑事案件，杰斐逊偏重于民事案件；而他的老师威恩、彭德尔顿等人则侧重于大案要案，尤其是涉及宗教政治方面的敏感案子。

由于律师的行业特点，杰斐逊不仅要接触上层社会的名门显贵，也需接触处于社会底层的平民百姓；既接触良善之人，也要接触作恶之人。他跟弗吉尼亚州的几大家族，如伦道夫家族、佩奇家族、纳尔逊家族、伯德家族、伯韦尔家族都打过交道；阿尔贝马尔县的农民遇到了麻烦都很愿意来找他；在这方面，杰斐逊一点都不挑剔，而且能把各方面的关系都处理得恰到好处，他的人脉也因此越来越广。

随着名声越来越大，来找杰斐逊做代理的雇主也越来越多。一个名叫戴维·弗雷姆的已婚男子被告与一位名叫伊丽莎白·布尔金的女人私通，他认为自己是被人陷害的，于是专程来找杰斐逊代理此案。按照当时的法律，通奸被认定为犯罪行为，弗雷姆应该去找刑事案件方面的代理律师，但杰斐逊毫不犹豫地接受了他的委托。经过反复取证，杰斐逊确认弗雷姆是被人陷害的，并帮他打赢了这场官司。弗雷姆万分感激，将杰斐逊的品行大事宣扬了一番，这对杰斐逊随后被选为州议员起到了很大作用。

从 1767 年 2 月开始，杰斐逊受理的案件便从阿尔贝马尔县扩大到斯汤顿、温彻斯特以及邻县地区；1768 年年底，25 岁的杰斐逊当选为县议员后，又将代理业务发展到里士满。

当然，生活中各种各样的丑陋、污秽、卑劣的现象，也时常呈现在他的面前，让他一次次见证人的本性。和其他律师不同的是，杰斐逊无论对待什么案子都十分用心，不仅对自己代理的每个案子都作详细记录，保存他在弗吉尼亚法院的所有案件的完整备忘录，而且还对一些比较特殊的案子进行哲理思考，诉诸文字。

不过，杰斐逊跟他的师长同僚们相比，也有明显的不足之处。无论业内业外，很多人都知道他的口头表达能力不够好，这对一个职业律师来说即使算不上致命的缺点，也是一个严重的不足。大多数律师都能言善辩，吃的就是口才饭，但杰斐逊却不善口头表达，缺乏在大庭广众之下侃侃而谈的雄辩之才，他习惯于用柔和温暖的语调讲话，特别适合与朋友坐在一起慢声细气地交流，那是非常有磁性和感染力的，但如果要在大庭广众之下，将声调提高八度，他的声音就会变得沙哑起来，气息就会吞入喉咙，使发出的声音嗡嗡不清。

杰斐逊也曾下过很多功夫去训练口才，试图掌握诸如长句换气、抑扬顿挫、顿呼法等技巧，但成效不大。从性格和气质来看，他更像一位学者。无论是称他为文学家、哲学家、思想家，还是科学家、建筑学家、植物学家，都比称他为律师更合适。他的语言表达，有着文学家的想象力，也有思想家的深刻、哲学家的思辨，更有着科学家的严谨。他对事实的陈述清晰、准确，逻辑推理严密周全。他善于摆事实讲道理，却不善于煽情；善于旁征博引和逻辑推理，却不善于情景交融，调动陪审人员的情绪。他更善于书面语言的表达，从他笔端流出的句章，可以说是俊逸潇洒、神采飞扬，又如江水之滔滔，一泻千里。这使他在法庭上也能取长补短，屡屡克敌制胜。

杰斐逊受理的案件也有一些可圈可点的例子。比如，1770 年，他免费为一个黑白混血儿塞缪尔·霍维尔的自由所做的辩护，就是一次虽败犹胜的诉讼。

案情是这样的：当时作为奴隶的混血儿霍维尔向法院起诉，要求给他自由。他向法院陈述说：他的祖母是一个白人妇女和一个黑人男奴隶的女儿，而根据弗吉尼亚的法律规定，确定一个新生儿是否为奴隶身份，并不是以肤色为依据，而是以孩子生母的身份为依据。霍维尔的祖母 31 岁以前一直是农奴，在她不到 31 岁的时候生下了一个女孩，按新修订的法律规定，这个孩子的身份是奴隶，只有服役到 31 岁时才能获得自由。而这个女儿在获得自由之前生下了霍维尔，那么，霍维尔自然跟母亲一样是奴隶，同样必须做农奴直到 31 岁才可能获得自由。但霍维尔希望在 31 岁以前就免除奴隶身份，获得自由。

接手这个案子时，杰斐逊觉得这是一桩注定打不赢的官司。但是他没有推脱，反而格外用心。他从法律条款上找不到依据，就翻阅以前的案例，希望能找到一个哪怕是牵强附会的例子也行，可他没有找到。他只得发挥自己写作的特长，将辩护词写好，并进行精心修改。开庭后，他在庭上慷慨陈词："弗吉尼亚的法规只限于第一代的黑白混血儿必须服劳役。根据自然法则，它不影响子女的自由。因为按照自然法则，人人生而自由，每一个人来到这个世界都对自身拥有权利，包括迁徙自由及按照本人意志使用权利的自由。"他提出了一个崭新的概念——自然法则。尽管他没有详细诠释自然法则为何物，但他的主张已经表明，自然法则是人们遵循的最高法，所有人为的立法都要与自然法则相符。那么，自然法则的核心是什么呢？那就是人人生而平等，人人生而自由。

这犹如一石激起千层浪。因为这个"自然法则"被人们视为危险的、具有颠覆意图的主张，是大逆不道的。但它从20多岁的杰斐逊嘴里说出来，可谓石破天惊。

杰斐逊受理的案子中，还有一个比较有名，是关于法院对有关基督教事务的裁决权问题的。

当时有一个名叫卢纳的牧师，受到其所在教区委员的起诉，他们列举了卢纳的数条罪状，要求高等法院撤销他的职务并给予惩罚，主控是"名声败坏，荒淫放荡"，说卢纳在教堂里常常喝酒，喝得酩酊大醉，以致不能行使其牧师之职，并且在教堂里穿着与其身份不符的花哨服装，亵渎神灵的语言连篇累牍，但没有一条是实打实的。

第一次接受与宗教有关的案子，杰斐逊显得格外谨慎。当时这类涉及牧师和宗教的案子大都交由教会单独审理，这次杰斐逊是代表教区委员会对卢纳向法院提出起诉，卢纳则在法庭为自己辩护。此案引发的争议不小，在弗吉尼亚一度闹得沸沸扬扬。

杰斐逊在辩论中首先指出，法律是适用于所有人的，也就是说法律面前人人平等。他旁征博引，追溯基督教的历史，援引公元854年的事例加以阐述，使人们坚信法院"享有对于基督教事务的裁判权"。这是杰斐逊宗教思想的最初体现。最终法院同意了这一结论，杰斐逊胜诉。此后，杰斐逊开始了对教会与国家之间关系的研究探索，他后来还专门对宗教进行了改革，并取得了不小的成就。

杰斐逊认为，律师这个职业给人的感觉是法律的维护者，特别是一些冤案，一旦发生，作为底层的劳苦大众很难与当权者抗衡。他一向憎恨有钱有势的当权者，同情底层的贫苦百姓，所以他总是站在劳苦大众一边。

在67年的律师从业经历中，1769年是他斩获颇丰的一年。从这一年开始，他的业务量倍增，收入也倍增，在威廉斯堡设立了业务接待处。威廉斯堡的州议会也请他去做代理。他还当选为弗吉尼亚州下议员，开始了从政尝试。到1772年，他充当法律代理和律师辩护人的案件有近500起，业务蒸蒸日上，稳步增长。

无论在律师行业干得多么出色，从一开始杰斐逊就没有把它当作自己的终身事业，他也不需要把做律师作为维生之计，而是把大量时间和精力花在经营农庄上。首先，他卖掉了一些零星的小块土地，将农场连成一片；又花一年多时间亲自设计了蒙蒂塞洛宅邸的布局与框架，主体建筑于1769年开始动工，墙基就在小山顶上。这是一座海拔不过百米的矮山，非常荒凉，要把它建成一座美丽的庄园，非一年半载所能完成。但杰斐逊热情很高，因为庄园的一切布局都是按他想象的最完美模式设计的。

在开辟新庄园的同时，杰斐逊对父亲留给自己的占地2000多英亩的农场进行了全面修整：修建栅栏、院墙、道路和桥梁，种植树木花草，开辟了一大片蔬菜园，为在沙德威尔的一大家人提供新鲜蔬菜，为络绎不绝前来旅游和造访的客人提供特色菜肴。农场大面积种植了一些常规农作物：棉花、苎麻、大豆、麦子、玉米、马铃薯等；零散的土地主要种植烟草、可可等；山地则种植茶树和一些果树。

肥沃的土地和奴隶的辛勤劳动，让南方人渐渐养成了慵懒安逸的生活习惯，但杰斐逊却是一个勤快实干的农场主。他接管农场后的头两三年，农田产出总收入在2000~3000美元，虽然不算太高，但足以应付庄园的各种开销。不过他并不满足于此，他在农场里进行了不少试验性的种植和品种改良，一方面是为了提高农场收入，另一方面则是为了满足他对植物研究的兴趣。

北美殖民地的农业种植技术最初借助了当地土著人（印第安人）的种植方法，主要种植玉米、南瓜、豆类等，与发达的欧洲农业相比，种植方法较为落后，品种较少，农产品用于自给，很少加工成商品出售，因此农业收入很低。能够换钱的主要是经济作物，如烟草、茶叶等。事实上,烟草也是通过很长一段时间的试种试销才进入海外市场的。为了改变北美农业的落后面貌,殖民地的自耕农进行了几个世纪的不懈探索,才使得具有"混血"特色的农业发展起来。18世纪,现代农业在欧洲尤其是英国的飞速发展,弗吉尼亚的居民热衷于阅读有关农业的文章和专门的杂志,选择耕作方法,改良种子,引进新的经济作物。这些成为上进的种植园主所关心的事情,而杰斐逊无疑是那个时代的探索者之一。

早在读书期间,杰斐逊就开始对植物的生长情况进行精细的观察和详细记载。管理农场后,他的记录做得更加详细、全面,并且不像以前那么随心所欲。他试图整理出一本具有指导意义的手册,将这些记录暂定为《园艺手册》。他的记录做得非常专业,在两年之内详细记录了29种蔬菜、7种水果以及百余种花草育苗、移栽、施肥、浇灌、采收等方法,以及它们发芽、开花、成熟的时间等。对一些经济作物,如可可、茶叶、烟草、油棕等,他还记录了栽种的株距行距,画出了长势图表。

杰斐逊最喜欢做的是新品种引进。他的庄园出产的作物品种异常繁多,比起当今设备完备的农场也毫不逊色。仅蔬菜便引进多达数十种,婆罗门参、独行菜、酸模、小红萝卜、芦笋,还有各种莴苣、菊苣、水芹、芹菜、萝卜、大蒜等。据说他刚引进西红柿时,还引发了一番争议,西红柿到底是属于蔬菜类还是属于瓜果类?按照最科学的定义,"果"应该指的是果实,也就是由植物花朵根部的子房发育来的、里面含有种子的那部分。但是,如果按照这个定义来归类,草莓(植物的花萼)、甘蔗(植物的茎)等都会被踢出水果大军。而西红柿,我们吃的是植物的果实,理论上应该是一种"果"。这样一来,争议反而更大了。百十年后,即1893年,美国最高法院在那场跨时代的"尼克斯诉赫登案"中,裁定西红柿是蔬菜。为什么一个植物种类的属性要靠法律来裁定呢?这并不是因为西红柿属性复杂、难以确定,而是因为美国有关的进口商品的关税法规定,蔬菜要征收关税,而水果则不需要。显然,将西红柿划入蔬菜类只是为了多收税。

在引进新品种的同时，杰斐逊对农作物的优化也进行了一些试验。比如豆类就有十几种之多，爆裂豆、紫豆、白豆、甜豆、赤豆、黑豆等，麦类有荞麦、燕麦、小麦、大麦等，只要听说过，他都会想方设法地移种到自己的农场里来试种，择优保留下来。另外还有大量瓜果类植物，如草莓、青瓜、西瓜、木瓜、樱桃、橄榄、木莓、春草莓等十多种进口品种，也被移植到他的农场里。

实际上，可可、花生及以甘蔗、甜菜为主的糖类作物都属于经济作物，也能像烟草、茶叶一样卖钱，是农场现金的主要来源。这些产品还可以送往伦敦换取书籍、家具、服装、乐器和欧洲名酒等。

18世纪时，弗吉尼亚的养殖业也不发达，发展比较缓慢，饲养的牲畜一般是猪、奶牛、马匹等。在杰斐逊的记事本里没有关于养殖业的记载，但可以肯定的是，他的农场和弗吉尼亚的其他大型农场一样，饲养了大量马匹，供他个人使用的就有六七匹优良品种的纯种牝马。

农作物的耕种是"三分种，七分管"，杰斐逊在管理上花费了大量时间和精力。他的《园艺手册》一直记到他逝世前两年，即1824年，长达半个多世纪。即使他不在庄园里，也会委托他人帮忙记录，比如他的三妹为他做过几次记录员，足见他对此事多么重视。后来他把记录分类整理，分为《园艺手册》和《农艺手册》两本，后者的主要内容是种植、管理农作物及一些新的农用机械的发明革新等。

当然，管理中也包括对人、对财物的管理。杰斐逊在手册中记载了对100多个奴隶的分配使用情况；还详细记录了何年何月何地把多少鱼和牛肉、多少床和毯子分发给每个奴隶，通常是在奴隶出生之时。从这个手册可以看出他和奴隶之间的关系。他还有一本"袖珍账簿"，从1771年一直记到1803年，上面有每天金钱开销的细目，其中甚至包括买鞋带的二三便士以及施舍给乞丐的钱。

农业在很大程度上是靠天吃饭，因此，杰斐逊还天天记录气象观测结果。这个工作也坚持了很多年，即使在他忙碌的时候也没有中断过。

从1767年到1772年差不多6年时间，杰斐逊一边做律师，一边做农场主。他在记录每个案件卷宗的背面，记着他的职业服务收入。这些费用比起当时胃口最小的律师的要价，似乎还要少得多。很多案件根本没有提到费用，我们完全可以相信他免费受理了一些案件，或者有些被告没有按规定支付辩护费。即便如此，他平均每年也有差不多3000美元的收入，跟一个中等庄园主的收入相当。

4. 风起云涌的抗税斗争

就在杰斐逊按照自己设计的人生目标，通过进军律师行业，为将来跻身政坛而努力之时，北美殖民地区的民众反抗英国政府税收政策的斗争已经相当激烈。要想说明白宗主国与殖民地矛盾冲突的来龙去脉，还得从七年英法战争结束后的一些遗留问题说起。

1756～1763年的七年英法战争，实际上是欧洲两大军事集团即英国-普鲁士同盟与法国-奥地利-俄国同盟之间，为争夺殖民地和霸权而进行的一场大规模战争。这场战争是因奥地利国王玛丽亚·特蕾西亚①为收复西西里亚而引起的。战争爆发后，法国、俄国、瑞典、西班牙和萨克森都嫉妒普鲁士的强大，支持奥地利；英国、汉诺威、葡萄牙等国则援助普鲁士，由此形成了两大对立集团。在英普集团中，英国维护普鲁士的力量，目的是对抗法国；普鲁士则利用英国的助力牵制法、俄。

开战之初，即1756年8月，普鲁士的腓特烈大帝②对萨克森发动突袭，萨克森很快投降。1757年5月，普鲁士军队赶在法军行动之前，进攻布拉格，击败奥军；6月与奥地利援军在科林展开遭遇战，普军败退。奥军乘胜攻入西里西亚，法、俄也开始行动，法军10万人占领汉

---

① 玛丽亚·特蕾西亚：奥地利大公和国母，匈牙利女王和波希米亚女王，神圣罗马帝国皇帝查理六世之女，神圣罗马帝国皇帝弗朗茨一世的妻子。

② 腓特烈大帝：即腓特烈二世，普鲁士王国国王，欧洲历史上著名军事家、政治家，也是一名作家、作曲家。曾两次发动西里西亚战争。1756年发动对法兰西王国、沙俄帝国和奥地利公国等国的七年战争。1772年和沙俄帝国、奥地利大公国乘波兰内政危机，第一次瓜分波兰领土，获得西普鲁士的领土。1785年组建由15个德意志联邦国组成的诸侯联盟。

诺威，进逼普鲁士；8月，俄军7万人进攻东普鲁士。在欧洲大陆，法、奥、俄相对普鲁士占有绝对优势。

让法、俄获胜，这是英国最不愿意看到的。为了大英帝国的利益，英国于1756年5月17日对法宣战。尽管英普同盟在大陆上处于劣势，但英国有强大的海军舰队，可以扬长避短，于是把主战场摆在海上。在海上和殖民地区，英法两国进行了激烈的争夺战。1756年4月，法国海军击败英国舰队，占领北美洲的梅卡诺岛。1758年，英军攻占布雷顿角岛，包围路易斯堡，7月路易斯堡驻军投降。第二年9月，英军攻占魁北克。1759年，法国舰队在拉古什和基伯龙被英国舰队消灭；1760年，英国占领整个法属加拿大（今加拿大南部地区）；1761年，英国占领法国在印度的殖民地。

在欧洲大陆，处于四面楚歌之中的腓特烈大帝改变战略，集中兵力进行内线作战。1757年11月3日，腓特烈大帝亲率普军在西线罗斯巴赫击溃法奥联军，接着迅速赶往东线，12月5日在洛依滕对构筑了坚固阵地的奥军发动猛攻，利用侧翼攻击打垮奥军。但是，俄军的攻势十分强劲，1759年，俄奥联军在奥德河会师，8月与普鲁士进行库纳斯多夫会战，普军被击败。同时，英军在汉诺威击败法军，9月奥军占领德雷斯顿，普军被迫转入防御。

关键时刻，法奥俄联军内部发生了矛盾，普军抓住这一机会进行反击，于1760年7月在西里西亚以少胜多，击败俄奥联军。随后，普军乘胜进击，8月在利格尼茨再败奥军，11月在托尔高会战，双方都付出了惨痛的代价，普军最终保住了萨克森领地，得以恢复实力。可是，1761年12月俄军攻克了普鲁士要塞可尔贝格，使普军再次陷入绝境。

又一个关键时刻，上帝仍关照了普鲁士。1762年年初，俄国女沙皇病逝，于1月5日登基的新沙皇彼得三世[①]是腓特烈大帝的狂热崇拜

---

① 彼得三世：沙俄帝国皇帝，彼得大帝的外孙。出生于荷尔斯泰因公国，几乎不会说俄语，因为伊丽莎白一世女皇未婚且无嗣而被挑选为继承人。在他统治时期，德意志势力在沙俄宫廷的影响达到顶峰。

者，他转而与腓特烈大帝结盟，支持普军，俄军撤退，归还了占领的全部领土，普鲁士又起死回生。法奥俄强势同盟由此瓦解，法国海军在海上连连失利，战争进行到1762年已经进入尾声。

对于这场欧洲强国的大帝、国王、贵族们玩的战争游戏，北美洲殖民地的人们并不是很关心，他们关心的是五大湖以南至俄亥俄河流域、阿巴拉契亚山脉以西至密西西比河以东的大片土地。回想一下，当年乔治·华盛顿西出坎伯兰峡口的使命是什么，不就是要从法国人手中拿到这片土地吗？战争中，当地的印第安人与法国结盟，所以殖民地民众把七年英法战争称为"法国和印第安人战争"。北美战场只是英法战争的一部分，主角是以弗吉尼亚兵团、马里兰兵团、纽约兵团等为代表的殖民地地方武装力量。当然，英国也在战争开始后首次向北美洲派出了属于皇家正规军的"远征军"。开战之初，因为殖民地（几个州）的地方武装和数量有限的远征军面对的是法国正规军（包括陆军和海军）、加拿大民兵以及印第安人，在俄亥俄谷底主战场首战失利。

但地方武装在军饷不足、装备急缺的情况下，仍在不断扩充力量，积极准备再战。而英国在其他战场扭转局势后，也得以抽调更多的兵力支援北美战场。最终，在与法国争夺北美殖民地的战争中，英国大获全胜。

从这场战争的全局来看，起因是普鲁士和奥地利争夺德意志的领导权，实质上却是英法争夺殖民地和海上霸权。这次战争对于18世纪后半期国际战略格局的形成和军事学术的发展均产生了深远的影响。

战争结束后的1763年，各参战国开始重新划分势力范围。1763年2月10日，以英国为一方，法国、西班牙为另一方（后葡萄牙加入），在巴黎签订了《巴黎条约》。条约规定：在欧洲，英国收回梅诺卡岛，法国收回贝勒岛。在美洲，法国将加拿大、布雷顿角岛、密西西比河以东的全部土地（新奥尔良除外）让给英国；西班牙将佛罗里达让给英国，从法国手中得到路易斯安那、新奥尔良及部分金钱补偿。在西印度群岛，法国将特立尼达、圣文森特、格林纳达、多巴哥诸岛让给英国，收回马提尼克、圣卢西亚、瓜德罗普和玛丽加朗特诸岛。在印度，法国仅保留5个城市，且不得设防驻军。西班牙收回古巴和菲律宾。同时，各国还对一些有争议的地区进行了界定。该条约的签订打击了法国在海外的势力，标志着英国迈向日不落帝国的传奇。

同年2月15日，普鲁士与奥地利、萨克森在胡贝图斯堡订立了《胡贝图斯堡条约》。条约规定，普鲁士仍保有西里西亚，萨克森恢复战前疆界；在秘密条款中，普鲁士保举玛丽亚·特蕾西亚之子约瑟夫二世①为神圣罗马帝国皇帝。该条约的签订标志着普鲁士开始崛起。

从这两个条约可以看出，在这场博弈中，英国成了最大的赢家，不仅迫使人们承认了其霸主地位，而且得到了不少实惠，尤其是夺得了海外众多的殖民地土地。这对英王和他的大臣们来说，是一件值得庆贺的大好事；而对北美殖民地民众来讲也是很有利的，至少他们有了更多可经营的土地。为此，美国独立革命先驱富兰克林把宗主国比喻成一个聪明又善良的母亲，把大英帝国说成是一个大家庭，并且表示削弱这个大家庭的任何一部分，都会削弱整个大家庭。这是一种传统的"爱国"精神。

然而，就在这个时候，"母亲"开始严厉管教"孩子"了——英国政府着手加强对殖民地的控制。一是为了巩固和加强英国对殖民地的统治，改变之前松散的管理；二是希望通过向殖民地征税，在不增加本土民众负担的前提下填补空虚的国库。因为打了这么多年的仗，花的都是银子。英国在这场战争中获得了殖民地大量土地，也博得了"霸主"的虚名，但国内却出现了空前的财政赤字。用什么办法来解决财政赤字问题呢？当然只能取之于民。既然这场战争名义上是为北美殖民地打的，那么北美殖民地民众理所当然要孝敬一下"母亲"了，而孝敬的

---

① 约瑟夫二世：奥地利大公，神圣罗马帝国皇帝，1780年起也是匈牙利国王和波希米亚国王。他以开明专制著称，在国内推行一系列激进的改革措施，包括废除农奴制、建立统一的国家机构、剥夺帝国境内各天主教主教的世俗权力等，阻止教皇干预帝国事务，但他忽略了帝国内部矛盾的复杂性，其改革措施遭到强烈反对，最终饮恨而终。

最好方式就是交税。

1764年，英国政府由乔治·格伦维尔①及其领导下的内阁牵头起草，国会表决通过了《糖税法》，调整了以蜜糖为代表的传统殖民地进口货物的关税，结果遭到殖民地民众的抵制。征税才开了个头，英国政府显然不会退让。1765年3月，英国国会正式通过了《印花税法》，决定向殖民地的所有印刷纸张征收印花税，包括船舶文件、法律文书、执照许可、报纸，甚至纸牌等一切印刷品都在征税范围之内。征收《印花税法》的消息传到殖民地后，以弗吉尼亚州下议院为首，各殖民地议会纷纷否认国会有向殖民地的征税权。

在1765年5月的弗吉尼亚州议会会议上，以独立革命之舌帕特里克·亨利为代表，提出了"身为英国臣民，当殖民地人在国会中无人代表时，国会无权向殖民地征税"的主张。这时的杰斐逊还只是一个正在攻读法律的学生，他在会场聆听到人们争取民主、自由、平等的呐喊声，不由得欢欣鼓舞。

随后，殖民地民众掀起了更强烈的抵制税法运动。10月，来自马萨诸塞、罗德岛、康涅狄格、纽约、新泽西、宾夕法尼亚、特拉华、马里兰和南卡罗来纳的27位代表，在纽约召开了反《印花税法》的联合会议，要求英国国会废除《印花税法》的所有条款。富兰克林警告英国议会说，任何对北美洲人民强制征税的企图都只会导致叛乱。殖民地的知名人士组织了"自由之子社"。政治上的对立很快演变为叛乱，愤怒的群众在波士顿街道上游行示威，伴随着各种暴力行为。波士顿人民的行为迅速被其他殖民地区所效仿，从马萨诸塞到南卡罗来纳，人们一致要求废弃该法案，并强迫倒霉的税吏辞职，还烧毁了很多可恶的印花税票。

为了平息民愤，英国议会在1766年年初取消了《印花税法》。殖民地人民实际上否定了母国国会拥有向北美殖民地征税的权力，挑战了国

---

① 乔治·格伦维尔：英国辉格党政治家，1763年至1765年担任英国首相。

会的权威,这显然是国会不能容忍的。而且,在这场风波中,殖民地民众通过自身的行动和言论共同改写了"爱国"话语的内涵,促使以效忠宗主国的"爱国"话语转变为对"独立国"的热爱,普通民众进一步成为"爱国"话语的践行者。

但是,该交的钱还是要交,英国往北美殖民地派遣行政长官,且战后没有撤走军队,养活这些人的开支都得指望从北美殖民地征税。而且,英国政府已经理解到殖民地民众所说的"爱国"一词的含义和潜在危险性——走上摆脱宗主国控制、实行自治的创新之路。而英国政府能做的是,一方面强化宗主国派遣官员的权力,同时在经济政策上进行严厉管控。于是,在《印花税法》被废止后的一年多时间,英国又制定了一些政策,把过去的纠纷重新挑动起来。英国财政大臣查尔斯·汤森奉命制订一项新的财政计划,打算通过增加对北美洲贸易的征税来减少英国人在税务上的沉重负担,为此,他加强了海关管理,同时提议对从英国运往殖民地的纸张、玻璃、铅条和茶叶征税。这个法案在英国议会通过时,被称为《汤森法案》。

在换汤不换药的奸计面前,北美民众被彻底激怒了,马萨诸塞州率先起来反抗,州府波士顿的立法机构发出了一封抗议法案的通告信,并号召其他殖民地也起来反抗。各州都成立了名为"自由之子"的秘密抗税组织,到处都是抗议强制征税的暴动者。英国政府迅速做出应急反应,增派了两个步兵军团到北美镇压这一小撮反动分子。但北美民众并不打算屈服,更大规模的抗税斗争开始了,杰斐逊也毫不犹豫地投身其中。

第三章　投身革命建勋业

1. 跻身政界

谈及杰斐逊的政治生涯，应从 1769 年 3 月他先后当选为县、州议员算起。他当时在律师界已小有名气，但真正把他推上政治舞台的是北美民众掀起的抗税运动。

弗吉尼亚州议会紧随马萨诸塞之后行动，坚决反对《汤森法案》，但是，总督博特托尔特下令强行解散了州议会。根据英国政府的规定，总督领导本地各级行政官员，执行英王旨令，实施议会法律，监督本地的宗教活动。此外，总督作为地方武装总司令，统领本地军事力量，负责本地防务。总督有解散议会的权力，并有权否决议会通过的法案及选出的议长。博特托尔特是个温和派，他的所作所为使弗吉尼亚州议会面临着危机。但议员们也有反抗的自由，议员中的激进派与总督展开了针锋相对的斗争。

议会解散后必然要再选议员，杰斐逊显然不会放弃这样的机会。根据弗吉尼亚州规定，每个县在州下议院都有两个席位，而阿尔贝马尔县预选出了三名候选人。除了杰斐逊，另外两名候选人是托马斯·沃克和爱德华·卡特，他们都是上一届的下议院议员。形势对杰斐逊不太有利，但他的财产和名声与这两位完全可以相抗衡。

选举法规定，选举人和被选举人都必须是不动产拥有者，选举人必须是成年白人，至少得拥有 25 英亩田地及房舍，或 100 英亩空闲地，或有一所房屋及在镇上有一块地皮；对被选举人的财产要求则更高。选举方式是选举人公开表决，也就是当着众人的面，"光明正大"地口头说明投谁的票。杰斐逊已经做好了竞争的准备，他不仅有足够的财产，见识在全县也是首屈一指的，而且他一向勤勉，热心公共事务，曾经为改进里瓦纳河的航行出过力。不过，事情比他想象的要简单得多，爱德华·卡特在选举当天没有出席大会，所以剩下的两个候选人都顺利当选。

杰斐逊当选为州议员后，需要出席于5月份召开的下议院年度第一届会议，因此，4月上旬他不得不告别家人，抛下刚刚动工的蒙蒂塞洛庄园，前往威廉斯堡。时值春夏之交，草木繁茂，百花盛开，艳阳高照。杰斐逊坐在马车上看着窗外的美景，满怀信心憧憬着即将开始的崭新生活，兴致盎然。他曾经无数次奔走于阿尔贝马尔县与威廉斯堡之间，对沿途的山川草木和风土人情早已了然于胸，但他觉得这一次有着特别的意义。

到达威廉斯堡议会大楼后，杰斐逊首先走进雷利酒店的阿波罗大厅，他就是在这里遭受了初恋失败的打击。但这次他的心情特别好，面对二楼悬挂的政治领袖沃尔特·雷利①爵士的半身像，他感慨不已。从这一天起，他正式踏上从政道路，为国家和民族，为自由和人权而劳碌一生。

在这次会议上，杰斐逊宣誓就职，然后和其他议员一起讨论决定"在这种不利情况下，要采取一定的措施，从而保护殖民地真正的、基本的利益"。弗吉尼亚州的议员们制订了计划，决定不进口或购买任何大英帝国的货品，并宣称只有由弗吉尼亚人选举产生的议会才有权向弗吉尼亚人征税。亨利发表了立场坚定、旗帜鲜明的演讲，他把乔治三世与历史上的暴君恺撒和查理一世相提并论，这使他再度成为新闻人物。如此一来，新议会一开始就面临着一个严峻的问题：在数月前，英国议

---

① 沃尔特·雷利：英国文艺复兴时期一位多产的学者，既是政客、军人，也是诗人、科学爱好者，还是探险家。他作为私掠船的船长度过了早期的职业生涯。在听到有关黄金国的传说后，他于1595年率领一支探险队前往新大陆寻找黄金，后来发现了今南美洲圭亚那地区。

会建议恢复一项旧法令,这个法令要求把在王国以外犯有叛国罪的人,召回英国国内受审。倘若严格执行这一法令,帕特里克·亨利等人将难逃厄运。

杰斐逊也面临着一个难题:他的老师威恩先生和他最敬佩的佩顿·伦道夫先生都主张忠于宗主国,并遵守宗主国法律。杰斐逊无法理解他们为什么从激进派变成了保守派,这使他无从选择自己的立场。

几天后,州议会再次开会讨论,最终决定拒绝执行英国政府的这个法令,同时警告英国当局,如果强制把殖民地上任何一个代表送到英国受审,就会出现"危险和不幸"。这让英国总督博特托尔特非常愤怒,第二天他亲临会场,当众宣布解散议会。

议会被解散后,议员们并没有离去。当晚,他们聚集在雷利酒店的阿波罗大厅,组成了一个"被解散的议会",并选举出了"贤人小组"。小组的核心人物有乔治·华盛顿、帕特里克·亨利、理查德·亨利·李[①]和新就职的议员杰斐逊。议员们开会重新讨论了他们制订的计划,并进行了表决,该计划得以通过,名为《禁止输入决议》。该决议规定:自1769年9月1日起,殖民地民众决不购买英国议会为了增加财政收入而征过税的一切商品;从指定的时间起,也决不进口酒类和奴隶。为了监督执行该决议,弗吉尼亚洲各县都成立了专门委员会。其他的殖民地州也纷纷跟进,掀起了更加激烈的反抗运动。

8月,弗吉尼亚州重新选举议员,杰斐逊再次参选。9月,选举结果公布,杰斐逊再次当选为州下议院议员。

1770年3月,在杰斐逊前往威廉斯堡宣誓就职时,发生了震惊世界的"波士顿惨案"。3月5日在波士顿,英军士兵与一个制绳工人发生冲突,引起了一些绳索制造工人的不满,他们向驻守海关的英军围过

---

① 理查德·亨利·李(1732—1794):美国政治家、演说家,两届大陆会议的弗吉尼亚代表。在第二次大陆会议上,他作为弗吉尼亚代表团团长提出了《李决议》,会议决定在《李决议》的基础上拟一份《独立宣言》,对英国正式宣告独立。作为美国独立战争时期最坚定的革命者,他是第一个提出摆脱英国统治而宣布独立的大陆会议代表,也是《独立宣言》的签署人之一。

来并投掷雪球。士兵在遭受袭击后愤然反击，随后引起了骚乱。事情本来不算严重，可是到了晚上，紧促的钟声唤来了一群又一群的市民，他们手持棍棒、石块，高呼着赶走"红虾兵"（对身着红色军服的英国士兵的蔑称）的口号，围攻英王街海关的英军士兵。面对情绪激愤的人们，英国士兵在慌乱中向群众开了枪，当场打死3人，伤6人。惨案发生第二天，"自由之子"领导人之一、富商约翰·汉考克①出面与英军谈判，以再度发生暴乱相威胁，迫使英军从波士顿撤离。

如果说当时的英国和北美洲之间是用几根丝线连着，那么英国政府实施这个愚蠢的《汤森税法》就等于砍断了其中最粗的一根。同时，英国政府对北美殖民地民众的斗争决心和勇气没有充分的估计，以致英国本土对外贸易损失达数百万英镑。迫于北美民众的压力，英国政府只得取消《汤森税法》，仅保留了茶税。

杰斐逊到议会就职后又将《汤森税法》中的茶税拿出来说事，认为只要有一项税未经殖民地议会同意，都是对北美民众权利的侵犯。6月，他参与签署了另一个《不进口协议》，其中最重要的一点是：在茶税取消之前，不购买按《汤森税法》规定征税的所有商品。

同年10月，总督博特托尔特因疾病缠身，又忧心过度，死于任上。他的离世给弗吉尼亚州带来了短暂的平静，人们的反英情绪暂时冷却下来，《不进口协议》颁布后未能很好地执行。

不久，新总督邓莫尔②走马上任。他是一个地地道道的强硬派，到任后第一件事情是解散议会。他试图以高压手段来镇压、对付北美殖民地民众，甚至准备动用皇家军队。弗吉尼亚人将要面对一场更为严酷的斗争。

---

① 约翰·汉考克：美国革命家、政治家，富商出身。独立宣言的第一个签署人。由于他在宣言上高贵的亲笔签名，英文中"约翰·汉考克"成为亲笔签名的代名词。

② 邓莫尔：英王派驻美国殖民地总督。1756年继承其父爵位，1761年任上院议员。1770—1775年先后任纽约、弗吉尼亚州总督。1774年招募3000名民兵征服了俄亥俄河上游地区的肖尼族印第安人。独立战争伊始就被赶出弗吉尼亚。1776年返英国，重入上议院。1787—1796年被任命为驻巴哈马群岛总督。

杰斐逊已经意识到，一旦武装冲突发生，抗税斗争的性质也将改变，北美殖民地的前景和人们的命运也必然改变，有必要对这场旷持日久的抗税斗争进行总结了。一方面，他准备再次参加议员竞选；另一方面，他利用律师职业之便，与各地各派人物进行广泛接触，以便获得更多有关这场斗争经验与教训的素材，反思现实生活中出现的重大问题，将之上升到理论的高度，并努力促使自己成为一个为北美殖民地民众获得平等、民主与自由而斗争的革命者。

2. 共筑爱巢

1770年对杰斐逊来说流年不吉。这一年年初，他的妹妹伊丽莎白掉到河里淹死了。他感到自己有负于父亲嘱托，没有尽到照顾好弟弟妹妹的责任，他既伤心难过，又自责不已。接着，新总督邓莫尔解散了议会，这使杰斐逊失去了发表言论的重要场所，只能将更多的精力花在经营农庄上。但他还要兼顾威廉斯堡的律师代理业务，为此不得不来回奔劳，每天都非常辛苦。

杰斐逊还没有从悲伤疲惫中缓过神来，又发生了一件意外事故。这天，沙德威尔庄园的一个奴仆赶来威廉斯堡送信，说庄园失火了，所有房屋都化为灰烬。杰斐逊闻讯大惊失色，急匆匆地问道："那图书室是否还在？"奴仆答道："主人的书是在木头房里吧，房子和书都烧成了灰，灰都被风吹走了。不过呢，我们保住了您的小提琴。""总还有点念想。"杰斐逊在仆人面前强装镇定，心里却痛惜得不得了。他嗜书如命，这可是他积攒了好多年的书，能不心疼吗？那些植物动物标本、艺术品、账簿、园艺手册也都没了，最让他伤心的是他的记事本也被烧毁了，那可是无法弥补的宝贝。

事后，杰斐逊粗略估算，这次火灾使庄园损失至少几千英镑，相当于他3年多的全部收入，其中图书大约价值200英镑。他给好友约翰·佩奇写信说："如果烧毁的书应该价值200英镑的钱币……还真没有什么可惜的！这次损失之所以更加令人痛心，是因为主要的损失是我有关法律的藏书。这方面的书籍只剩下一本，因为当时借出去了。我收存的各种文件也荡然无存。不论是公私函件、业务还是娱乐方面的，悉数化为灰烬。"他失去了书籍和法律文件，其中包括为法庭辩论精心准备的工作笔记及大量案例，没有这些东西，辩论口才不佳的他将大受影响。这让他感到十分焦躁，不停地写信向谈得来的亲朋好友诉苦。他的恩师威恩先生回信激励他："生活中的每一次磨难都能让你学到比书中更多的知识，我确信，也将使自强者更坚强。"信末还附上一句古贤格言："忍辱求生，寄望将来。"

受到几番沉重打击的杰斐逊，在极其烦恼和沮丧的情况下，脑子开始漫无边际地遐思，进行哲理思辨。他清楚地认识到："入云的阁楼，恢宏的宫殿，以及地球上所有的一切，都将同样消散，如同这一场幻境，连一点烟云的影子都不会留下。"很多事情并非人力可控，但是，凡事又皆有两面性：尽管人的作为是有局限性的，但还是可以构建一种秩序，让他们可以对世界事务行使权力。就像沙德威尔庄园被烧毁一样，旧事物被摧毁后，新的事物便会更有次序地呈现。

经过思考后，杰斐逊的伤感情绪渐渐平复，并尝试了很多方法进行自我疗伤：向伦敦定购了千余册图书，然后给自己放假，到周边地区考察感兴趣的植物，还整理了相关记录。同时，他加快了蒙蒂塞洛新庄园修建的节奏，在尚未成型的主体建筑的两边修建了简易住所。他还积极参加社交活动，在亲朋好友那里寻求慰藉。他在给佩奇妻子的一封信中写道："我经常愉快地回顾最后几次拜访罗斯维尔府邸所度过的充满哲思的夜晚，我喜欢从事物中寻找哲理，形式乏味的事物也一样。尽管如此，我不得不承认当我亲吻戴着红宝石戒指的纤纤玉指时，那感觉实在销魂。"他觉得"在温暖的壁炉旁手持红酒，阅读诗歌戏剧作品，挖掘其中的哲理，体味精神内核及探索事物的本质并非难事"。他追寻真正的爱情，大胆而主动向自己物色到的对象靠近……他又想起了几年前曾向朋友约翰·沃克的妻子求婚的往事（此事在他担任总统期间被作为丑闻曝光，备受诘难），虽然和他的初恋一样遭遇了失败，他吸取到了不少教训，但并不认为追求自己喜欢的人有什么过错。

杰斐逊的这番功夫没有白费，很快，一位让他心仪的女人走进了他的生活。她叫玛莎·威利斯，昵称帕蒂，1748年出生在弗吉尼亚州查尔斯城一座名为森林的庄园。她的父亲约翰·威利斯是当地的文化名流和大律师。约翰·威利斯出生于英格兰兰卡斯特市一个贫寒、普通的家庭，是祖父带着一家人移民到弗吉尼亚查尔斯城的。从威利斯的父亲那一代开始，这个家族才发迹，很短时间就成为当地名人，威利斯的父亲最感得意的是把儿子培养成一个很有成就的律师。帕蒂的母亲叫玛莎·埃普斯（帕蒂与母亲同名），是百慕大庄园主弗朗西斯·埃普斯的女儿，也算是出身名门。但埃普斯家族是靠收债、贩卖奴隶发家的，拥有一座很大的庄园和大片土地，却不是农场主。威利斯在1746年迎娶玛莎·埃普斯的时候并没有得到陪嫁的土地，只得到了几个奴隶。帕蒂是威利斯和玛莎·威利斯所生的第一个也是唯一一个孩子。

帕蒂刚出生不久，她的母亲就去世了。威利斯娶了第二个妻子科克小姐，她生了4个孩子，其中1个夭折。不久，科克又死了，威利斯娶了第三个妻子伊丽莎白·洛马斯，她是鲁本·斯凯尔顿的遗孀，仅仅过了11个月，她又去世了。后来威利斯又与第一任妻子玛莎·埃普斯的一个陪嫁奴隶混血儿伊丽莎白·赫明斯（贝蒂）纠缠不清，据说她给威利斯生了三儿三女共6个孩子。这种跨越种族的性爱——主人与奴隶之间的性爱是不可直接言说的。帕蒂甚至搞不清楚自己到底有多少个弟弟妹妹。

帕蒂的两位后妈在世时都不怎么待见她，彼此相处的时间也不长，第二个后妈去世时，帕蒂只有13岁。她虽然是在一个缺少母爱、没有安定感的环境里长大，却聪慧、坚强，喜欢无拘无束地按自己的方式行事，同时又很有原则。她有母亲的遗传基因——埃普斯家族成员都"柔韧而又优雅"，容貌靓丽，谈吐举止都有大家闺秀的风范，加上父亲是个文化人，所以帕蒂从小就受到很好的教育，博览群书，有不少专长，还弹得一手好钢琴，能歌善舞，歌声十分动人。而且，她很早就担当起了掌管森林庄园事务的重任。

1766年11月，18岁的帕蒂嫁给了富商巴瑟斯特·斯凯尔顿（威利斯第三任妻子的前夫之弟），次年生了个儿子，取名约翰·斯凯尔顿。可惜不到两年，帕蒂就守了寡。1771年年初，她的儿子约翰也夭折了，之后她回到了娘家居住。

1768年，杰斐逊开始与帕蒂的父亲威利斯有了工作上的接触，不久成为他的法律助手和合作伙伴。他在笔记里写道："威利斯先生是一名经验丰富的律师，他因勤奋、守时、老练敏捷的品性而广为人知，他出色的职业经历则较少为人知晓……他是个令人愉快的伙伴，性情幽默诙谐，颇受社会各界的欢迎。"威利斯对杰斐逊这位助手也很欣赏。在杰斐逊为威利斯工作的第三年，即1771年初夏的一天，杰斐逊认识了帕蒂。他们相识的具体情节已经无从得，但可以肯定的是，杰斐逊对帕蒂是一见钟情。他觉得帕蒂是一个典型的弗吉尼亚美女，有一双淡褐色的眸子和一头飘逸的金棕色头发，肌肤白皙，体态增之一分则肥、减之一分则瘦。亨利·兰德尔曾访问过帕蒂，他写道："她肤色明亮，深褐色的眼睛大大的，仿佛会说话一般，浓密的秀发呈现赤褐色。"最让杰斐逊为之倾倒的则是她的纯真善良，以及待人平和、诚恳的品格和气质。他写信给一个朋友说："在我每一个幸福的生活方案中，她都是占据突出地位的主要角色。假如没有她，它就不是我的生活方案了。"

但是，像这样一位楚楚动人的遗孀是绝不缺乏追求者的，成熟女性的魅力很容易俘获年轻人的心，当地很多青年都成为帕蒂的追求者，而且竞争甚为激烈。幸好杰斐逊有近水楼台先得月的优势，他通过威利斯先生对帕蒂的个性、爱好等有了更多的了解。他不再像过去那样打没有把握的仗了，他得知多才多艺的她酷爱音乐，还会演奏拨弦古钢琴，于是决定发挥自己的专长，用自己出众的琴艺去征服美人的心。

这一天，又有几位年轻人来到威利斯家里聚会，他们都是帕蒂的崇拜者或追求者。大家交谈不久，就因谁更有资格得到帕蒂的青睐而产生了争执。杰斐逊闻到愈演愈烈的火药味后，从书房里走出来，坐到客厅里的钢琴边，一边弹琴，一边高歌。不一会儿，帕蒂轻盈而至，"以声相和"，二人渐入佳境，完全沉浸在美妙的音乐之中。他们唱完一曲又和一曲，其间二人眉目传情，心有灵犀。听到杰斐逊与帕蒂的歌声，几位竞争者自觉没有胜算，心照不宣地相互对视了一下，便悄然离开了。

此后，除了音乐，还有书籍，尤其是诗歌和戏剧，都是他们交流和传情的载体。几个月后，一切便水到渠成。1772年元旦，杰斐逊和帕蒂喜结连理。这一年，杰斐逊29岁，帕蒂24岁。婚礼在帕蒂家里——从威廉斯堡往西几英里的查尔斯城的森林庄园举行。

婚后，杰斐逊和帕蒂在森林庄园度过了两周甜蜜的时光，然后起程前往蒙蒂塞洛新庄园。在回程计划中，他们还准备中途拜访在吐卡霍的彼得·伦道夫，那是杰斐逊的亲戚兼好友。时值隆冬，他们拜访彼得·伦道夫时，天气突变，下起了大雪。归程虽然只有140多英里，但无法乘车，只得骑马踏雪而行。一路上寒风凛冽，大雪纷飞，靠近业吉岭时，夜幕已经降临，山路更加崎岖难行。但杰斐逊显得非常兴奋，与新婚妻子一边谈笑风生，一边欣赏风景。他还将修建蒙蒂塞洛庄园的规划讲给帕蒂听，帕蒂听得十分认真，满怀憧憬。当他们弃马登山，来到庄园的时候，帕蒂才发现这儿是如此荒凉，仅有几栋简易房屋，勉强可以住人。后来他们的女儿帕茜说："当时谁也意想不到一场艰辛跋涉后，竟落入如此境地。我经常会听他们（父母）讲述那段难忘的回忆。"

屋子里只有微弱的烛光，没有火炉，仆人都已歇息。杰斐逊夫妇找到了残留的半瓶酒，像以往的夜晚一样，"喝得酩酊大醉，纵声歌唱，大声欢笑"。将就一晚后，第二天他们醒来时，窗外白茫茫一片，积雪厚达数尺。"看到它的云、雹、雪、雨、雷都是在我们脚下制成的，多么壮观啊！"山上的景致让杰斐逊兴致大起，他再次向妻子描绘了庄园的建设蓝图，然后两人又开始开始吟诗唱歌。杰斐逊真心需要一个女人共同分享他对音乐的热情和音乐所体现的东西——复杂巧妙、超然存在、对生活的幻想及心灵的吟唱。他没有把结婚的消息告诉其他朋友，他沉浸在新婚燕尔的良辰美景之中，在这充满诗情画意的地方，享受着人生的一大欢乐。他还摘录了不少欧洲诗人、戏剧家作品中的佳句与帕蒂一起欣赏。比如本·琼生①的诗：

> 你若以目光向我祝酒，
> 我会以目光表示谢酬；
> 或只在杯中留个香吻，
> 我宁愿不饮杯中之酒。
> 灵魂深处升起的干渴，
> 多么盼望喝杯圣酒；
> 但纵然是琼浆玉液，
> 除了你的秋波其他不受。

杰斐逊与帕蒂情趣相投，在闲暇时光，他们喜欢阅读苏格兰诗人詹姆斯·麦克菲森翻译的《莪相诗集》，此书据说是3世纪凯尔特的吟游诗人莪相所作。莎士比亚的戏剧也是他们非常喜爱的。同样，在家庭生活方面，他们也是夫唱妻和，非常和谐。杰斐逊认为，婚姻中，和谐的状态是首要目标。

因为对家庭的眷恋，杰斐逊甚至没有按时回到威廉斯堡下议院，参加2月份议会的几次会议。过了几个月，杰斐逊对婚姻生活的热情仍有增无减。他给爱妻在普鲁士订购了一架钢琴，要求它用结实的上等红木制作，不要镶嵌饰片，中高音区的G-F调的琴键制作双份，以为备用；并强调一定要精工细作才配得上他心仪的女人。他还邀请了到威廉斯堡表演的意大利音乐家弗朗西斯·艾伯蒂指导自己提高小提琴技艺，并指

---

① 本·琼生：英国抒情诗人与剧作家，文艺复兴时期最有成就的剧作家之一。他的诗纯朴，富有旋律般的美。他的抒情诗《致西丽娅》被谱成歌曲，为广大群众所喜爱。他的剧本《伏尔蓬》《炼金术士》，将讽刺喜剧发展到很高的水平，对莎士比亚以及后来王政复辟时期的剧作家均有较大影响。

导帕蒂弹钢琴。

杰斐逊夫妇还用了很多时间来重新规划他们的庄园,并加快了各项工程修建的进度。实际上,与帕蒂结婚后的 10 年中,蒙蒂塞洛庄园一直在修建之中,40 年后也没有完成杰斐逊最后设计的样式。因为他的设计一直在修改,力图完美,让它充满"建筑的崇高精神"。这成了他最热心的一项副业,花费了不少精力。帕蒂也参与了他的蓝图绘制,更难能可贵的是,帕蒂还知道如何经营农场、如何管理奴隶,还会记账,懂得如何招待客人。杰斐逊的一位亲友说"杰斐逊夫妇……真是一对知己,彼此交流知识、分享欢乐"。帕蒂干活麻利,心思细密,总是想方设法确保丈夫一切安好。她会注意家里的肉类、鸡蛋、黄油、水果等食物是否新鲜,监督奴仆制作黄油和肥皂。这使杰斐逊有更多的时间投入到他的事业中去。

1772 年 9 月 27 日凌晨 1 点,杰斐逊夫妇的第一个孩子玛莎(昵称帕茜)在蒙蒂塞洛庄园出生。

1773 年 5 月 16 日,在挚友兼妹夫达布尼·卡尔因病离开人世后,杰斐逊把妹妹玛丽和 6 个嗷嗷待哺的孩子全都接来蒙蒂塞洛庄园。

5 月 28 日,杰斐逊的岳父约翰·威利斯去世,身后留下了一大笔债务。杰斐逊跟帕蒂商量,不仅要继承丈人的遗产,而且要承担他的债务。帕蒂听后十分高兴,他们毫不犹豫地把伊丽莎白·赫明斯及其与威利斯所生的 6 个孩子从森林庄园接到了蒙蒂塞洛。

生活中的不幸带给帕蒂的磨砺,让她学会了怎么操持一个庞大复杂的家庭,她和杰斐逊竭尽所能地为这个大家庭提供一个安定的生活环境。

1774 年,杰斐逊彻底放弃律师工作,全身心地向政界进军。

3. 从抗争到决裂

1772 年到 1774 年,是北美殖民地民众革命斗争性质发生根本转变的关键阶段。其间，杰斐逊的主要精力都花在了蒙蒂塞洛庄园的修建、农场管理和家庭生活中，只有议会开会——他于1771年8月第三次当选为州议员——或者在威廉斯堡有律师代理业务要出庭时，他才会出现在威廉斯堡的事务所里，很不情愿地待上一阵子。

其实，这个时候杰斐逊脑子里的很多政治概念仍然模糊不清，他曾经向自己的老师乔治·威恩先生、岳父约翰·威利斯以及表兄约翰·伦道夫请教过许多问题，但都没有得到满意的答案。1772年5月，威恩先生与他谈话时，仍表示要维持或至少表面维持殖民地的现状。威恩还谈到不久前他给英国政府写了一封信，要求"赐发新的制服长袍，就像下议院议员现在穿着的那种，只是比我现在的好一些……这件事真是耻辱"。但他从未想过要脱离宗主国，让殖民地团结起来，联合建立一个崭新的国家。

6月9日，"戛斯皮"号（英国派来的关税巡逻船）在普罗维登斯附近遭到愤怒的殖民地民众的袭击，并被放火焚烧。英国政府负责调查此事的皇家调查委员会，要求将查证的肇事者押送到英国受审。杰斐逊专门就此事去请教威利斯，威利斯表示，理所当然地应该维护英国法律的权威。据《威廉斯堡纪事》记载，在10月的一次会议上，威利斯曾说："如果'反对派政党'公开反叛大英帝国，局势会一片混乱，奴隶会加入反叛，我们贩卖奴隶的交易将很难再维持下去，我会在混乱前离开这里。"由此可见，他也是不愿意脱离宗主国的。而约翰·伦道夫更是在抗税斗争的最激烈阶段选择返回英国本土，用行动表明了自己的"忠诚"。

杰斐逊开始重新思考抗税的最终目的是什么，抗税的意义何在。因为每一次一项税法被英国政府废止后，马上又会出台一项新的税法，这等于告诉北美殖民地民众，不管你反对哪种税，不管你以何种方式抗税，这个税还是会变着法儿让你交。当局认为，孩子孝敬母亲是天经地义的事情，他们在不断地加大对权力的控制，这种局面令殖民地议会的议员们无法忍受。杰斐逊开始思考新的斗争方式，脑子里也出现了新的概念。他认为，无论是征税、驻军、制定贸易条例，还是禁止北美民众到阿巴拉契亚山以西开荒、屠杀印第安人及其他事件，都是宗主国强势掌控北美殖民地权力的表现。他在备忘录里的一则注释表明了他的思想正在转变。这则注释为："不仅仅是为了我们自己，更是为了我们的国家。"显然，"我们的国家"不是指大英帝国。经济与意识形态的交融力量产生了一种思潮，这种思潮在杰斐逊的脑子里不断涌现，如波涛汹涌。

1773年年初，托马斯·杰斐逊、理查德·亨利·李、弗朗西斯·莱特富特·李、帕特里克·亨利和达布尼·卡尔等人到雷利酒店召开秘密会议，就当前的斗争形势进行了认真分析，讨论了新的斗争方式与策略。大家一致认为，从政府的强硬态度及其向北美洲增派武装力量来看，今后的斗争会更加残酷，殖民地区必须组织起能与之抗衡的地方武装。为了组织民众进行有理有节的斗争，还必须建立相应的统一组织。早在去年10月5日，塞缪尔·亚当斯①在马萨诸塞州组织的一个通讯委员会就是这类性质的组织，承担着发动民众与传递信息之责。但因为大家会前还没来得及对这些问题进行细致思考，所以商定在下一次会议上再进行表决。

这一阶段，殖民地（中）北部地区民众与海关和地方税务官员之间的暴力冲突时有发生，矛盾越来越尖锐。而势力强大的英国东印度公司由于财政非常困难，请求英国政府援助，国会通过了《救济东印度公司条例》。英国政府特许东印度公司的茶叶可以不计进口税并且不经殖民地的进口商之手，而直接由公司代理销售，东印度公司的茶叶比北美洲走私的茶叶还要便宜50%。另外，英国政府还出台了一项法案声明，从6月1日开始，禁止在波士顿港口卸载其他货物和停放船只。这也意味着将矛盾完全公开化了。所以，在3月份杰斐逊等人再次开会的时候，会议的主题便很清晰了。他们号召各殖民地统一行动，在殖民地各

---

① 塞缪尔·亚当斯：美国革命家、政治家，"自由之子"协会的创建者之一和领导人，反对《食糖法》，反对《印花税法》，反对《汤森德税法》，策动波士顿倾茶事件，震惊全美。

州之间建立通讯委员会，并于3月12日通过了一系列决议。弗吉尼亚州通讯委员会的主席由佩顿·伦道夫担任，杰斐逊是委员会的10个委员之一。各地的地方武装也开始紧张筹建，其中以马萨诸塞州的地方武装力量最为强大，因为他们要面对驻扎在那里的皇家陆军2个团和一支海军舰队。

各地以总督为首的英国政府官方代表都发现了非常不利的苗头，但面对殖民地民众的反抗，英国政府丝毫没有让步妥协的意思，反而采取了更加强硬的手段来强化他们对殖民地的统治。在马萨诸塞州，战争大有一触即发之势，当然双方都不会轻易走出这一步。

不过，殖民地的普通百姓可管不了这么多，为了自身的利益和自由，他们会毫不犹豫地采取某种令人震惊的行动。在英国政府的法令下达之后，殖民地的"自由之子"均召集会议，阻止东印度公司执行其计划。

1773年11月，有7艘英国大型商船前往北美殖民地，其中4艘开往波士顿，3艘分别前往纽约、查尔斯顿和费城。但纽约、费城两地的茶商都拒绝接货，这两艘商船不得不载货返回英国。

1773年11月28日，东印度公司的第一艘茶叶商船"达特茅斯"号先停靠在波士顿附近由英军驻守的威廉要塞，几天后，在格里芬码头卸下除茶叶以外的其他货物。12月16日，波士顿民众有8000多人集会抗议，要求货船离开港口，但遭到断然拒绝。当天晚上，在塞缪尔·亚当斯和约翰·汉考克的领导下，60名"自由之子"化装成印第安人，悄悄地摸到东印度公司的3艘货船上，将342箱茶叶（价值18 000英镑）全部倒入海里。

"倾茶事件"虽然是在悄无声息中进行的，但英国殖民统治者心里明镜似的，认为这是对殖民当局统治的恶意挑衅，并马上采取了反制措施：1774年3月，英国议会通过了4项惩罚性的法令，即《波士顿港口法》《马萨诸塞政府法》《司法法》《驻营法》。封锁波士顿港口，禁止它与外界通商往来；取消马萨诸塞州的自治，由英王直接委任议员，

1773年12月16日,北美殖民地发生的"波士顿倾茶事件"。波士顿人化装成印第安人模样,将茶叶搬出东印度公司的"达特茅斯"号商船,倾倒入海

所有地方官吏均由总督任免;允许在殖民地自由驻军。这一系列法令被殖民地民众称为"不可容忍法"。

英国殖民者这种残酷的手段,无疑把殖民地民众逼到墙角,激起了殖民地民众的极大愤怒,他们纷纷提出强烈抗议。波士顿工人拒绝为英军修筑兵营,当马萨诸塞总督向纽约征募工人时,纽约市的工人也拒绝参加这项工作。1774年5月,弗吉尼亚州议员召开了一次全体会议,乔治·华盛顿、帕特里克·亨利、杰斐逊、理查德·亨利·李和弗朗西斯·李等人出席了这次会议。会上,杰斐逊提议召开由13个殖民州代表参加的会议,共同"商讨各殖民地的不幸现状",呼吁美洲大陆民众站起来争取自由和平等的权利。这一提议立刻得到了议员们的响应,并决定由弗吉尼亚牵头筹备第一次会议。总督邓莫尔觉得议员们不仅言行过火,还有反叛倾向,于是立刻宣布解散议会。

但议员们并没有休会,他们推选出佩顿·兰道尔夫、理查德·亨利·李、乔治·华盛顿、帕特里克·亨利、理查德·布兰德、本杰明·哈里森、埃德蒙·彭德尔顿为代表,将代表弗吉尼亚参加北美洲大陆会议,并发表了《告人民书》,申明:"为了确保我们所心爱的权利及自由免于遭到权力的巨掌所破坏,就必须采取行动。""对任何一个殖民地的进攻,均应认为是对全部殖民地的进攻。"

6月,马萨诸塞通讯委员会草拟了《庄严盟约》,号召北美洲民众坚决地进行抵制英货运动,它标志殖民地民众争取平等、自由和民主的斗争进入了一个新阶段。马萨诸塞的英国驻军司令马斯·盖奇将军的部队闻风而动,开进市区,强制实施新颁布的"不可容忍法",商店关门停业,一切工作陷于停顿。

为了声援马萨诸塞通讯委员会的行动,杰斐逊等人在威廉斯堡图书馆召开了一次紧急会议,认为唤起公众注意局势严重性、调整殖民地民众的思想的最好办法,是确定一天进行全体绝食和祈祷。为了让更多的人接受这一提案,杰斐逊向查尔斯·克莱牧师寻求帮助,希望把绝食当作宗教活动来进行,这在弗吉尼亚尚无先例。杰斐逊在记事本里写道,包括他在内的几名弗吉尼亚议员一致同意"我们必须要与马萨诸塞州一样,大胆地采取明确的立场"。7月23日绝食活动结束后,他又写道:"人们聚集在一起,面带忧虑和恐慌的神色。关于禁食和祷告日的提案犹如电击一般,唤醒了每一个人,让他们挺直了脊梁,坚守自己的信念。"

在弗吉尼亚、马萨诸塞等州议会的推动下,第一次大陆会议将于1774年9月在费城开幕。费城是宾夕法尼亚州人口最多、面积最大的城市,交通便利,大西洋的海船可以沿特拉华河直达城下。后来,美国的第一支海军就诞生于此。

会前,杰斐逊忙着为出席这次会议的弗吉尼亚州代表们撰写与会细则,并以此为契机,完成了他的第一部实质意义上的政论文章《英属美洲权利概述》。他在文章中指出:"我们既不愿意,也没有兴趣脱离大不列颠的统治。"然而,却有许多人希望这样做。"更何况,在我们自己的领土上,我们的财产却要向别人纳税,被别人管制,而我们自己却没有这样的权利。上帝在赋予我们生命的同时,也赋予了我们自由。武力也许能摧毁我们的自由,却无法剥夺它。"他还在文章中强调:"这些就是我们刚刚向国王陛下申诉的不满。我们是以一个自由民要求得到我们来源于自然法而不是来源于国王恩赐的各种权利。让那些胆怯的人献媚吧,献媚不是美洲人的特长。给人以不应有的赞美,很可能是由于受人贿赂,但是这对那些坚持维护人类权利的人是格格不入的。他们知道,因而也会说:国王是仆人,而不是民众的老爷。开阔您的胸襟,陛下,去接受自由和开阔的思想,不要让乔治三世的名字成为历史篇章上的污点。"

杰斐逊准备亲手把这篇政论文章呈交州议会,但因途中感染痢疾而未能如愿,他只得把文章复印两份让奴仆送到威廉斯堡。议员们阅读之后,觉得文章既犀利又敦厚,纷纷鼓掌称赞。不久,《英属美洲权利概述》在克莱门蒂娜·林德的帮助下得以出版。乔治·华盛顿买了一本,读后称之为"杰斐逊版的权利法案"。这本小册子被人们争相传阅,展示了杰斐逊表达民意、调动公众情绪的非凡才能,也促使他走上了引领北美殖民地走向独立自主的道路,成为先锋战士之一。

9月5日,第一次大陆会议在费城卡蓬特会厅的一个大房间里举行。除了佐治亚洲未派代表外,有12个殖民地州的代表55人出席。大会推选弗吉尼亚的佩顿·伦道夫为主席、宾夕法尼亚的查尔斯·汤姆森为秘书长。与会者大都是既有经济实力又有政治头脑和组织才能的风云人物。这次会议共同"商讨各殖民地的不幸现状",以及北美洲大陆民众生存和发展问题的大计,第一次提出了"国家"这个明确的核心概念。由于各地代表自身利益的差别,这次会议没有取得多少实质性的东西,但初步确定了北美13州联合对抗英国殖民统治的策略。对于其中有意见分歧的问题,如激进派主张殖民地完全与宗主国决裂并立即开始军事行动,保守派则主张与英国永久联合,在宗主国的宪法框架下争取应有的权利和自由。

通过反复协商和争论,大会最后确定以州为单位进行投票表决。大会最后形成两个重要决议:第一,发布《权利宣言》;第二,大会形成的其他法规性文件皆以"大陆联盟"的名义公之于众。

第一次大陆会议的召开,意味着北美殖民地与宗主国之间的斗争进一步升级——由反抗走向彻底反叛。消息传到英国本土后,英王乔治三世给英国首相诺思勋爵①写信说:"局面已经无法转圜,殖民地不是投降,就是胜利。"

4. 独立革命的第一枪

在第一次大陆会议召开期间,马萨诸塞的总督兼驻军总司令马斯·盖奇命令波士顿驻军指挥官罗伯特·麦肯基上校将部队带到波士顿广场,每天进行军事操练,以"神圣不可侵犯"的仪态展示威慑力量。同时,他还派了两个中队的士兵沿麦斯蒂克河而上,准备收缴当地民兵在康科德弹药库里存放的军火。数千市民涌上街头游行示威,抗议英军的专横行径,但盖奇对愤怒的群众没有作任何解释和回应。

1775年年初,盖奇下令第59步兵团进驻波士顿隘口,修筑防御工事,声称是为了控制波士顿的动乱局面。波士顿居民对此已经习以为常,但邻居康涅狄格州的民众却被吓坏了,众多市民以为英军要开战了,于是自发组织起来,拿起武器,准备保卫自己的家园。

1775年2月,波士顿的热血志士约瑟夫·沃伦医生写信给他的英国朋友说:"以和平的方式来处理争端现在还不算太晚。但是,我以为,一旦盖奇将军率领部队执行议会最近通过的法令,英国至少得从新英格兰各殖民地退出,如果我没有弄错的话,还会同整个美洲告别。如果那个国家还有任何职能,但愿上帝尽快地将它召唤出来吧。"

自从波士顿民兵法通过后,地方军队发展迅速,而且大陆会议做出

---

① 诺思勋爵:1770—1782年出任大不列颠王国首相,是美国独立战争时期的英方重要人物。在任内的前半期,他着手处理北美洲殖民地日益高涨的独立呼声,后期则专注于美国独立战争。由于英军最终在约克敦败于美国独立革命军,他在1782年3月27日辞职,成为史上第一位因不信任动议而辞职的首相。

的一些决议也很快得到有效的实施,并成立了安全委员会。这里发生的一切备受人们关注,很多地方都效仿波士顿的做法,招募民兵,筹备军需物质,荐选部队指挥官,战争的气味越来越浓烈了。

在杰斐逊、帕特里克·亨利等人的积极推动下,弗吉尼亚站到了战斗的最前沿。弗吉尼亚各县居民皆集会选举代表,以便出席弗吉尼亚代表大会。阿尔贝马尔县推选杰斐逊和约翰·沃克为本县代表,并且通过了一份由杰斐逊起草的决议。

1775年3月初,杰斐逊离开如花园一般的蒙蒂塞洛庄园,前往新州府里士满,参加在那里举行的第二次弗吉尼亚代表大会。会议在圣公会的圣约翰教堂举行,杰斐逊作为会议的组织者,任务十分繁重。代表们都预计到战争有可能爆发,因此,会议就成立一支民兵队伍之事达成了共识,推举华盛顿为这支队伍的最高指挥官。帕特里克·亨利建议弗吉尼亚州民兵队伍一成立就进入战略防御状态。他在会上呼吁:"我不知道别人会选择哪条道路,但我的选择是,不自由,毋宁死!"他刚讲完,杰斐逊就站起来评议说:"在他演讲完之后再复述他的话不是一件易事,他发表演讲时说的话往往都切中要害。"他还提出了一项关于民兵如何做好战斗准备的议案。

随后,代表们通过投票表决,决定成立弗吉尼亚通讯委员会,杰斐逊是委员之一。新成立的委员会经讨论形成了一个决议,对民兵队伍的人员编制、武器装备、训练及津贴等做出了规定。尽管代表们对是否彻底脱离宗主国走上独立之路仍存在意见分歧,但对加强地方武装力量,以防局势进一步恶化,做好战争准备这个问题,意见基本是一致的。

1775年4月18日晚,天气阴霾,野外漆黑一片,两匹战马从波士顿市区向康科德方向疾驰而去。骑马的两个人,一个叫保尔·瑞维尔,一个叫威廉·戴维斯,二人都是秘密组织"自由之子"的民兵战士。这个秘密组织在波士顿获得了重要的军事情报——英军司令盖奇明天要派军队到康科德收缴地方军队在康科德镇的军火仓库,并要逮捕地方军队的领导者塞缪尔·亚当斯和约翰·汉考克,押送到英国受审。去年,盖奇曾派人查过一次，但什么也没查到。现在不同了，那个仓库里确实藏有大量武器装备。这两个骑马的人正是要赶往那里向当地的民兵报警。

康科德镇距波士顿约27英里，有民兵部队500多人，他们接到报告后，决定一部分人转移军火，一部分人到英军的必经之路上选点伏击。最适合伏击的地点是列克星敦村外的那片林地。计划好后，他们马上分头行动。

4月19日清晨，天色大亮，英军中校指挥官史密斯带领800名英军士兵走向列克星敦村，其中两支轻骑兵先头分队首先进入树林。由于晨雾浓郁，十几米以外就看不清人。他们快要走出林子时，忽然被几十个手持武器的村民拦住了去路。这些村民正是"自由之子"的民兵战士。骑兵少校彼得·凯恩发现情况不妙，连忙命令士兵做好战斗准备，然后他策马上前喝道："你们这些叛乱分子，赶快放下武器，解散！"但民兵们没有任何回应，凯恩少校举起了军刀。突然"砰"的一声枪响——不知是谁打响了这一枪——美国独立战争的第一枪。紧接着，英军先发制人，"砰砰砰"地向民兵射击。民兵不敌，迅速退到村头的草地上，伏地还击。随后的交火仅持续了数分钟，英军遭遇轻微伤亡，民兵亡8人。

英军骑兵并没有把区区几十个民兵放在眼里，史密斯的部队跟上来后，继续向康科德前进。但他们没走几步，再次遇到阻击，这次阻击他们的民兵有数百人。史密斯意识到这里可能变成一个激烈的战场，挑起战争的责任他可担当不起，何况敌情不明、胜负难料。于是，他命令英军撤退。当他们再次穿过树林时，遭到了民兵十分猛烈的射击。千余民兵隐匿在道旁不断发起进攻。史密斯率领英军且战且退，退至距波士顿约8英里的地方，盖奇派出的援军与他们会合，兵力达到1500人，这才稳住阵脚，双方展开了一场激战。与此同时，波士顿的民兵不断从附近村庄赶来，围住英军，子弹从四面八方嗖嗖飞来。最终，英军付出了高达20%的伤亡代价才冲出包围圈，撤入波士顿城中。

1775年4月19日早晨,波士顿康德科镇附近爆发的列克星敦战斗。北美殖民地的英军与波士顿民兵的这场战斗,以英军暂时胜利而结束,民兵战死8人,受伤10人。它打响了美国争取民族独立的第一枪

盖奇原以为这次行动是神不知鬼不觉,800人马去收缴一个仓库的军火,只能算是一次有限的武力行动,没想到会演变成一场伤亡惨重的血战。偷鸡不成反蚀把米,被愤怒的民兵困在城中,他终于明白,自己的部队已经成为殖民地民众的公敌,更令他担忧的是事态会如何演变。向左是反击,向右是退让,波士顿成为影响美国历史走向的摆钟。

杰斐逊了解到事情的真相和经过后,感叹道:"和解的最后希望"也破灭了,"疯狂的报复情绪似乎已经占据了所有人的心"。

事情发生后,英国政府无心采取温和的措施,认为只有更强有力地显示英国议会的最高权威,才能阻止事态进一步恶化。4月20日深夜,邓莫尔总督让英国皇家海军陆战队队员将15桶桶装火药,从威廉斯堡的弹药库转移到皇家海军舰艇"莫德林"号上,解除了弗吉尼亚州民兵的武装。这一行动不仅激怒了威廉斯堡人,而且激怒了所有弗吉尼亚人。为了平息众怒,邓莫尔在总督府中发表声明,称他的所作所为只是为了保障火药的安全,防范殖民地奴隶发动叛乱。他不无恐惧地说:"这些民兵用他们自己制造的火枪全副武装着和我谈判,而制造这些武

器的工厂竟然就在距离我家仅几步之遥的地方！"

接着，地方民兵武装领导人和工厂负责人的住处都遭到了搜查。而杰斐逊也因为对宗主国君王的大不敬，导致英军在独立战争前夕派出一支部队，前往蒙蒂塞洛抓捕他。若非有人及时报警，使他提前5分钟逃脱，他可能被抓到英国受审。

战争的来临，出乎很多人的意料和初衷。北美各地的温和派政治家们一直在努力敦请英国政府做出让步，以平复殖民地民众的不满情绪，不愿让殖民地激进派把局势引向无可挽回的冲突。5月7日，杰斐逊在写给远在英国的恩师威廉·史莫的信中感叹道："天哪，我到底该怎么做？一直沉浸在我的祖国所遭受的苦难当中，我无法用三言两语来解决这些政治纷争。"在杰斐逊的政治生涯中，众人意见出现分歧的情况时有发生。在各种不确定性、各种冲突中，他在不断地成长、蜕变。

继列克星敦的第一枪打响之后，北美殖民地与宗主国之间的战争已经无法避免。英国政府的明智之士，仍一再呼吁英国下院和内阁承认殖民地众议院的权利，不要强行压制殖民地的民众意愿，否则将会出现"决定性的一击"。诺思勋爵早在2月初就提出过和解建议，并于5月初将他的建议印发给各殖民地总督，指示他们在各种会议上将建议提出来商讨。

但北美殖民地处于山雨欲来风满楼的暴风雨前夕，强烈的追求独立、自由的精神使殖民地民众不愿向宗主国屈服，事态的发展让人们不得不提高警惕。北美殖民地已经出现全民皆兵、同仇敌忾的革命形势，决心为捍卫民主自由与宗主国决一死战。在之后的短短20天内，从缅因州到佐治亚州迅速燃起了反抗暴政的怒火。波士顿成为双方争战的中心，康涅狄格州派来了一支6000人的民兵队伍，占其可参战男子的四分之一。一个星期内，新英格兰的4个殖民地，共有16 000人组成的军队，将英军占领的波士顿团团围住。列克星敦的枪声揭开了北美独立战争的序幕。

5. 吹响独立革命的号角

1775年5月10日,第二届大陆会议在费城召开,会议开始之前,委员会就要求各州处于防守状态。5月12日,总督邓莫尔通知弗吉尼亚下议院议员于6月1日开会。佩顿·伦道夫被从大陆会议召回,指定杰斐逊继任代表。

在弗吉尼亚议会会议上,邓莫尔发表了讲话,他以和解的语调提出了诺思勋爵的和解性建议。其核心是:任何殖民地议会只要同意分担帝国的共同防务费用,支持该殖民地的地方政府,英国政府将不向该殖民地征收其他有关的税赋。

杰斐逊作为下议院议员,负责起草对邓莫尔总督的答复稿。但亲临会议的佩顿·伦道夫急着要使弗吉尼亚代表的答复与正在举行的大陆会议的情感"保持一致",因此催促杰斐逊按他的意见对答复稿进行修改。杰斐逊认为佩顿·伦道夫的意见倾向于保守,而英国政府的态度十分顽固,丝毫没有表现出对殖民地民众的尊重,似乎殖民地民众表现得越无畏,英国政府采取的政策越粗暴。因此,他没有接受佩顿·伦道夫的意见,在答复稿中直接否决了诺思勋爵的所谓和解建议:"因为英国议会无权过问支持殖民地地方政府之事,英国政府的建议之所以不能接受,还因为,英国议会的所有为众人反对的法令一条也没有废除,军队仍驻在北美洲,各殖民地无时不处于遭受从陆地和海上入侵的威胁之中。"但这个答复草案受到州议员乔治·尼古拉斯和詹姆斯·默瑟的种种质疑,显得有些苍白无力。

随后,弗吉尼亚又接二连三地发生了几桩不愉快的事件:有3个殖民地居民因试图闯入火药库而被打伤;有几个奴隶受总督鼓动而叛乱。这些引起了议员们的不满。他们在审议诺思勋爵和解建议的同时,通过了大陆会议和里士满大会的决议,并坚持要求调查总督邓莫尔从威廉斯堡弹药库偷运火药一事。双方争执起来,各不相让。邓莫尔见僵局难解，怕再生事端，便于6月8日晚趁着夜色悄悄溜出总督府，逃到停在约克河的英国军舰上去了。6月10日，弗吉尼亚议会终于一致通过了杰斐逊起草的"答复"条款。

6月21日，杰斐逊乘坐四轮马车抵达费城，参加第二次大陆会议。

第二届大陆会议在费城宾夕法尼亚州议会大厦召开。与会代表有60多人，大多年富力强、精力充沛，而且都是各地遴选出来的出类拔萃的精英。被称为民主革命先驱的本杰明·富兰克林年纪最大，已近七旬。32岁的杰斐逊是最年轻的代表之一。会上，杰斐逊结识了与会的众多英豪名士。其中最具影响力的有乔治·华盛顿、塞缪尔·亚当斯、约翰·亚当斯等人，而他们也为认识杰斐逊这位弗吉尼亚才俊而高兴万分，尤其对他的《英属美洲权利概论》称赞不已。多年后，约翰·亚当斯在回忆录中写道："杰斐逊先生于1775年6月来到大陆会议，当时他已蜚声文坛和科学界，而且在作曲方面具有非凡天赋。……他虽是大陆会议中一位沉默寡言的代表，但不论在各委员会还是在与人交谈中，都是那样的思维敏捷、谈吐坦率、明朗而果断——即使塞缪尔·亚当斯也莫过于此——所以他迅速地攫住了我的心。"

第二届大陆会议选举约翰·汉考克为会议主席。在杰斐逊到来之前，会议已经通过了招募志愿兵组成大陆军及任命华盛顿为总司令的决议。大陆会议还组建了一个专门委员会，以明确华盛顿的职权，并拟就对他的指令。同时任命了大陆军2名少将、8名准将，并设立了副官署、军需处等机构。

杰斐逊到会后第一件事就是把军事形势的变化记录下来，寄回弗吉尼亚议会，接着仔细阅读了本杰明·富兰克林提议起草的《邦联和永久联合条例》，然后对独立战争的财务和军事预算进行评估。在这方面，杰斐逊是有一定基础的。他认为这场战争至少要打六个月，按照新的税收办法，需要300万美元以上。这个时候，谁也不曾料到六个月仅仅是独立战争的序曲而已。

6月23日，杰斐逊和大会代表们以及费城的民众送走了新上任的大陆军总司令华盛顿，因为大陆军与英军在波士顿已经打响了邦克山战役，华盛顿必须亲临前线。之后，委员们让杰斐逊发挥他文笔好的特长起草一篇报告，最后标题是"关于拿起武器的原因和必要性的公告"。报告如果获得通过，就将由华盛顿将军在波士顿担负起指挥所有军队的重任时发表。

在第一次会议上，坐在托马斯旁边的是罗伯特·利文斯顿[①]州长，他首先提议让杰斐逊参与会议文件的起草工作。"我们刚刚认识，先生！"托马斯对邻座的信任大吃一惊，问道，"为什么你相信我能胜任呢？"利文斯顿回答："因为我知道你写过优秀的文章，我们当然需要优秀的作者参加。"

但是，这项工作有很大难度，因为它不仅要表明杰斐逊的个人观点，更代表着大陆会议的观点。杰斐逊在7月写过这样一段话："现在，只要我们愿意竭尽全力，没有人会怀疑我们没有能力反抗大英帝国的压迫，我们绝对有这个能力。"他虽然懂得通过武装斗争实现独立是最有可能的，但他仍保持着高尚的想法，希望殖民地民众以磅礴的气势和高尚的美德赢得独立。为了写好这篇报告，他搜肠刮肚地思考，四处访亲问友，借鉴他人的才智，他的脑海里不时闪现各种思想的火花。

基于约翰·迪金森[②]和杰斐逊起草的报告，大陆会议列出了武装抵抗英国殖民统治的一系列理由。杰斐逊勤于思考而又不忘联系实际，自信而又不失实事求是。他解释说："我们无法预测这场冲突的持续时间和激烈程度，但是，我们现在也在考虑是否应该做好最坏的打算，至少应该防范我们所预见的可能发生的灾难。"他还强调参加这场战争的人

[①] 罗伯特·利文斯顿：《独立宣言》五人起草委员会成员之一，和托马斯·杰斐逊、约翰·亚当斯、本杰明·富兰克林等一同起草和签署了《独立宣言》，见证了美利坚合众国的诞生。后来担任过美国第一任外交部部长、法官和美国驻法公使，在路易斯安那购地案中起了关键作用。

[②] 约翰·迪金森：宾夕法尼亚州的杰出律师和民意代表。他反对《独立宣言》的发表，希望以温和的态度平缓英国与北美殖民地之间的紧张关系。他也是参加制宪会议的代表，在会上起草了《美国宪法》，并促使宪法得到批准。

都需要掌握"必要的战争技巧"。

8月初，杰斐逊离开费城，准备返回蒙蒂塞洛庄园。他已经有几个月没有收到妻子的信件了，而且家乡发生了奴隶叛乱，他急切想要回家看看。途中，他给表亲约翰·伦道夫（他母亲的堂弟）写了一封长信，想将这个他认为很有才华的人争取到独立事业的队伍中来。他在信中不仅指出英国当局对殖民地民众的立场存在两个根本性的误解，揭露其武力统治沿海殖民地的暴行，还阐明了摆脱英国殖民统治的必要性和可能性。最后探讨了一种可能出现的极端情况，那就是致力于独立事业的殖民地民众可能会向北美大陆腹地深入挺进。这封信的潜台词是：或许我们是政治上的对手，又或许是一个阵营的战友。他希望这封信借伦道夫之手转到英国殖民地事务大臣达特茅斯伯爵二世威廉·理雅各的手里。从伦道夫8月底的回信中，杰斐逊知道自己的目的达到了。

这年夏季，杰斐逊大部分时间都用来陪伴家人，他年仅一岁半的女儿珍夭折了，大家都悲痛万分，他的妻子帕蒂更是伤心欲绝。但杰斐逊具有极大的公共责任感，他在庄园待了一个月，于9月25日起程，离开蒙蒂塞洛庄园，前往费城。那里还有很多重要的事情需要他去处理。

第二次大陆会议到了休会时间，会议期间很多没来得及讨论处理的事情大多交给一个刚成立的专门委员会去做。杰斐逊就是这个专门委员会的成员之一，其主要工作是查明这次会议未解决的重要事务。他在工作中一共发现了27件需要处理的事项，包括货币、印度事务和制盐等。12月15日，杰斐逊拟就了一份草案，其中列出了19件他认为紧急的事项，包括"通过海陆两种方式为大陆军提供补给"和"搜集有关当前局势的情报，了解敌人的计划""确保军事要塞和军队驻地的防御以及保护，并防止敌人获得新的货船"等。

在处理这些事务时，杰斐逊和约翰·亚当斯结下了深厚友谊。亚当斯于1735年出生在马萨诸塞州布伦特里，从小聪慧过人，享有"神童"的美誉。由于他身材较矮，体态较胖，人们称他"圆胖先生""美国独立的巨人"。他年轻时就读于哈佛大学，曾考虑做公理会牧师，但后来放弃了这一想法,成为律师。他在近 10 年的北美殖民地抗税斗争中崭露头角,成为马萨诸塞州极具影响力的重要人物。自从了解亚当斯的诸多英勇事迹后,杰斐逊就一心想与他结识,而今天赐良机,两人开始并肩战斗。

1775 年 11 月底,总督邓莫尔亲率舰队驻守诺福克,宣布实施军事管制,并下令任何愿意拿起武器反对美国革命者的黑奴或契约仆人可以重获自由,这直接向弗吉尼亚白人革命群众发起了挑战。弗吉尼亚形势非常严峻,杰斐逊又踏上了归程。

在自己的庄园里,杰斐逊一刻也没有停止思考,最重要的当然是对眼前正在进行的战争定性,为这场战争的终极目标定性。直到 1776 年 2 月,他得到了一本小册子,名为《常识》,不禁有了遇到知音的感觉。这个册子是托马斯·潘恩[①]所作,书中宣扬的民主思想与杰斐逊多年来思索的政治理论不谋而合,使他心中更加亮堂起来。他急切地想要见到潘恩,就在这个时候,他的母亲突然因中风去世。他安葬好母亲,耽搁了不少时日,而且在强烈的悲痛情绪席卷他的内心时,他总会头痛,"疼得无法读书、写作,甚至无法思考"。

杰斐逊虽然没能立刻见到《常识》的作者潘恩,但却仔细研读了《常识》,对其中的精神心领神会。

1776 年 6 月,弗吉尼亚州议员理查德·亨利·李提议"各殖民地联合起来,不再效忠于英国王室。殖民地和大不列颠之间的一切政治联系也应该被彻底解除"。这是一项正式提案,关于民族独立的争论也正式开始了。《常识》则以简练而生动的语言准确地回答了北美殖民地民众所关心的问题,并从一个全新的角度指出了北美殖民地独立的必要性。

尽管第二次大陆会议从军事组织上将北美殖民地联合在一起,但在

---

① 托马斯·潘恩:英裔美国思想家、作家、政治活动家、理论家、革命家、激进民主主义者。美国独立战争期间,他撰写了铿锵有力并广为流传的小册子《常识》,极大地鼓舞了北美民众的独立情绪,他被广泛视为美国开国元勋之一。后来受到法国大革命影响,他撰写的《人的权利》,成为启蒙运动的指导作品之一。

思想上并没有形成一致。大陆会议主要关心的不是人的权利或殖民地作为独立国家政体的形式存在，而是想要统一思想。历史的号角已经吹响，但它只是在远方响起。

乔治三世1775年10月在英国议会开幕式上宣称，北美发生的是"叛乱战争"，"明显是为建立一个独立的帝国而战"。英王这一认定得到了英国议会的认同与支持，于是批准进行这场战争，妄图使美洲殖民地重新归顺英国。那么，北美殖民地正在进行的抗英战争必须要有符合殖民地民众利益的说法，杰斐逊想到的是为独立而战。他已经建议弗吉尼亚按照"国家"概念，建立一个示范式政府。"独立"是解答所有问题的"根本"，但一些代表认为，草率地宣布独立可能会促使一些甚至所有中部殖民地区脱离独立事业的阵营。如果殖民地内部产生这样的分裂，"其他强国可能会拒绝与我们联合，不愿帮助我们完成独立事业，也可能会牢牢地控制我们……它们提出来的条件就会相应的更加严苛，更有损于我们的利益"。

为了彻底解决这个难题，约翰·亚当斯、理查德·亨利·李、乔治·威勒和其他几位代表开始着手整理赞成宣布独立的证据。6月10日，会议达成了一个妥协性的决定，把对独立问题的审议延期至三周后的7月1日进行。大陆会议还指定一个专门委员会草拟独立宣言文件，起草委员会共有5名成员：托马斯·杰斐逊、本杰明·富兰克林、约翰·亚当斯、罗杰·谢尔曼①、罗伯特·利文斯顿。

杰斐逊在会上表示，在此期间"应尽量减少对独立事业造成延误"。但是，距离独立声明的审议和表决已经不足三周，谁是起草这个声明的最佳人选呢？约翰·亚当斯是波士顿武装革命的急先锋，他应该是起草人首选，但亚当斯却认为这个任务非杰斐逊莫属。他的这个提议被称为"法兰克福建议"。有人问亚当斯为什么做出这样的提议，亚当

---

① 罗杰·谢尔曼：美国政治家，曾任两届大陆会议代表、美国众议员和美国参议员。他是《独立宣言》五人起草委员会成员之一，也是《美国独立宣言》和《美国宪法》的签署人之一。

斯回答说："你问为什么让杰斐逊这么年轻的人来负责《独立宣言》的起草？我的回答是：根据'法兰克福建议'，弗吉尼亚州将在独立事业中充当先锋。"

独立宣言起草委员会的负责人是理查德·亨利·李，鉴于由同一个人负责两个委员会的事务可能会造成诸多不便，因此，他不宜再负责《独立宣言》起草委员会，杰斐逊成为该委员会的实际负责人，塞缪尔·亚当斯都甘拜下风。

后来亚当斯回忆，在他随后和杰斐逊的谈话中，杰斐逊建议由亚当斯一个人草拟《独立宣言》。

"我不会那样做。"亚当斯直截了当地说。

"应该由你来起草。"杰斐逊继续恳请说。

"噢，不！"

"为什么呢？就应该由你这样身份的人来起草啊！"杰斐逊仍然坚持道。

"我不会那样做。"亚当斯态度十分坚决。

"到底为什么呢？"

"我有充分的理由：其一，你是弗吉尼亚人，弗吉尼亚甘为先锋，这件事就应该由弗吉尼亚人负责；其二，不少人厌恶我、怀疑我，我的反对者太多，而你则恰恰相反；其三，你以善写文章闻名，写的东西比我写的好十倍；而我说的比写的好。"

"既然如此，好吧，我会尽我所能做好这件事。"杰斐逊决定挑起这副重担。

在《独立宣言》的起草过程中，杰斐逊绞尽脑汁，数夜不能成眠。在小雅各布·格拉夫的房子里，很多次，他把不满意的文件草稿付之一炬。其中有这样一段话：

"我们以这些殖民地的善良民众的名义和权利，谨庄严宣告：这些联合殖民地从此成为，而且名正言顺地应当成为自由独立的合众国，它们解除对于英王的一切隶属关系，而它们与大不列颠王国之间的一切政治联系也应从此完全废止。"

这几句话他不知修改了多少遍，措辞既要富于诗意又要平实，既要言之凿凿地谴责英国殖民政府，又要唤起人们对这项宏大的独立事业的同情。他深知这个宣言对于独立、对于未来的意义。文字在他的笔下自然地流淌，彰显着他的个性和信念、毫不含糊的独立要求，以及对殖民者的强烈义愤。他后来回忆说："这份宣言既不是旨在体现其准则或观点的独创性，也没有照搬任何特定的和以前的作品，而是为了表达出美国民众的心声，并赋予这样的表达以当前局势所要求的恰当的基调和风格。"

历史油画：1776年，起草《独立宣言》的五人小组成员与大陆会议主席汉考克讨论宣言

《独立宣言》的主体内容包括三个部分：第一部分阐明民主与自由的理念；第二部分用事例证明英王乔治三世破坏了美国的自由；第三部分则郑重宣布独立。杰斐逊提炼出一种启蒙时期关于个体的神圣和核心地位的看法，认为自治是事物本质的一部分。当一个民族必须解除与另一个民族之间的政治联系，并在世界各国之间依照自然法则和自然之造

物主的意旨，接受独立和平等的地位时，必须把不得不独立的原因予以公布。

杰斐逊写完之后，首先送给富兰克林和亚当斯修改。他们做了几处措辞上的改动，"不言而喻"这个词便是出自富兰克林之手。杰斐逊自己也做了部分改动，共计修改了 24 处。《独立宣言》成稿后呈交给起草委员会，委员会再没有做任何修改。不过，有一点让杰斐逊始终感到很遗憾：在起草宣言时，他尝试让大陆会议在奴隶制这一问题上采取较为进步的立场，最终却未能如愿。

1776 年 6 月 28 日，草案提交大陆会议，于 7 月 1 日展开相关讨论。宾夕法尼亚代表约翰·迪金森首先发言反对脱离英国走向独立，他发表了长篇大论，论述独立就是对宗主国的叛逆。亚当斯从法理和宪法的角度进行了反驳，陈述了"朴素和普通的道理"。

7 月 2 日，与会代表们表决通过了独立的决议。据说表决那一天正午，气温虽然只有华氏 76 度（约 24.5 摄氏度），但却让人感到燥热，附近一座马厩的马蝇飞进大厅嗡嗡乱叫，令"穿着华丽高贵的尊贵代表"大为困扰，"他们拿着手帕，大力地驱赶着马蝇……最终导致他们没有耐心延迟《独立宣言》的表决"。此话从侧面表明《独立宣言》通过得非常顺利。

当天晚上，《独立宣言》便交由费城印刷商约翰·当列普制成了第一套单面印刷本发行。英国历史学家保罗·约翰逊[①]在《美国人的历史》里评论道："幸好这样。如果大会决定要辩论杰斐逊那些包罗万象的设想和主张，并用口头妥协来解决他们的分歧，那么，他的笔所创造的魔法就肯定会被祛除，而世界也会因此而更加糟糕。"

7 月 8 日，《独立宣言》表决通过这一消息在费城的州议会大厦前予以宣布。聚集在大厦外的群众雀跃欢呼："上帝保佑北美各州的自

---

① 保罗·约翰逊：英国著名历史学家，曾是一名激进的左翼人士，任《新政治家》编辑，但后来在撒切尔夫人的影响下思想右转，并成为支持英国政治保守主义的著名知识分子代表。

由!"巴尔的摩的革命者用烈火焚烧了英王的模拟像。在萨凡纳,英王像被埋葬,商店门口的皇家军队标志被拆掉,有的干脆付之一炬或砸碎……作为《独立宣言》的作者,杰斐逊获得了很大名气,他在第一时间明确地表达了他对于自己是《独立宣言》作者的自豪感。

《独立宣言》是北美殖民地独立革命的号角,激起了殖民地民众为平等、自由、民主而战的斗志和信念,表述了殖民地民众的思想和普遍愿望,从理论上贯穿着一种明确的哲学思想,即当时流行于大西洋两岸的"自然法"哲学,并融入了民主主义的理论,把这一理论跟美洲革命的具体实践巧妙地结合起来,后来被确定为美国立国的哲学基础。

而从文学的角度来讲,《独立宣言》不只是一份历史文献,它那条理清晰、逻辑严谨的语言,概念准确、重点突出的表现方法,以及平衡协调、铿锵有力的节奏感,使它成为美国文学史上首屈一指和迄今最杰出的不朽之作。

第四章 二任州长重改革

1. 致力于新政府民主改革

在起草《独立宣言》的日子里，杰斐逊满脑子想的都是关于人的权利的启蒙思想，几乎没有一个晚上睡过好觉。当光芒万丈的《独立宣言》得以通过和发布之后，他终于可以稍微休息一下了；可这时传来了他的妻子流产的消息，加上他一直关注着弗吉尼亚成立州政府的事情，回乡的心情一下子变得急切起来。

早在1776年6月推选大陆会议代表之前，杰斐逊就曾表示"我的家务状况，使我不得不请求由其他人代替我的职务"，弗吉尼亚代表大会在投票前也已知晓他的意见，但还是把他列为主要代表人之一。弗吉尼亚代表大会已将大陆会议代表团的人数从7人减为5人，虽然达到了法定人数，但不能再有代表随便缺席了。杰斐逊要请辞，必须等他的继任者理查德·亨利·李到来。

杰斐逊知道自己有责任继续留在费城，第二次大陆会议结束后还有很多紧急事务等待他处理，比如舆论界出现各种反对声，很多观点要加以澄清，对舆论进行管理；国内的保皇党密谋破坏，要加强保卫措施；印第安人蓄谋已久，准备进行突然袭击，必须组织防御；战时的地方治安问题也要布置安排……他深深地明白，写在纸上的东西必须通过脚踏实地的行动甚至流血牺牲才能够实现，革命者要有奉献精神。因此，他只能耐心地等待。

在此期间，杰斐逊参加了一个三人委员会，为大陆会议起草会议章程，并为新生的合众国设计纹章（国徽）。他还与富兰克林、亚当斯组成一个特别委员会，商讨了一个促使日耳曼雇佣兵退出战斗以削弱英国军队的计划。但会后他听到的大多是坏消息：来自前线的报告显示，大陆军初战不利，而英军还在从国内继续增兵；保皇党策划谋杀总司令乔治·华盛顿，为了粉碎这个阴谋，华盛顿贴身保镖队的一个成员被判处死刑。还有切罗基人①袭击南方地区，杰斐逊不得不向外界发表声明："没有什么能更迅速地削弱这些家伙，唯有把战争推进到他们家乡的核心地区。……但是，我不会止步于那里。只要他们中有一个人仍留在密西西比河的这边（东面），我就永远不会停止驱逐他们。"另外，大陆军征募新兵的速度十分缓慢，一些具体环节不尽人意，最后的结果无法预料。此外，杰斐逊本人也受到了一些舆论的抨击，声誉在逐渐下降。他在记事本里写道："远离自己的故乡300英里，随时可能遭受秘密暗杀，且丝毫无法自卫，这是痛苦的处境。"但是，杰斐逊只能加倍努力工作来澄清自己所遭受的责难。直到9月2日，理查德·亨利·李来到费城，他才舒了一口气。

为了推进弗吉尼亚的民主改革，以实现自己的美好社会理想，杰斐逊于10月返回弗吉尼亚议会。他很想加入弗吉尼亚州新政府。因为他怀抱两个目的：除了争取独立外，他还追求民主。他致力于未来国家的民主建设，想要为新生的合众国设计出一套周密完备的民主体制。弗吉尼亚州政府就是改革试点，他要使这个州成为其他各州学习和效仿的榜样，从而为未来的联邦共和国建立一个典范，一个自由国度的缩影。在他心中，这项工作比大陆会议的煞尾工作更有意义，也更为现实。

10月初，杰斐逊回到蒙蒂塞洛庄园，与家人团聚。他的妻子帕蒂病得很重，医生建议他带妻子出去调养。这时离弗吉尼亚州议会开会还有些日子，他便携妻远行，度过了三周美好的时光。即便在这段休假的

---

① 切罗基人：属于易洛魁族系的北美印第安民族。居住在田纳西州东部和北卡罗来纳州及南卡罗来纳州的西部。原住于大湖区周围，被德拉瓦人和易洛魁人击败后，迁移南方。

日子，他的大脑仍像运转的机器一样，一刻也没有停歇下来。在威廉斯堡的议会代表们正忙着建立一个新的弗吉尼亚州政府的时候，他则在考虑政府管理中的难点，在为起草一部弗吉尼亚州宪法构思，在为法制体系、宗教制度改革进行探索。他还向行使国家权力的大陆会议（临时政府）提出了不少建设性的意见。不久，他再次当选为州议员。

弗吉尼亚州的律师埃德蒙·彭德尔顿几个月前曾写信给杰斐逊，期望在新一届政府的工作开始时，杰斐逊能住到威廉斯堡来。杰斐逊认为自己完全可以在威廉斯堡任职，同时照顾自己的家人，公私兼顾，因此他接受了彭德尔顿的建议，和家人一起住到了威恩先生在威廉斯堡的房子里。宽大漂亮的房子能够住下他一家人，庭院里百花盛开，对他的妻子帕蒂调养身体大有裨益。

1776年深秋，杰斐逊参加了宣布独立后的弗吉尼亚议会第一次会议开幕式。开会期间，他四处活动，异常活跃，准备在弗吉尼亚大力推行自己的政治主张，全身心地投入一项"只有一个人承担的最有深远影响的立法改革"中——自1776年秋开始的宗教自由改革和新政府的民主改革，对弗吉尼亚的未来满怀憧憬。可是，改革开始后不久，费城的一封来信打乱了他的计划。

这天，杰斐逊夫妇正在收拾和布置房间，突然接到了大陆会议主席约翰·汉考克发来的邀请函。原来，大陆会议需要一些可靠的人代表美国的利益出使法国，于是会议选举产生了一个代表团，前往巴黎促使法国与美国结盟。代表团成员除了宾夕法尼亚州的本杰明·富兰克林、康涅狄格州的赛拉斯·迪恩外，弗吉尼亚州的托马斯·杰斐逊也被选中。如果美国无法成功地与法国联盟，将有可能输掉与英国的这场战争，使独立革命以失败而告终。这一使命意义重大，非常光荣。

大陆会议主席约翰·汉考克亲自做杰斐逊的说服工作，他给杰斐逊写信说："你认为什么时间和地点最合适开始这项工作……请回复我的这封快件，告诉我你的决定。"这封信让杰斐逊陷入矛盾之中，一边是亲情的牵绊，小女需要照顾，生病的妻子需要陪伴，他对妻女深怀愧疚之情；一边是光荣使命的召唤，这蕴含着对他的器重。况且，他对欧洲之行期盼已久，这是一次接触法国各界文化名人、考察欧洲大国的历史和文化、领略欧洲自然风光的大好机会。经过一番痛苦的抉择，他决心拒绝这项任命，他回信说："我丝毫没有因为对我个人私事的顾虑而犹豫过是否接受这项任务，但是由于我家里的特殊情况，我无法分身，也无法携眷一同前往。我只好请求您的谅解，我不得不谢绝这项光荣的、对美国的独立事业极其重要的使命。"杰斐逊的抉择出乎人们的意料，使得对他寄予厚望的朋友很不满，甚至给予了严厉的责备。

杰斐逊之所以没有选择前往欧洲，其实还有更深层的原因：他想留在弗吉尼亚，完成一个历史性的任务——完成刚刚起步的一系列改革，把弗吉尼亚改造成一个政治民主、经济民主、教育普及的富裕文明的社会，以作为新生国家的典范。他是一个具有前瞻眼光的政治家，当其他人只满足于争取独立斗争的时候，他却致力于将《独立宣言》中的美好愿景变成现实，单枪匹马地在弗吉尼亚大力推行民主改革。要做到这一点，他需要获得一定的权力。他还必须借助战争时期人们高涨的斗争激情，就像打铁需要旺盛的炉火一样，这个火候必须把握好。

杰斐逊在日记中写道："我也看到最困难的工作是在国内，为了使我们的政府成为模范，在国内有许多事情要做，而且这些事情都有极其长远的利益。"他认为，独立战争不会进行太久，战争结束后人民的革命热潮就会冷却下去。他对此有着清醒的认识，在议会发言时指出："我们应该在政府领导人都是正派的人而且我们自己也很团结的时候，把每一个重大的胜利都用法律固定下来。这次战争结束后，我们将走下坡路，那时就没有必要每一时刻都依靠人民的支持了。因此，他们将被忘记，他们的权利将被忽视，他们也将把自己当初的意愿忘记，而只要有赚钱的本领，就决不想联合起来去争取统治者尊重他们的权利。所以，在战争结束时尚未被敲掉的镣铐，会长期压在我们身上，而且越来越沉重，一直到最后我们的权利将在动乱中恢复或消灭。"

杰斐逊的改革风风火火地开始了，他的第一板斧直接砍向了大英帝国一脉相承的继承制度——《长子继承法》和《续嗣限定法》。在北美殖民地，表现最突出的是土地和财富的继承。在殖民地区开发早期，土地可以无代价或以很小的代价获得。殖民统治者时常把大块土地赠给有势力的人，英王更是热衷于把土地"赏赐"给自己的宠臣，一些有远见的贵族阶层获得了大量无代价的赠予的土地。为了建立一个显赫的家族，他们通过《长子继承法》和《续嗣限定法》将土地传给自己的后代。根据这两个法律，大财主大地主不得不将财产传给一个继承人（长子），如此，"法律赋予一些家族以特权，可以永久地拥有他们的财富和土地，于是这些与众不同的家族就逐渐形成了一种贵族的秩序，区分这些特权家族和普通家庭的标志就是他们房屋的壮观和奢华"。杰斐逊本人的土地和财富也是得益于这个古老的制度，但他却痛恨贵族阶级，认为这个制度是建立在种植场奴隶制经济基础上的，奴隶主的大地产的维持和扩张因此离不开奴隶制度，所以他首先拿这个继承制度开刀，向弗吉尼亚议会提交了《废止限定继承权法案》。

该法案实际上是为了防止财富和土地过多地集中在少数人手里，这是对弗吉尼亚土地世袭贵族的一个沉重打击。因为他们往往为了获得这种殊誉，死心塌地地为英王的利益和意志服务。而按照杰斐逊提出的法案，土地、财产所有者可以把财产平均分配给子女，就像平均分配他的慈爱一样。他认为废除腐朽的继承制度，对一个共和政体来说至关重要。废除限定继承权和长子继承权，就是在滋生贵族的根子上砍上一斧头。清除掉这种贵族势力，将会迎来无数德才兼备的人物。这是大自然的赐予，它将给所有的人提供平等的机会。

尽管杰斐逊有强烈的私有财产神圣不可侵犯的思想，但他早就注意到因财产继承和分配所导致的不平等结果，这个法案实际上也是为了解决平等权与财产权的矛盾。州议院审议《废止限定继承权法案》时，遭到了两个关键人物埃德蒙·彭德尔顿和帕特里克·亨利的否定，但杰斐逊则突破阻力，极力使之被其他议员认同。该法案经数次讨论修改后，最终于10月23日由众议院通过。

为了将改革顺利进行下去，杰斐逊还向州议会提交了另外一些提案，包括改革刑事司法，废除最严酷的刑罚；创建普通公共教育体制，为弗吉尼亚白人提供了更多受教育的机会；加快在外国出生的美国居民加入美国国籍的速度；等等。

在改革刑事司法方面，杰斐逊以从未有过的热忱，致力于改组本州司法机构的工作，他精确细致地处理事务的能力再度得到发挥。他向弗吉尼亚议会提交了《全面修订法律的法案》，并促使议会于1776年10月26日通过了该法案。根据他的建议，议会投票选举产生了弗吉尼亚法律修订委员会，主要成员有杰斐逊、彭德尔顿、威恩、乔治·梅森①和勒德威尔·李。该委员会负责废除或修改现存的法律，并起草拟定新的法律，提交议会审议。1770年年初，委员会在开会讨论修订程序和原则时，彭德尔顿和勒德威尔·李主张废止现行的全部法律体制，建立一个新的完整的体制，想把这次改革做彻底。

但杰斐逊认为，将所有法律废去会使很多工作承接不上，稳定性和熟悉性是法律的理性的重要因素，全新的法律不仅不利于民众接受消化，还有可能把人们卷入"诉讼的年代"。而且，旧法律也不是一朝一夕编写出来的，而是经过了长期的司法实践，一条一条修改逐步完善的，旧法律中也有一些颠扑不破的东西。因此，他主张在保留部分旧法典的基础上，对各项法律进行修订，着重剔除那些与《独立宣言》精神不相符的条款。威恩、梅森等人都赞同这一观点。经过反复讨论，最后大家统一了思想。

接下来，委员会对各成员的任务进行了分工。梅森和勒德威尔·李不是科班出身，在他们接受任务的时候本来准备给他们配备懂法律的助手，但勒德威尔·李还没有着手这方面的工作就去世了，梅森也因健康

---

① 乔治·梅森：美国政治家。1759年被选为弗吉尼亚殖民地议会议员。1774年起草《费尔法克斯决议案》，申述了殖民地的地位和权利。1776年撰写《弗吉尼亚独立宣言》，成为托马斯·杰斐逊起草《独立宣言》第一部分的蓝本。1787年积极参与制定联邦宪法，但力主维护个人自由，反对中央权力过分集中，因而拒绝在文件上签字。他倡导的权利法案成为宪法部分修正案的基础。

原因退出了委员会。威恩、彭德尔顿和杰斐逊出自同一师门，如此一来，弗吉尼亚的新法律就完全属于"威恩-杰斐逊"系了。杰斐逊挑起了大梁，大部分法案都是他起草的。他不仅法律知识广博扎实，而且逻辑思维严谨，文字表述精准，完全能够胜任这项工作。在当选州长之前，他的大部分精力都花在了多项法律的修改上，在三年间起草了126条法案，包括废除长子继承权、建立宗教自由，并使司法体系现代化。其中很多条款被修订为法律后颁行。比如，废止酷刑，只对叛国罪或谋杀罪处以死刑；实行开放和个体的土地所有制；政府不得支持任何一种宗教，公民个人的信仰也不受干涉；禁止奴隶贸易等。毫无疑问，在弗吉尼亚宪法通过以后的几年中，在重大的立法活动中，杰斐逊稳居头功，影响最大。

除此之外，杰斐逊还提出了许多行政法案，最有名的是《关于进一步普及知识的法案》。在该法案之后，他又提出了《修改威廉-玛丽学院章程法案》和《建立公共图书馆的法案》。尽管后两个提案经过几年讨论都没能通过，但这一整套提案在杰斐逊的心目中占有极为重要的位置，与撤销限定继承权、废除长子继承权、确立宗教自由并列为建立一个新的社会制度所必需的四大措施，其目的"是要形成一个足以根除古老的或未来贵族的每一根纤维的制度，为建立一个真正的共和制政府奠定基础"。

2. 极力推行宗教改革

当杰斐逊在弗吉尼亚大张旗鼓地进行改革的时候，有一个新人活跃在政治舞台上，并成为他得力的助手。这个年轻人叫詹姆斯·麦迪逊①，他们相识时，杰斐逊33岁，麦迪逊25岁。他们因为有着共同的理想目标和共同的语言而成为相互信赖的朋友。

詹姆斯·麦迪逊出生于弗吉尼亚州康维港的一个种植园主家庭（更

---

① 詹姆斯·麦迪逊：美国第四任总统，曾担任州众议员、州参议员、大陆会议代表、联邦众议员和国务卿。他还是制宪会议的主要人物、北部联邦党人文件的起草人之一、民主共和党的组织者。

准确地说应该是商人家庭），后来他北上就读于新泽西学院（今普林斯顿大学）。他在北方学习和生活的时间比在南方长，至少算半个"北方佬"。麦迪逊身材矮小，却精力充沛；平素寡言少语，却待人热情。他做事精明沉稳，思想敏锐，是个值得委以重任的人，尤其是他对民主独到的见解赢得了杰斐逊的欣赏。麦迪逊后来回忆说："相识是微不足道的：我们之间的年龄差距是明显的，其他方面的差距更是如此。"但他们也有很多共同之处，都热爱自由，珍视人民的权利，仇视专治暴政，拥护民主共和。在最初的工作中，麦迪逊与杰斐逊最合拍的就是对传统宗教的质疑。

众所周知，北美洲早期移民逃离他们所在的国家，很多人是出于宗教压迫的原因，尤其北美殖民地北部地区的民众，他们为了"以自己认可的方式崇拜上帝"才背井离乡到荒蛮的北美洲定居，宗教自由的思想在北部更容易被接受。而在南部，尤其是在开发最早的弗吉尼亚，一个半世纪以来陆续出台了几项法令，规定了颇为严厉的宗教法规，比如：英国圣公会取得官方教会（即正统教会）的地位；正统教会的教义、礼拜仪式在宗教领域处于统治地位，信仰非正统教会教义的人即为异端分子，将遭到殖民地当局的驱逐或迫害，直至处以火刑；父母如果拒绝让子女接受正统教会的洗礼，即构成犯罪；禁止非正统教会的其他信徒非法集会；正统教会不但在政治上地位崇高，在经济上也享有非常实惠的特权。这些都是从宗主国移植过来的。另外，如果一个在正统教义下长大的人否认基督教的真实性，或拒绝承认上帝的存在，或否认《圣经》为神圣的权威，那么他将被剥夺担任教会、地方政府或军队中任何职务的资格。

由此可见，宗教法规在人们的生活中显得"法力无边"。而宗教法规的传播者——牧师在北美洲的地位至高无上，他们甚至可以不受其他法规的约束。牧师走到哪里传道，哪里就座无虚席。即使道场设在野外，场内也是人满为患。即使是像波士顿那样反抗意识超强的地方，牧师也是极受欢迎的。有一次,著名牧师乔治·怀特菲尔德①到波士顿布道3天,听讲的人达到19 000人,比波士顿的人口总数还要多。

怀特菲尔德一生几乎没有停止过传播基督教义,走到世界各地劝勉人们悔改,无论他在何处传道,许多人不仅仅是欢喜、激动、被吸引,还确确实实被教化,成为十分虔诚的服侍上帝的人。

有一次怀特菲尔德在户外讲道,暴风雨眼看就要来临。通常人们应该散场躲雨,但怀特菲尔德却指着乌云,充满激情地说:"啊,看吧,这便是人类生命的象征,此时从这里经过,使我们一时看不见天堂的光明,但它是暂时的,很快就会过去。上帝的信徒们,当你们的生命像乌云一样逝去时,你们将会在哪里?"

这时,一道雷电闪亮划过,怀特菲尔德指着闪电高声说:"啊,看吧!那便是耶和华愤怒的一瞥!"

每当有巨雷炸响,他就装作聆听的样子,说:"听!那正是上帝满怀怒气经过时发出的声音!"

当暴雨哗哗而下时,他用手遮着脸,跪下来祷告。暴风雨过去后,天空出现彩虹,仿佛一切都如他祈求的一样,他兴奋地站起来指着彩虹大声说:"看那壮美的彩虹,它是至高者的手所画的弧,它用荣耀包围着天堂!赞美那创造彩虹的主啊……"

像怀特菲尔德这样高明的传道者,可以改变人们的思想和信念,产生一种震撼人心的力量。牧师们鼓动追随者,为了上帝要独立思考做出抉择,一旦选择好了便应义无反顾,坚决按自己的意志行事,不必考虑社会的影响。

但在殖民地,像怀特菲尔德这样正直的牧师并不多,很多牧师代表的是大英帝国的意志,他们要让人们相信,在殖民地产生的种种规则——移民登船去美洲前,必须宣誓忠于上帝和英国国教会,国教是唯一的正宗,殖民地区一律按国教要求划分教区,教区的居民必须奉养本

---

① 乔治·怀特菲尔德:英国教士、福音传道者,是美国信仰复兴运动,即著名的大觉醒运动中举足轻重的人物。

教区的牧师（过着奢靡的生活），异教徒和有亵渎宗教信仰言论的人要受到严酷惩罚或被驱逐，诸如此类，都是上帝的旨意而非国王的责任。所谓"君权神授"，无非是强化其权位的神圣性。那些专制君主往往把他们装扮成上帝的使臣，国王和他的大臣们不仅掌控着国家机器，还能通过牧师们的宗教活动控制人民的思想。反过来说，国王要对殖民地实行殖民统治，需要借助宗教的力量，强制人们信教，强行把教会、教皇、牧师的地位无限提升，教会权力膨胀，并逐渐形成政教一体的宗教体制。

杰斐逊要在弗吉尼亚争取宗教自由的努力，就是针对上述种种宗教压迫的法令、政策的。他的改革目标是，在宗教自由、政教分离、宗教宽容等原则的基础上，摒弃宗教压制政策，重建弗吉尼亚新的宗教秩序。他这样做，一方面源于自己的宗教观，也就是政府既没有能力，也没有权力去干涉涉及灵魂拯救的宗教问题；另一方面也有着相当的民意基础。

杰斐逊的宗教观可以从他记事本的字里行间看出来，他认为，使用公共资金供养一个国教教会，并将公民权利和信奉宗教联系在一起是不公正的做法，这样的政教制度会造成"宗教性专制"。他指出："在每一个国家和每一个时代，教士总是敌视自由。他始终与暴君联盟，以报答暴君对自己的保护。""我们的救世主耶稣没有选择通过世俗的处罚或剥夺民事行为能力来传播他的宗教信仰"，因为那样"就是在用他万能的权力"来强迫他人信教。

当时在弗吉尼亚地区，已经有了改革的基础。一个半世纪以来，长老派①、贵格会②等其他教派受到迫害和不公正的待遇，广大民众对于这种不合理的状况深恶痛绝，弗吉尼亚的信众脱离官方教会的人越来越

---

① 长老派：英国清教运动中，清教徒中的一派。它反对英国国教的主教制，提出以选举产生的长老来取代国王任命的主教，即由长老组成宗教会议，管理教会，故被称为"长老会"教派。

② 贵格会：又名教友派、公谊会，兴起于17世纪中期的英国及其美洲殖民地，创立者为乔治·福克斯。"贵格"为英语Quaker一词之音译，意为颤抖者。贵格会没有成文的信经、教义，最初也没有专职的牧师，无圣礼与节日，而是直接依靠圣灵的启示，指导信徒的宗教活动与社会生活，始终具有神秘主义的特色。

多，至改革开始的 1776 年，弗吉尼亚的民众已有接近半数不再信奉圣公会了。弗吉尼亚第一届议会召开之时，要求取消圣公会的请愿书如雪片般飞来，他们要求解除对官方教会的法定效忠。但是，弗吉尼亚殖民地当局对此置若罔闻。这引发了一场有关宗教问题的最激烈的争论。彭德尔顿和尼古拉斯坚决支持国教，关键时刻，麦迪逊加入了改革行列，支持杰斐逊，向官方教会、向捍卫官方教会的保守派发起了一场大论战。

11 月，杰斐逊在州众议院发表演说，首先阐述了他的宗教改革主张，通过讲述欧洲的往事，控诉国教教会的种种弊端及应当吸取的历史教训。接着，杰斐逊便提出了一个根本问题：国家在宗教问题上有没有权力采取某种主张呢？他明确告诉大家，没有。他说："自从基督教问世以来，已经有数以百万计的无辜男女遭受火刑、拷打、罚款、监禁，可是我们并没有朝着统一宗教信仰前进一寸。强制的结果是什么呢？只不过是把世人的一半变成了傻瓜，一半变成了口是心非的伪君子罢了。"他郑重其辞地正告："任何人都不得被迫去教堂做礼拜，或者支付款项为任何教会提供经费；任何人都不得由于他的宗教见解或信仰，在人身或财产上受到强制、限制、侵扰、负担或其他损害。所有人都可以自由表明信仰，并且据理坚持自己的宗教见解，不能因为他这样做而削减、扩大或影响他的公民权。"

会上，麦迪逊公开声明支持杰斐逊的改革，开始了两人之间的第一次合作。麦迪逊后来回忆道："早在王政时代，人们就已经对这种被迫出钱养活一批宣讲他们认为是错误信仰的牧师的不合理做法表示不满，但是没有改正的希望。可是 1776 年召开的共和国成立后的第一届议会收到了大量请愿书，要求废除这种精神上的暴政。"杰斐逊拟写了一份宗教改革决议案——《宗教自由法案》（初稿），呈报给州议会讨论。其核心部分是：反对宗教压迫、申明宗教自由的执行条款，彻底根除政府在宗教事务上的干预，肯定宗教信仰和礼拜的自由。

《宗教自由法案》提交后，由于彭德尔顿、尼古拉斯等保守派的反对,没有获得通过。杰斐逊、麦迪逊、梅森等改革派和他们进行了激论辩,到1776年年底才使议会勉强通过了一项妥协法案:废除在宗教上持不同意见和不到教会做礼拜的人为罪犯的法律,新教徒可免交资助国教的捐款,并规定宗教上不同意见者从1777年1月起到夏季暂停纳税。

即使只是通过了一个妥协案,杰斐逊还是遭到了各种各样的攻讦、诋毁和谩骂。有人散布流言指责他对上帝不敬虔,说他背叛了真理和基督教的教义,是个"卑鄙的、未开化的家伙"、离经叛道者、不信正教者、基督徒之敌、邪教徒;有人到处造谣说他是小偷、诈骗犯、铸造假钱者、伪造文书者,等等。他们显得那样理直气壮:"我们的信仰来自全能而不变的上帝!"但杰斐逊毫不退缩,而是向宗教自由的道路继续前进。

1779年,为了真正实现宗教自由,杰斐逊再次向弗吉尼亚州议会提出了"宗教自由法案"。法案以18世纪启蒙思想为指导,雄辩有力地论证了实行宗教自由的好处与宗教专制的罪恶。法案中写道:"全能的上帝既然给人类以思想自由,所以任何企图影响它的做法,无论是凭靠人世间的刑法或压迫,或用法律规定来加以限制,结果将只是造成虚伪和卑鄙的习性,背离我们宗教的神圣创始者的旨意……有些在世间的和教会中的立法者或统治者,他们本身不过是常有过失和没有得到圣感的人,但是竟然肆无忌惮,以为他们有权支配人的信仰,他们把自己的意见和想法,说成唯一的永无错误的真理,并强迫世人予以接受。这些人自古以来,在世界上大多数地方所建立的和所维护的,只是虚假的宗教而已;强迫一个人捐钱,用以宣传他所不相信的见解,这是罪恶和专横的;甚至强迫人出钱支持他自己所相信的教派中这个或那个传教士,也是在剥夺个人意愿的自由。"该法案还规定:"不得强迫任何人举行任何宗教礼拜仪式,或资助任何圣地或牧师,也不得由于其宗教见解或信仰而对其人身或财产施加限制、强制或折磨,一切人均可自由表明并通过说理坚持其宗教见解,决不可因此而缩小、扩大或影响其公民权。"

反对派对此仍然横加阻挠，他们公然叫嚣："圣公会必须永远作为这个共和国的官方教会。"有一次，杰斐逊跟朋友谈到彭德尔顿，叹气道：此人是我从政生涯中所遇到的"最危险的对手"。在议会中，主张宗教改革的改革派和反对派的力量势均力敌，难分高下，因此，这场宗教改革的努力经历了漫长、艰难的历程。杰斐逊当选州长离开议会后，法案在议会的讨论陷入僵局。

1779年夏，麦迪逊试图继续推动这一法案的讨论，但由于此时颇有气势的保守派人士在议会里依旧与改革派明争暗斗、互不相让，最后导致这一议案不了了之。又过了5年，1784年，国会派遣杰斐逊作为外交使节出使法国。临行前，他就反对国教教会摊税一事与麦迪逊作了一次长谈。翌年，即1785年春，麦迪逊写出了"反对宗教摊税的请愿书和抗议书"一文，并把它提交给州议会，直到1786年，《宗教自由法案》才在麦迪逊的大力推动下获得通过。

虽然宗教改革阻力重重，但让杰斐逊感到欣慰的是，在改革斗争中麦迪逊始终与他并肩作战、齐心戮力，且一度发挥了他所无法起到的巨大作用。而麦迪逊对杰斐逊的改革精神也非常赞赏，他后来评价说："他付出的劳动是他为公众服务中最卖力的一次……这些法令虽然未能如愿在群众中实施，却是议会的巨大财富库，而且也是法令巨作的典范。"

杰斐逊进行的宗教改革，促进了北美殖民地价值观念的改变，人们开始怀疑教条和权威，"促使人们敢于批评那些自以为是的达官贵人，抗议对宗教自由的限制，怀疑正统权威的既成真理。……它还要求限制国王的意志和政府权力的专断"，为实现政教分离的社会奠定了基础。

3. 积极援战的州长

在参加州长竞选前，1779年5月初，杰斐逊向外界透露过自己准备退隐的信息。当然，36岁的他并非不想在政界发展，原因仅仅是如果当上州长，就没有照看家人和管理农庄的时间了，他想回到书斋去"享受研究哲学的乐趣"。他的妻子帕蒂身体羸弱，又不断生病和怀孕，还承受过几次流产和孩子夭折的悲痛，需要杰斐逊的照顾。大女儿帕茜年幼，次女玛丽刚出生不久，也需要父亲的关爱。所幸帕蒂能在一次次遭受打击后迅速振作起来，并尽力料理好家务，还兼管着农场，"表现出她的整洁、秩序，以及出色的家政能力和女性教养"。

杰斐逊准备退隐的想法，立刻引来了一阵批评声。彭德尔顿说得很直接："你难道不觉得自己太年轻了吗？在国家最需要你效力的时候，你却要逃脱责任吗？但至少得把你那套已经铺开的改革继续下去，州长不是一个更有利的职位吗？"华盛顿则说得比较委婉："在美丽的庄园里享受清闲自在的生活，那也是我十分向往的。但我与你稍有不同，不会留下没有经过战火洗礼的遗憾。"

这时的独立战争已进入关键阶段。1777年9月，英军依靠海上优势，从海上发起进攻，占领了大陆会议所在地费城，华盛顿率大陆军迎战，连遭挫折，被迫率军退往费城西北约30英里的福吉谷过冬整训。在艰难困苦的日子里，华盛顿没有逃避和退缩，经过不懈努力，终于使一支士气低落、补给困难、兵源不足的军队重新振作起来。冬去春来，经过萨拉托加一战后，华盛顿率领的大陆军扭转了败局，战争进入相持阶段。

前面说过，1777年年底大陆会议准备让杰斐逊和富兰克林等人出使法国，目的是与法国结盟，争取法国的支持。战争处于相持阶段，就好比拔河，在力量相当、相持不下的情况下，其中任何一方只要再添一点助力就能取胜。但杰斐逊想到自己推行的改革刚刚起步，如果他走了，改革就会夭折；而出使法国，即使没有他，富兰克林等人依然可以完成使命。因此，他选择了留下来。1778年2月6日，法国与美国签订军事同盟条约，并正式承认美国。1778年6月17日，法英开战。北美洲的战事开始出现转机。经过一年多的作战，北美洲的英军兵力锐减，

美国独立战争期间，乔治·华盛顿和法国志愿者拉法耶特侯爵在宾夕法尼亚的福吉谷

士气低落，实力大损。在北部战场（主要指尼亚加拉河中下游、哈得逊河流①域至尚普兰湖②周边、罗德岛等地），英军除了进行"零星袭击"外，已无力发动大的攻势。英军于1778年6月放弃费城，决心退守纽约。但战争还远未结束，甚至变得更加残酷。英军新任统帅克林顿上任后，利用南部"效忠派"较多及靠近西印度群岛的有利条件，调兵遣将，决心将英军主力转移到南部，企图对南部诸州各个击破，并依托沿海基地和纽约遏制北部。1778年年底，英军攻取佐治亚州首府萨凡纳，揭开了在南部发动强大攻势的序幕。

改革陷入困局，战争也充满了不确定性和危险。杰斐逊经过反复考量，决定重返政界，参加州长竞选。当时帕特里克·亨利已连任三次州

---

① 哈得逊河：位于美国纽约州，长492千米，发源于阿迪朗达克山脉云泪湖，莫华克河在哈得逊河上游汇入，西接伊利运河，末端汇入纽约港，是纽约州的经济命脉。它自北向南流经纽约州东部，沿岸城市包括萨拉托加、特洛伊、奥尔巴尼、金斯顿、波基浦西、纽堡、纽约市等。下游为纽约州和新泽西州的边界。

② 尚普兰湖：位于美国纽约州、佛蒙特州和加拿大魁北克省之间。主要位于美国境内（佛蒙特州与纽约州），但有一部分跨越了美国与加拿大的边界。

长，每任一年，按照宪法规定，他不能再连任了。杰斐逊的朋友和追随者们都竭力怂恿他，并在没有征得他意见的情况下，将他的名字列在州长候选人的名单上。杰斐逊的行事风格是一旦做出决定，那就全力以赴，他立刻进入竞选状态。

这次竞选，杰斐逊要面对的对手是州务委员会主席兼副州长约翰·佩奇和弗吉尼亚民兵指挥官托马斯·纳尔逊。他与约翰·佩奇是20多年的老朋友，两人都表示，选举中不会显露"低级肮脏的感情"。但杰斐逊明白，博得公众好感很重要。他在记事本中写道："在弗吉尼亚州这样一个高尚又自由的地方，要想取悦这里明智的人们，没有什么比认可这里的同胞们更有效的了。"他最担心的是"我所做的努力不够，无法满足祖国对我的期望"。所以，在演讲中，他把对国家和人民应该承担的责任作为主题，获得了很多选民的信任。

第一轮投票结果表明三个候选人势均力敌，无一人超过半数。但纳尔逊得票最少，没能进入下一轮投票。两位老朋友成为竞争对手，他们相互致信道歉，但又表示当仁不让。第二轮的投票结果是杰斐逊获得67票，佩奇获得61票，杰斐逊以微弱优势当选为弗吉尼亚州第四届州长。落败后的佩奇写给杰斐逊，大度地表示将"尽一切力量使你感到你的政府运转顺利"。

杰斐逊走马上任后，住进了威廉斯堡总督府。这是他十分熟悉的地方，过去他一度是总督府的常客，在这里尽情享受生活的快乐。世事沧桑，物是人非。现在他走进来，感觉到的不是快乐而是巨大无比的压力和责任。他对一位前来祝贺他当上州长的朋友说："吊唁恐怕更符合实际。"

1779年5月，杰斐逊从一个记者写给他的信中得知，英军有一支约8000人的部队从英国本土赶来，将全部用于支援英军统帅克林顿的南部作战。而已在美南部（南卡罗来纳和北卡罗来纳）作战的英军正向北稳步推进，弗吉尼亚将会变成主战场。当然也有一个好消息：西班牙出于收复直布罗陀、马诺加岛和北美殖民地佛罗里达的愿望，也于

1779年6月21日对英作战。其他国家无论出于什么目的加入对英作战，都是对北美殖民地独立战争的有力支援，这让杰斐逊对这场战争的前景充满了信心。他上任后的首要任务就是在军事防御方面做好动员和准备，并在军用物资方面全力支援前线。他给大陆会议的理查德·亨利·李写信说："在一个廉政的政府里，尤其是现在这样的情况下，公职对于被任命者来说，也应该是一副重担。"

杰斐逊的妻子帕蒂接到了华盛顿妻子的来信，请她帮忙缝制衣服以供应大陆军。帕蒂积极响应，并把詹姆斯·麦迪逊的母亲埃利诺等人也找来帮忙。她在日记中写道："华盛顿夫人来信告诉我宾夕法尼亚的姐妹们所做的事情，并告诉我同样的感激情绪在马里兰州也显露了出来。她肯让我知道这一切，我感到非常荣幸。……我欣然承担这份责任，那就是为女同胞们提供一个机会，证明她们也拥有能孕育这一计划的高尚情操。"

但是，弗吉尼亚新政府财政紧张，无论是为前线提供物资还是招募新兵，都需要钱。弗吉尼亚地域辽阔，东部临海，且河流众多，西部接近蓝岭，多山比较荒僻，交通不便。英军有海上优势，如果战争在东部展开，大陆军缺少海军，胜算不大。英军还可能沿波托马克河、拉帕汉诺克河逆流而上，进入腹地，这个阻截任务主要由弗吉尼亚地方民团负责，但现有兵力远远不够。而且，他们不仅装备很差，军事上也根本没有准备好自己的防御体系。地方民团还要维护地方治安，应对亲英派发动叛乱及印第安人的袭击。更为麻烦的是，他们在战时要拿起武器作战，放下武器后又得回家种地，若误了农事，田地荒芜了，至少要忍受一年之饥。大陆会议对兵役制进行过一些改革，但困难依然存在。

除了应付急迫的军事事务，杰斐逊还有众多烦琐的行政、立法司法等方面的工作要做。在行使行政权力时，按照法律规定，他要征询由议会选出的八人州务委员会的意见，有时还会因4名州务委员缺席，不到法定人数而任何决定也做不了。他因为极力推行州政府改革，还得与保守派做斗争。一州之长的权力非常有限，但承担的责任却很大。杰斐逊通过诸多问题的解决，证明了"他有能力做出困难的，甚至是严酷的决策"。但他并没有盲目地展现自己的雄心壮志，他的每一个决定都是慎之又慎，这使他对控制权的风险和可利用价值也有了更深的理解。他已经意识到当战时州长将要付出的代价，公开表示为了国家安全，他愿意做任何事情。

上任不久，杰斐逊就发现，弗吉尼亚海军尝试造船的努力"非常失败"，他不能不为之付出更多的努力。他以弗雷德里克斯堡为界，将弗吉尼亚划分为东、西两个战区，并亲自到东战区视察弗吉尼亚地方军团的枪炮操作与射击技术。他指示，英军一旦突入西战区，其优势就会丧失殆尽，地方军团完全可以，而且必须确保西部的安全。

1779年与1780年之交，杰斐逊和议会决定将州府从威廉斯堡迁往新城里士满。因为里士满离大海较远，至少可以避免遭受英军舰船的攻击。1780年5月初，杰斐逊把家人也一起接到里士满，住进一栋租来的房子里。但他仍然感到自己正处于极其紧急的气氛当中。5月10日，英军攻陷南卡罗来纳州的重镇查尔斯顿，杰斐逊更觉得危险正在向自己逼近。他在记事本里写道："极其可怕的攻击正威胁着我们，北面是俄亥俄州殖民地的英军，南面则是极易到达我们边境地区的印第安人，而东部地区则受到驻守在南卡罗来纳州的英军的入侵。"

整个夏季，英军康沃利斯勋爵①在南卡罗来纳州几战皆捷，并开始向北卡罗来纳州推进。杰斐逊召开会议，向大家通报战况，要求地方民团随时准备投入战斗。在议会的授权下，他向民间征用车、马等军需物资，还把蒙蒂塞洛家中的车和马匹贡献了出来。

10月，英国海军一支由60艘船组成的舰队开进切萨皮克湾，轻骑兵千余人则在朴次茅斯附近登陆。这让杰斐逊感到非常沮丧，他写信给

---

① 查尔斯·康沃利斯：英国殖民地官员、政治家。早年曾参加七年战争，1776年前往北美参加美国独立战争，出任北美洲英军副总司令，1780年攻陷革命军据点查尔斯顿，同年8月在卡姆登战役中击溃查尔斯顿的革命军余部。1781年在约克敦战役大败后投降，标志着英军在美国独立战争中大势已去。后来担任过印度总督、军械总局局长、爱尔兰总督等职。

华盛顿说:"近来降临在我军当中的灾难,使一个能够且热心与敌人较量的民族,由于缺乏防御手段不得不袖手站在一旁,想到此就令人感到屈辱;然而,我们不知道有什么资源能保证我们进行抵抗。"但他表示,他正召集议员们开会,以协助他做出"及时、极大的努力遏制敌军逼近"。

对弗吉尼亚来说,眼下的灾难还不是最直接的,更大的灾难来自大陆军的叛将本尼迪克特·阿诺德。阿诺德原本是华盛顿麾下的一名虎将,在几次战役中都创造了奇迹,尤其是在萨拉托加战役中,他不仅英勇无比,还表现出非凡的指挥才能。但阿诺德被任命为费城军区司令后,开始享受,迷恋女色,以致为了钱而通敌,最后叛逃加入了英军。

1780年12月,一支英国舰队沿詹姆斯河驶到韦斯托弗,把阿诺德率领的一支英军送上岸,开始侵袭弗吉尼亚,直逼里士满。于是,杰斐逊在州长第二任期的最后几个月,即1781年初到6月,组织地方民团与英军展开了正面斗争。

1月5日,英军进抵里士满,向城内开炮。杰斐逊心里清楚,地方民团的水上部队只有4艘小型战舰、60门各种不同型号的大炮和3艘武装小艇;匆匆集结起来的陆上部队装备更差,差不多五分之三的人没有枪支武器,而且因为平时要种地,缺少必要的训练,作战能力十分有限。杰斐逊把他们召集起来,匆忙将里士满的档案和有限的军需转移他处,并将自己的家眷撤离该城。当天下午,只遇到零星抵抗的英军列队入城。"10分钟后,整个里士满看不到一个白人,因为他们拼命地奔跑",逃出城去。驻扎在里士满北部贝肯河畔的地方民团未能组织起有效抵抗,阿诺德率领部队在城里放火焚烧一些公共建筑和私人宅邸,并将武器弹药和军需品整车整车地拉走,还派出一支小分队炸毁了西哈姆铸造厂和诺福克造船厂。

因为杰斐逊是《独立宣言》的主要起草人,英军下令对他进行重点搜捕,并找到了他在里士满夏柯山的住所,但没能抓住他。英军在城里抢掠两天,要尽威风后,撤回到海岸地区。阿诺德"得胜而归",趾高气扬。杰斐逊望着城内一片狼藉,心情沉重,数夜未能成眠。他认为是自己一味顺从公众意愿和迟疑才延误了战机，民团若能提早集结，做好战斗部署，当"阿诺德向这里进军或撤离"，"勇气十足和信念坚定的民兵们"就可以俘获他。那样的话，被调动起来的民兵很可能会发挥其不可忽视的军事价值。

18世纪油画：拉法耶特将军在美国独立战争中的肖像

1781年3月，法国的拉法耶特①将军率部抵达弗吉尼亚。他的部队

---

① 拉法耶特：法国贵族，第一个志愿参加美国革命，在约克敦战役中决定性地击败英军。1789年出任法国国民军总司令，起草《人权宣言》和制定三色国旗，成为立宪派的首脑，风云一时。1830年再次出任国民军司令，参与建立七月王朝。由于参加了美国独立战争和经历了法国大革命，他被称为两个半球的英雄。

是大陆军在南方战场（南方军统帅是纳撒内尔·格林①将军）的北线主力，也就是说，他的防区主要在弗吉尼亚州和北卡罗来纳州。杰斐逊在夏洛茨维尔接待拉法耶特将军时说："法律法规不够严厉，民众不适应战争局势，也不习惯及时地表示服从，战争所需食物匮乏，又找不到采办这些物资的办法，这一切导致了我们下达的命令往往不起作用，因而迫使我们拖延了民兵的召集。当我们以某种方式无法实现目标时，就要尝试想别的办法。"杰斐逊承认在里士满遭受了一次失败，现在唯一能补救的就是全力为大陆军北线部队提供物资援助。

但是，阿诺德部的入侵影响了弗吉尼亚对南方战场上的大陆军的供应，而且刚集结起来的这支地方民团也把为大陆军准备的粮食吃得差不多了，杰斐逊必须重新征调各种物资。这时，英军在南方作战的康沃利斯将军的部队已进入弗吉尼亚边界，摆出一举踏平该地区的架势，显然大战已不可避免。

在这个极为艰难的时刻，杰斐逊的家庭悲剧再次发生了——他那出生仅六个月的女儿露西·伊丽莎白夭折了，这是他夭折的第三个孩子。他忍受着巨大的悲痛，积极展开援助拉法耶特部队的行动。这次他没有丝毫迟疑，在州委员开会时也不再征询意见，而是火速从北方购买武器。在他的指示下，大陆会议的弗吉尼亚代表小费城弄到了2000支滑膛枪，然后运往弗吉尼亚，还购买了百余门各式大炮及数吨火药。同时，州议会拟定了一项召集弗吉尼亚州民兵的草案，但引发民众抗议。杰斐逊不得不写信向华盛顿求援，华盛顿立刻将驻守宾夕法尼亚的大陆军一部调往弗吉尼亚。

5月底，康沃利斯将军的部队与驻扎在朴次茅斯的英军会师，英军的兵力增加到9000多人（加上海军共12 000人）。但由于俄国联合普鲁士、荷兰、丹麦、瑞典等国组成"武装中立同盟"，使英军的海上补

---

① 纳撒内尔·格林：美国独立战争时期著名将军，指挥南方军队沉重地打击了英军，使大陆军在南方取得了优势，最后取得约克敦战役的胜利，彻底决定了独立战争的战局。

给及兵员输送大受影响，英军几乎不可能向北美洲大陆增兵了。

6月上旬，杰斐逊的州长任期即将届满，他决定最后一次召集议员和州委员联席会议，为下届州长选举做准备。会上，他向大家通报了战事发展情况，给那些抱悲观态度的人鼓气。但不曾想，康沃利斯将军的部下塔尔顿上校派来了一队执行特殊任务的龙骑兵，赶往州府临时所在地夏洛茨维尔，打算突袭会场，捉拿杰斐逊。所幸这支龙骑兵突袭队在距夏洛茨维尔约70英里的路易萨小镇时，被一个名叫杰克·朱厄特的弗吉尼亚民兵发现，他获知这支突袭队的进攻目标后，立即利用熟悉当地路线的优势，抢在龙骑兵突袭队之前连夜赶到夏洛茨维尔报信。后来人们传说，他是骑了"方圆七个县中最好且脚程最快的马"在旷野里狂奔。为了避开英军，他没有走那些广为人知的大道，而是穿过林地，沿着山脊疾驰，才争得了时间。

早晨5点左右，杰斐逊被一阵急促的马蹄声惊醒了，他刚起床开门，朱厄特就迎面跑来向他报告消息。杰斐逊听后有些吃惊但并不心慌，他镇定自若地给朱厄特和自己倒了一杯红酒。喝完之后，他没有立刻组织家人转移，而是先去通知议会的议员和州委员会的委员们撤离。之后才安排家人转移，他自己则留下来处理重要文件。他用了一个多小时做完必做的一切，才骑马向附近蒙塔尔托山的森林走去。

杰斐逊刚离开五分钟，英军的龙骑兵突袭队就破门而入，他们没有搜到杰斐逊，就拷问一个名叫马丁·赫明斯的家仆，威胁说："如果一分钟之内不说出主人的去向，立刻开枪打死你！"马丁回答说："主人早就走了，不知去了哪里，要开枪你就开吧！"最后，英军龙骑兵在杰斐逊家里未开一枪，也没有翻箱倒柜地进行搜索和抢掠，但他们在其他地方却能抢就抢，能抓就抓。尤其是对麋鹿山，龙骑兵驱散了在那里的奴隶，并放火烧毁了农作物和仓库。

躲过这一劫之后，杰斐逊显得更加胆大心细，处理急务也泰然自若。6月12日，他在继续召开的州议会上，再次对朱厄特表示感谢，并授予他两支单发手枪和一把剑作为奖励。

这时的杰斐逊州长任期届满，本来可以卸任了，但战争正处于关键时期，华盛顿和拉法耶特将军都劝说他留任一段时间。在责任感的驱使下，杰斐逊留了下来。但是，他的政敌却一起把矛头对准了他，其中包括他曾经崇拜过的帕特里克·亨利。他的勇气和能力都受到了反对派的指控。7月下旬，杰斐逊给乔治·尼古拉斯写信，询问指控他的具体事件有哪些。尼古拉斯回信含糊其辞地说"不是具体指哪件事办错了"，但信中却列出了好几件事，认为杰斐逊都应当交代解释清楚。其中一件是"阿诺德第一次进军里士满时，为何我方毫无抵抗"，还有一些指责是有关民兵为何没有及时召集起来，武器弹药怎么会被英军掠走，等等。

但是，接下来大陆军在南方战场扭转了战局。整个北美战场的英军主要收缩于纽约和约克敦两个点上。1781年8月，华盛顿亲率法美联军秘密南下弗吉尼亚，与此同时，德格拉斯率领的法国舰队也抵达约克敦城外的海面上，击败了从海上来援的英国舰队，完全控制了南方战区的制海权。9月28日，17 000名法美联军从陆海两面完成了对约克敦的包围。

在法美联军炮火的猛烈轰击之下，康沃利斯将军走投无路，于1781年10月17日请求进行投降谈判。10月19日，8000名英军走出约克敦。当服装整齐的红衫军走过衣衫褴褛的大陆军面前，一一放下武器时，军乐队奏响了《地覆天翻，世界倒转过来了》的著名乐曲。

此后，大陆军开始全线反攻，陆地上仅有几次零星的战斗，几乎没有遇到英军的强烈反击。英美战争最终以海上的几次小规模交战作为尾声。

战争结束了，但杰斐逊自己的事情还没有了结，他已经做好了在州议会答辩的准备。可是，在预定开始进行调查的1781年12月19日这一天，主控人尼古拉斯甚至未在众议院露面坚持他的指责，也没有其他人再提出类似的指控。相反，议会只对杰斐逊进行了简短的询问调查，就一致通过了一项表扬和致谢的决议："真诚地感谢前任州长托马斯·杰斐逊先生，感谢他在任时的公平、正直和精心的理政。大会愿郑重宣

《康沃利斯勋爵投降》，1820 年，布面油画，现存于美国国会大厦的圆形大厅，描绘 18 世纪美国独立战争，英国军队（左）在约克敦向美国军队（右）投降

布高度评价杰斐逊先生任本州主要行政长官时所表现出来的才能、严正和忠诚，并且为此公开声明，消除和取消一切不实的指责。"调查最终以赞扬而非谴责结束，杰斐逊也因此失去了为自己辩护的机会。议会做出结论后，他马上站起来向与会者和弗吉尼亚民众表达歉意，他说，由于之前有些尖锐的指责在民众中引起种种谣言，还在某种程度上获得了人们的信任，因此希望议会对他的行为进行调查。他认为，此事使他本应早就得到的荣誉——公众感谢之情，迟至今日才得以表达。这种正当行为既已成为公开审查的对象，那么经过冷静深入的讨论后必然会得到满意的结果，正因为如此，其价值就会增添 10 倍。

4. 撰写《弗吉尼亚纪事》

在弗吉尼亚州长这个职位上，杰斐逊苦苦支撑了两年半时间，这并非他贪恋权力,而是因为他想要利用手中的权力,为自己设计的改革蓝图多添几笔色彩,为民族的解放独立多尽一份责任。他在1781年9月曾经表示:"我希望自己在卸任时能得到应得的声誉,而不是让它被损害得更为严重。出于这样的渴望,我将参加下一届的议会选举,并可能接受其中的一个席位。但是,鉴于我此次任职的目的只有这一个,因此,这一目标达成后我就会离开。"

杰斐逊所说的目标就是那一揽子改革计划。但他同时又认识到,以弗吉尼亚现在的政治环境,改革是不可能在短期内完成的。当议员也好,当州长也罢,不仅不能给自己带来利益,相反却要付出很多。如果有一事处理不当,还会给自己的荣誉造成损害。官场是一个充满忧患、明争暗斗,让人心力交瘁的场所。他又萌生了回归田园的念头,除了能更好地照顾家人,经营农场,享受那种心驰神往的静谧的生活外,还可以静下心来,把这些年所经历的事、所接触的人以及弗吉尼亚的自然地理、风土人情等整理成文,还有心中的至深感触、哲理思考也诉诸笔端。

写笔记是杰斐逊长期以来养成的习惯,早在两年前,他就准备写一本漫谈式著述,恰好《独立宣言》发表后不久,法国驻费城公使馆的秘书巴尔贝·马布瓦正在搜集美利坚联邦各州的资料,向大陆会议的成员散发了有关各州的一系列问题的单子,其中包括人口、地理、自然资源、政府机构、法律、宗教教育、军事、贸易和制造业、航运、海港、印第安人及其他各类事项。只因战事正紧,汇集工作没有及时布置下去。到1781年春,在马布瓦将问题单交给弗吉尼亚的代表约瑟夫·琼斯后,琼斯立即将单子转交给了杰斐逊。杰斐逊非常乐意做这件事情,而且长期以来他一直在留心搜集有关弗吉尼亚的资料,有历史的、地理的、地质的、政治的、军事的、经济的、动物的、植物的,内容极为广泛。可惜他的任期就要到了,战时公务繁忙,他没有时间整理,只能把重要的资料记在一张张纸上,束之高阁。

卸任州长职务后,杰斐逊终于有机会用这些材料来创作一本书。他差不多有一年半时间未担任公职和从事任何政治活动。他回到蒙蒂塞洛庄园，与家人享受天伦之乐；还有优雅的精神上的享受：对艺术的欣赏，对田园风光或自然之美的欣赏，与志趣相同的朋友畅谈，一个人坐下来静静地读书……他写道："（我是在）我的家庭的怀抱和天伦之乐中，在与邻居的交往中，在书本中，在我的农田及家庭的有益健康的活动中，在每一个花蕾勃然怒放所带来的乐趣和喜悦中，在从我身旁吹拂而过的每一阵微风中，在休息或活动、思考或息念完全取决于我自己的时间和行动的完全自由中，寻求幸福的。"

杰斐逊这一年还不到40岁，退隐似乎为时过早，他没有老到无用的地步，更何况他的政治抱负并未实现，弗吉尼亚还有很多事情需要他去做。一些朋友给他写信，表示无法理解甚至说无法宽恕他的决定。还有朋友对他提出直截了当的批评。詹姆斯·麦迪逊给埃德蒙·伦道夫①写信说："虽然我是非常偏袒杰斐逊先生的，但他的情绪好像是决心要报复家乡对他的不公正，这在我看来既非出于理性，也非出自爱国主义。诚然，它表明一种敏锐的感情和强烈的正义感，但他的感情应当是宽宏大量地对待立法机构的这种错误做法，至于就这个机构对它的无辜选民所犯的错误进行报复，就更不应当了。"

其实，杰斐逊退出政坛，并非因为他推行改革受挫以及战时州长任期的一些决策和行动饱受争议，使之名誉受损，而仅仅是像一个在路上奔跑的人一样，需要休憩一下，作短暂的停留。但在这段休息的日子里，不能什么也不做，他认为完成两年前就已经开始的整理工作是很有必要的。在撰写《弗吉尼亚纪事》的情况说明中，他写道："我经常是遇有机会就收集有关我的国家的一切资料，这些资料说不定在任何场合进行写作时就会派上用场。这些备忘录都写在散页的纸上，没有次序地捆在一起，当我偶然要用其中的一部分时，很难查找。我想，这是一次体现它们真正用途的良机，我按马布瓦先生提问的次序加以整理，以便

---

① 埃德蒙·伦道夫：美国律师、政治家，曾任弗吉尼亚州州长、美国司法部长和美国国务卿。

满足他的愿望,并且使这些材料井然有序,以便于我自己使用。"

赋闲在家的头几个月,杰斐逊把过去记录的资料翻出来,重新整理,并把它们分门别类,编辑成完整的文字,在1781年年底将"纪事"初稿交到马布瓦手里。尽管他对所提问题的回答比其他各州都详尽,但他认为那只是公文一样的东西,还不足以表达自己的情感和哲思,初稿交出后,他又开始对底稿进行大刀阔斧的修改,使之成为一部系统完整的随笔式、漫谈式的著述。1785年,《弗吉尼亚纪事》正式出版。后来又在法国、英国、德国印行,在美国则发行了许多版。

这本书名为《弗吉尼亚纪事》,实际上涉及了整个北美;作为"纪事",它又有诸多自然风光的描述,比如:

"波托马克河穿流蓝岭,大概是边界最雄伟的景观。你站在高处,可望见在你的右边,谢南多亚河沿着山脚奔流150多千米前来寻找一个出口;在你的左边,你可以看到波托马克河奔流而来也寻求一个通道。一旦这两条河汇流在一起,就汹涌澎湃,冲击这座大山,把它冲成两扇,然后从中间穿过流入大海。……但是远景有不同的特点,它与近景形成了鲜明的对照。既苍茫而雄伟,又静谧而令人心旷神怡。因为那座大山被劈成两半,所以通过裂谷你可以隐约望见很短一段平稳的蓝色地平线出现在无尽头的遥远的平野上,似乎在邀请你摆脱周围的喧嚣嘈杂,穿过山口,走向下面的静穆的世界。你可以在河流汇合处上游附近渡过波托马克河,在山下沿河走近5千米,沿途在你头上便是悬崖峭壁,崖壁上挂着势将坠下的断裂石片,再走下到30多千米,就可以到达弗雷德里克镇,周围是一片美丽的乡村。这个风景是值得横渡大西洋前来一观的。"

显然这更像随笔,表述不拘一格,有鸟鸣般的活泼、生动。

这本书涉及的内容更是广博,除了对大自然的描述,还有对社会、政治、经济、法律、宗教、道德、风俗、民情等的叙述和哲理的思考。即使是记载当地的出产物如矿产、蔬菜和动物等,杰斐逊也将自己的认识、观点渗透进去。在这一章中，他就反驳了著名博物学家布丰①伯爵所断言的"旧世界和新世界所共用的动物，在新世界的要小一些；新世界的动物重量轻；在旧世界和新世界都驯养的动物，在美洲已经退化了"这一论题。为了得到有力的论据，他请朋友们到处去称大小动物的身长和体重。尽管他在自然科学领域不像其他科学家那样具有创造精神，但是，他注重调查研究，一切从实际出发，他的务实作风和实事求是的精神，使他在博物学领域取得了崭新的成果。

关于宗教，杰斐逊这样写道：

"我们从来没有放弃过信仰的权利，而且也不可能放弃……限制（宗教信仰自由）可以使他变得更坏，因为把他变成一个伪君子，而绝不会把他变成一个更加诚实的人。它会使他顽固地抱住错误不放，而不会矫正他的错误。理论和自由研讨是反对谬误的唯一有效手段，放任他们吧，那么他们就会支持真正的宗教，使一切谬误都受到审判。接受他们研讨的考验吧。……理性和实验被放任，于是谬误就会在它们面前逃走，只有谬误才需要政府的支持。真理自己就可以站得住脚。……为什么强迫人们接受某一种见解呢？为的是造成见解的统一。但是见解的统一是值得向往的吗？……见解的统一能做得到吗？几百万无辜的男女和儿童，自从引入基督教以后被烧死，被折磨死，被监禁，但是我们向见解未曾迈进一步，强制的结果如何？使一半世人成为愚人，另一半人成为伪君子。这等于在全世界维护欺骗和谬误。"

这是杰斐逊关于宗教信仰自由的论述，他的思想中融入了洛克的理论。他说洛克"走得那么远，是一件伟大的事情"，但是在洛克停止不前的地方，我们要继续下去。

可见《弗吉尼亚纪事》中有杰斐逊关于宗教思想的深刻阐述。这本书为研究他的宗教思想提供了极为重要和丰富的原始资料。当然，他

---

① 布丰：法国博物学家、作家，从小受教会教育，爱好自然科学。十几岁时，他根据父亲的意愿学习法律，26岁进入法国科学院，后担任皇家花园（植物园）主任，被法兰西学院授予院士。代表作为《自然史》。

的思想体系还包括对民族的论述。他从小就对印第安人进行过调查和深入的研究,布丰伯爵认为印第安人在身体和心灵两个方面都很低劣,甚至在双亲之间都缺乏感情。杰斐逊则认为,印第安人种在身心上与欧洲人种"处在同一个系数上",在体力和脑力上是相等的;甚至在他们的野蛮阶段,也表现了很高的才能萌芽。他是想证明白人的种族歧视是非常有害的,是不利于社会文明进步的。他论述道:印第安人"时常在他们的烟斗上雕刻图画,这些图画不乏匠心和价值。他们用炭笔画一个动物、一棵植物或一个乡村,这足以证明他们心中蕴藏着一个萌芽,这个萌芽只是缺少培养而已。他们不仅在体格和思想上与欧洲人一样健全,而且就我们所知,他们的雄辩才能也是卓越无比的……我可以说,在德摩斯蒂尼和西赛罗,以及许多更著名的演说家的全部演说中,也没有一段话能胜过明戈人酋长洛根。他对当时弗吉尼亚总督邓莫尔勋爵的讲话,足以证明他们的理性思维能力很强、思想情操很高以及有丰富的想象力"。

杰斐逊由此推及在北美殖民建立起来的新生国家美利坚合众国,实际上要比宗主国更优越,因为她是全新的。他写道:

"在战争中我们产生了一个华盛顿,只要自由受到人们的崇拜,他就永远为人所怀念和崇敬,他的名字将不会为时间所磨灭,在未来的世纪里,在世界上最杰出的人物中占据其应有的位置,而曾把他归入自然的退化者之中的那个可恶的哲学家,到那时却为人们所忘记。在物理学方面,我们曾产生了富兰克林,当代没有一个人的发明超过他,没有一个人在哲学上比他贡献更多,或者对于自然现象做出更精巧的解释。我们认为里顿豪斯①先生可以与现在活着的任何一个天文学家相媲美,而且在天才方面他应该是首屈一指的,因为他是自学成才作为一个技艺能手,他显示出世界从来少有的机械学天才。诚然他没有创造一个世界,但是他凭模仿比开天辟地以来到今天为止的任何一个人都更接近它的创

---

① 戴维·里顿豪斯:18世纪美国的天文学家、发明家、测量学家及数学家。曾任美国哲学会的第二任主席,并以制作美国第一架望远镜和发现金星的大气而闻名。

造者。和哲学及军事中一样，在政治方面、讲演方面、造型艺术方面，我们也可以看出，美国虽然昨天还是一个儿童，但已经证明很有希望产生可以激发人们最高尚的感情、召唤人们去行动、加强人们的自由并且把人们引向幸福的天才和品质高尚的人物……"

杰斐逊把美国比作一个儿童，在一个崭新的环境里面，她会茁壮成长，她的生命力、创造力绝对要胜于母国。他还从人口、经济发展的角度，阐述了美国的优越性。

当然，在书中杰斐逊绝对要谈到他的政治思想的核心——人权、平等、民主等问题，他对弗吉尼亚不公正的法律进行了批判，还谈到对战争与和平的理解与认识："尽管我们年轻，并且即将是这样一个人口众多和充满幸福的国家，我们也应该用自然的全部生产能力去增加人民的幸福，而不要在互相毁灭中把它浪费掉。我们要努力培养与每个国家的和平和友谊，甚至包括在我们与它争论时损害我们最甚的国家在内。我们的利益便是打开贸易的大门，敲掉它的全部枷锁，把充分的自由送给想把任何东西带到我们港口的一切人，并且也向他们提出同样的要求，证明战争有利的逻辑是最错误的逻辑。"

另外还要提到一点，《弗吉尼亚纪事》中流露出杰斐逊隐藏在内心深处的幻想或潜在的渴望。他幻想美国成为一个由小农构成的农业共和国，而把工业留在欧洲，因为他反对大工业，反对资本主义。这便是他梦寐以求的"理想国"。按照他的设想，在这个共和国里，每个人都是拥有小块土地的农民，人们乐天知命，自食其力，过着独立自由的逍遥自在的生活；大家都忠厚淳朴，讲求道德，因而这也是一个互助友爱的社会。由此，我们对他萌生隐退之意也就不难理解了。

1782年，法国的沙斯泰吕叙尔侯爵来到蒙蒂塞洛庄园，对杰斐逊进行了一次专访。他在蒙蒂塞洛庄园小住几日，看了杰斐逊的房屋及布置，参观了他的鹿园，听了他养鹿经验介绍，并与他就各种关心的问题进行了倾心交谈。离开庄园后，侯爵对这里的主人赞不绝口：

"我来给你们介绍一个人杰斐逊，他不到40岁，身材高大，面容温和且令人愉悦，他的思想和见解比他的外在魅力更加突出。作为一个美国人，他从未放弃过自己祖国的独立事业。与此同时，他还熟练地掌握了绘图技术，并且是一个音乐家、几何学家、天文学家、自然哲学家、立法者以及政治家。他曾当选为著名的大陆会议的议员，并任职两年，正是大陆会议发起了美国革命……他还曾担任弗吉尼亚州州长，在阿诺德、菲利普斯、康沃利斯入侵期间坚守这一困难的岗位。他生性豁达，出于对政界的热爱，他表示自愿退休，远离政界和公共事务，因为唯有这样他才认为自己为人类做出了有益的贡献……他不会忘记自己的任何一个目标，似乎从青年时期起，他就早已将自己的思想置于一个崇高的境界，正如他将自己的房子建在山上一样，放在了这样的高处，可以注视整个宇宙。"

美国哲学学会会员查理·汤普森对《弗吉尼亚纪事》一书也有精辟的评论，说它"向有思考和哲学倾向的人们揭开无尽的宝藏"，但他谈得更多的则是人们对一个新生国家应当承担的责任，对杰斐逊"从忙乱的、使人不安的政治舞台上退下来而感到遗憾"。

在这段闲暇的时间，杰斐逊不只写书，还读了大量名著。读书之时，他想起了老师曾经告诉他的话："我愿意你去深思熟虑，评论和消化你所读的作品，进入作者的精神境界和构思中去，观察他为了完成他的目标而采取的每一个步骤。目标——让他的心灵又躁动起来，他看得见自己的目标，却又觉得离他那么遥远，是仅仅遥望它，还是采取什么步骤去实现呢？"

第五章　出使法国谋合作

1. 痛失爱妻

如果说，杰斐逊赋闲在家是为了更好地照顾家人，与生病的妻子帕蒂共度一段快乐时光的话，那么上帝似乎有点残忍，未能满足他这一美好愿望。

1782年春，帕蒂的健康状况很不乐观，而且怀有身孕，杰斐逊忧心不已。帕蒂对此倒毫不在乎，她对孩子们的管教依然很严格，尽管5个孩子只有2个成活，但她从不娇宠孩子。杰斐逊曾温和地指责她不要老是批评大女儿帕茜惹是生非。他对妻子说："亲爱的，这么小的孩子犯了错，一次受罚就不会再犯。"帕茜对父亲的慈爱与宽容十分感动，把这话铭记于心，很多年后还常常提起。

生活中的帕蒂并不是那种顺从、谦让、温柔的女人，在很多事情上她表现得很有主见，甚至有些武断和尖刻。他们的一个孙女后来回忆说："我的祖母托马斯夫人性格活泼，有时甚至有些尖刻，但她与丈夫相处时，却完全服从丈夫，这出于她对丈夫深深的爱。"帕蒂在处理家庭成员的关系和矛盾时，总能做到恰如其分。每当杰斐逊焦躁不安时，帕蒂就会安抚他。但想减轻杰斐逊的紧张情绪绝非易事，因为他非常敏感而心细。像他这种性格的人，投身政治是很矛盾的，内心与身外事务的关联遵循着与历代政治家相似的模式——雄心让他们渴望行动和喝彩，渴求赞扬让他们对批评有一种特别的反感。可是，官场总是充满批评，鲜有奉承赞扬之声，越敏感的人越容易遭受打击。对杰斐逊来说，帕蒂是少数几个能抚慰他心灵的人。

同样，杰斐逊对妻子的爱永远都是炽热的，正是因为爱之至深，他对妻子总是百般迁就忍让。有一次，杰斐逊和女儿谈及自己的婚姻经验，向女儿建议说："这会更好……如果就某件事，爱人的意见和我们的不太一样，那应该让对方保有自己的意见。如果这不是一件重要的事情，那么我们干吗非要纠正对方呢？如果这件事情很重要，那么先顺其自然，等到一个更轻松的时刻、和缓的场合，再一起沟通商讨这件事情。"

1782年5月8日，帕蒂又生了个女儿，仍取名为露西·伊丽莎白。这是为纪念他们一年多前夭折的第三个孩子。帕蒂婚后十几年接连不断地怀孕，严重损害了她的身体，导致习惯性流产。战争期间，她随家人四处迁徙，年仅33岁却体质极差，显得十分疲惫。这个女儿出生时又不幸难产，使她再次经受折磨，病情也加重了几分。

经医生诊断，她不仅贫血，还患上了结核病。这是一种传染性疾病，而且当时根本没有特效药，但杰斐逊时刻守在她身边，一步也不肯离开。帕茜后来回忆道，杰斐逊"一直待在她的身边"。他竭力在每一个细节上都照顾好妻子，给她吃药，帮她把杯子放到嘴边。夜里他也一直守护在她的床前或者守在旁边的一个小房间里。"她的目光一直停留在他的身上，总是追随着他"，她在家一直是这样。

就在这个时候，一件麻烦事又找上门来。事情是这样的：在1782年的州议员选举中，阿尔贝马尔县在事先未征得杰斐逊同意的情况下，把他选为弗吉尼亚下议院议员。杰斐逊得到通知后，于5月6日给州议院写信，表示拒绝承担议员的工作，但州议院议长约翰·泰勒①回信说

---

① 约翰·泰勒：美国第十任总统，辉格党人，是第一个因在任总统逝世而以副总统继任为总统的人。在他的坚持下，副总统得以在继任总统后取得了和总统一样的地位。在任期间，改组美国海军；建立美国气象局；结束了佛罗里达州的第二次塞米诺尔战争。1861年年初，主持华盛顿和平会议以调解南北方分歧。南北战争爆发后，加入美利坚联盟国的议会。

不能批准他的辞呈，并表示可以把议长的位置让给杰斐逊，因为以杰斐逊的经验和能力，更有资格做议长。这下杰斐逊为难了，按照弗吉尼亚的法律规定，议员当选人如果不经请假批准而在会议期间缺席，有可能被逮捕。他请辞遭拒，如果不去参加6月份的会议，就有被逮捕的可能。

杰斐逊的朋友、同僚和学生都极力劝他复出，他的学生詹姆斯·门罗①原本对他遁世就不理解，现在对他当选后仍不出山更是不满。他给杰斐逊写了一封批评信，杰斐逊看信后心想，连学生都不理解自己，更别说其他人了，这说明他与那些关心自己的人沟通不够好。他给门罗写了一封长信，解释了自己离开政界的原因，倾诉了内心的痛苦。他在信中写道："我考虑到自己连续从事公务达13年之久，在那个期间我完全放弃了对于我的私事的一切照管，以至它们陷于混乱和毁灭，我现在有一群家庭成员成长起来，需要我照看和教育。"他说的是实情。在蒙蒂塞洛庄园里，若把刚刚出生的露西也算上，大大小小有15个孩子，其中包括他的妹夫达布尼·卡尔的6个孩子，以及他的老丈人威利斯与伊丽莎白·赫明斯所生的6个孩子。现在，妻子卧病在床，这副担子全落在他的身上。即使他有心重返议会，但他能丢下妻子和这群孩子不管吗？

门罗看了老师的回信，既深受感动又感到遗憾，他说："说起托马斯夫人，我感到非常难过……每次收到她安然无恙地度过了一天的消息后，我就很害怕她将离去。"他把杰斐逊的信转交给议会，请议员们传阅。鉴于此，议员们不能不对杰斐逊表示同情，并同意他的请求。此后差不多四个月时间，成了杰斐逊与妻子帕蒂眼中唯一的真实生活。

这段日子里，杰斐逊和帕蒂经常一起做的事情就是欣赏名著中有关

---

① 詹姆斯·门罗（1758—1831）：美国第五任总统，就学于弗吉尼亚州的威廉-玛丽学院，中途辍学参加独立战争。1782年被选入弗吉尼亚议会，1790年选入美国参议院，1794年任驻法公使，1799—1802年任弗吉尼亚州州长，1803年任驻英公使。1811年任国务卿，1816年当选总统，1820年连任。

人生、爱情、幸福生活的篇章。杰斐逊本人比较喜欢诵读但丁的作品，但丁的作品内容非常丰富，政治、宗教、道德、爱情等，但丁在和杰斐逊大致相同的年龄时，感觉自己仿佛"在黑暗的树林里徘徊"，现在杰斐逊也有着相同的感受。在妻子生命的最后日子，他专门选择那些表现爱情的词句，当作自己爱的表达和心灵的寄托。他们还一起谈到劳伦斯·斯特恩的作品，比如刚发表不久的《项狄传》。这本书既没有时间先后顺序，也没有逻辑顺序，写得非常随心所欲，但作者生活的年代离他们比较近，所以他们更能从中感受到现实生活的真实和人生的无奈。在精神状态较好的时候，帕蒂会抄写其中的一些段落。一天，她写下"时光飞逝，我写下的每一个字母都在向我诉说人生如何在我笔下迅速地流逝。构成人生的那些日子、那些时刻正飞过我们的头顶，就像起风时天上的云朵一样，一去不复返……"她还想抄写，但却没有了力气，杰斐逊接过她手中的笔，继续写完她喜欢的段落："每次吻你的手暂别，都是即将永别的前奏，告别，我们马上就会永远地分离了。"

帕蒂的生命就要走到尽头了。爱情的力量非常巨大，但还是抵挡不住死神的脚步。即便是虔诚地祈祷上帝，他也不能满足人们的心愿。在帕蒂弥留之际，伊丽莎白·赫明斯和她的几个子女在场守着，还有杰斐逊和他的妹妹玛丽（卡尔夫人）也静坐在她身旁。

1782年9月6日上午，帕蒂突然拉住杰斐逊的手，说还有一些事情要做。她谈到了孩子，眼泪簌簌而下，泣不成声。杰斐逊为她拭去眼泪，她哽咽着说："一想到她的孩子们将来会由一个继母照看，她就无法放心地离开。"杰斐逊完全理解妻子的心思，她在一个缺乏母爱的家庭环境中长大，从来不知道生母是什么样子，两位继母也是来了又走。这段悲惨的童年经历在她内心烙下了深深的伤痕，她不愿自己的孩子也面临这种窘境。孩子们闻言都抽泣起来。这时，帕蒂伸出四个手指头，艰难地说，如果他想为她的4个（应是3个）孩子娶来一个继母的话，她将死不瞑目。杰斐逊顿时泪如泉涌，抓紧帕蒂的手，重重地点头承诺决不会再婚。晌午11点45分，帕蒂撒手人寰。

当时的情景感人至深，在场的家仆也都痛哭流涕。帕茜那时将近10岁，这一幕深深地印刻在她的脑海里。半个世纪后，她回忆道：

> 作为一个护士——深陷丧妻之痛的父亲，从来还没有一个女性比他更加温柔、更加忧虑。他和卡尔姑妈以及妈妈的妹妹轮流护理我那可怜的妈妈，守护着她，给她吃药，直到饮下最后一口。在她挨过的四个月中，他总是随叫随到。当他不在她床边的时候，他就在一间小屋里写作，这个房间的门紧挨着她的床头。就在最后时刻即将降临之前，他被卡尔姑妈从那个房间叫来，神情木然。卡尔夫人费了很大劲儿才把他带到书房，在那里他晕倒了，昏迷了很久，大家都非常担心，怕他永远醒不过来。
>
> 后面（苏醒）的情景我没有目睹，但是，（葬礼后的）晚上当我悄悄地进入他的房间时，他的情绪非常激动，直到现在我自己都不敢描述那种激烈程度。他待在他的房间里，一个星期没有出门，我没有一刻离开他。他几乎昼夜不停地在房间里走来走去，只有在精疲力竭时，才会偶尔躺在那个床垫上，床垫是在他漫长的昏厥期间被放置到他房间里的。我的姑母和姨母寸步不离地陪了他数周之久——我已记不清有多少天了。在他终于离开他的房间后，他又独自骑马出去了，从那一刻起，他总是骑着马去山间漫步，有时会到人迹罕至的小路，也常常会在林间穿梭。在这些神情忧伤的漫游中，我总是陪伴着他，我看到他很多次悲恸难禁，这一切总能唤起那些时间无法抹去的失去亲人的记忆。

帕蒂去世后，被安葬在蒙蒂塞洛山坡地的大橡树下，紧挨着那三个早夭的孩子的坟墓。杰斐逊在她的墓碑上，写道：

> 玛莎·杰弗逊……于1772年1月1日嫁给托马斯·杰斐逊，于1782年9月6日去世，永远离开了他。

在墓碑下面有用希腊文刻写的荷马史诗《伊里亚特》诗文中的核心句子：

如果人们在冥间会忘却他们已故的亲人，而我的感情的烈焰定会持续燃烧；
即使在那里，我也要怀念，我的亲爱的伴侣。

差不多有半年时间，杰斐逊沉浸在无法自抑的悲哀和孤独之中。他写信对朋友说："她的死使我陷入了一种心神恍惚的状态，简直和死人一样。这样痛苦的活着对我而言实在是太沉重的负担，我快无法承受了。"妻子的亡故，让他的世界变得沉寂、悲凉，"我的一切幸福计划皆因她的去世被打乱了"。蒙蒂塞洛是与过去10年的幸福密切联系着的，所以过了一段时间，他又说，"我考虑过暂时离开弗吉尼亚州，去费城或者北方某地待一段时间"，"对于未来的日子，我看不到任何希望，只有一片愁云惨雾"。

但是很快，他未来的生活已被他的朋友们安排好了，他被选进了国会。他们一直认为，杰斐逊是一个天生的思想家、政治家，应当在政界开创一番事业。死者已矣，杰斐逊为了亡妻的嘱托——照顾好帕茜、波莉和露西，他会活下去，但他不会再在家庭生活和政治活动之间摇摆不定了，这两者也不会再发生冲突了。他必须强迫自己从过去的悲痛经历中走出来，他给帕蒂的表妹伊丽莎白·埃普斯写信说："我会从悲痛中走出来，尽管要达到这样的目标还有很长的路要走。"他清醒地认识到，坚定地继续前行是将过去抛在脑后的唯一办法。

2. 重返议会

1782年10月中旬，也就是帕蒂去世一个半月后，大陆会议的同僚们推举杰斐逊出使法国，担任巴黎和平委员会委员，负责制定战后秩序。杰斐逊一时犹豫不决,他给乔治·罗杰斯·克拉克老将军写信说:"当你认识到自己做出了杰出的成就时,你必须确信,一定会有人与你为敌。"杰斐逊对自己担任州长时所遭受的责难仍心有余悸。他在信中还说:"假如你想避免引起他人的敌意,那就只能把自己的所有行动局限在那些让人厌烦的常规职责的范围内。哪怕只有一天你超出这一范围,并勇敢地做出了一些会让你的名声流芳百世的举动,你就会成为一个招致敌意的标记、一个他人忌妒攻击的对象。不论在你当政期间还是卸任以后,这些敌意和忌妒都会伴随着你精神的痛苦,这便是一个公众人物需要为他人的奉承所付出的代价。"他和克拉克的私交很不错,希望老将军给他指点迷津。克拉克将军性格耿直,说话爽快,他在回信中没有过多地劝说杰斐逊,但对他敢于任事大加赞赏。老将军最后说:"与你相比,应该退隐的人是我。"

11月26日,杰斐逊决定重出"江湖"。他先骑马去了安普希尔庄园,拜访阿奇博尔德·加里,与其进行了坦诚的交谈。之后,他准备接受国会的任命。走马上任前,他给沙斯泰吕叙尔侯爵写了一封信,说他已经"从那种麻木的状态中稍稍缓过来了"。他还写信告诉另一个朋友:"我曾想洗手不干,回归故里,管管家务,写写东西,就此幸福地度过一生。只是一件事把我的全部计划给毁了,留给我的是一片空白,而我已没有精神去填补它了。"换个环境,对杰斐逊来说更利于他从"死气沉沉的世界"里走出来。何况去欧洲走一走是他的一大心愿,他已经失去过一次机会,现在国会又给了填补"空白"的机会,他必须鼓起勇气抓住。

临行前,杰斐逊把家里的事情做了细致安排。两个年幼的女儿交给帕蒂的妹夫弗朗西斯·埃普斯夫妇和他的朋友尼古拉斯·刘易斯照管,并在《弗吉尼亚公报》刊发告示,将家务事公之于众。他自己携带10岁的大女儿帕茜离开蒙蒂塞洛庄园,前往法国巴黎赴职。12月19日,杰斐逊从庄园动身,一周之后,他们到达费城。

在费城,杰斐逊听说英国政府对美国派出和谈代表团大加阻挠,远行的心情突然变得迫切起来。他们原本计划在巴尔的摩乘法国"罗姆拉斯"号护卫舰赴法,但天公不作美,连天大雪,"罗姆拉斯"号在巴尔的摩下游受到冰阻。杰斐逊只得滞留费城等候消息。他带着大女儿住在玛丽·豪斯夫人的一栋公寓里,所幸豪斯夫人和她的女儿伊丽莎·特里斯特都是非常热情的人,才使得父女俩不至于太感孤单寂寞。曾与杰斐逊并肩战斗过的麦迪逊议员也经常抽空到这里来,他们有很多话题可谈,杰斐逊在记事本里写道:"有时我们谈话的主题就是,只要国家需要。"麦迪逊还带来了杰斐逊想看的一些内部资料,其中包括麦迪逊的《大陆会议政治事务观察报告——有关佛蒙特州问题和领土问题的影响》等文章,使杰斐逊了解到不少国际方面的信息。杰斐逊认真阅读了大陆会议的"外交事务机密日志"和相关外交信件,重点研究了大陆会议与驻法国的本杰明·富兰克林、驻西班牙的约翰·杰伊[①],以及驻荷兰的约翰·亚当斯的外交信件,为当好这个外交官做了充分准备。

　　同时,杰斐逊开始进行社交活动。或许是为了适应日后的外交工作,他结交的都是政界地位较高的人物和外交官。他还参加了美国哲学协会的会议。在1783年到来的时候,他终于得知可以航行了,可他正要南下乘船,突然传来消息说英国军舰封锁了切萨皮克湾,将截留所有开往法国的船只。他被迫取消行程。过了几天,从欧洲传来消息,杰伊和美国派驻法国代表富兰克林、亚当斯等人一起与英国草签了一个预备性和约,即《巴黎条约》草案,这标志着美英战争正式结束。这样一来,杰斐逊的欧洲之行就没有那么迫切了,大陆会议要根据将来形势的发展再作决定,于是免除了他的这项任务。

　　渴望已久的法国之行泡汤了,杰斐逊不免有些失望,在费城逗留数日后,他带着女儿回到蒙蒂塞洛庄园。因为大陆会议未给杰斐逊任命新的公职,弗吉尼亚州议会便邀请他参与弗吉尼亚新宪法的修订工作。他

[①] 约翰·杰伊:美国政治家、革命家、外交家和法学家。曾与本杰明·富兰克林、约翰·亚当斯一同出使法国,并与亚历山大·汉密尔顿、詹姆斯·麦迪逊一起撰写《联邦党人文集》。后出任美国首席大法官。

写信告诉詹姆斯·麦迪逊说，他已经再次行动起来了。

1783年6月6日，杰斐逊被选入邦联议会。埃德蒙·伦道夫立刻将喜讯告诉给麦迪逊："托马斯先生同意担任弗吉尼亚代表团团长。"

杰斐逊所入选的邦联议会是当时唯一的国家政府机构，既是根据《邦联和永久联合条例》设立的行政机构，也是国家立法机构。杰斐逊于10月到达费城，和上次一样带着他的大女儿。因为他的任期是从11月开始，他把女儿安置好后，才去普林斯顿参加和平协议签订后的第一次国会会议。当时费城发生了400名大陆军士兵哗变事件，大会开会地点只得迁移至新泽西普林斯顿。但杰斐逊刚赶到那里，就听说开会地点又换到了安纳波利斯，因为普林斯顿无法为议会代表们提供"足够的住宿"，而安纳波利斯是16个候选国都地址之一，国会会议在那里召开更有政治意义。于是，杰斐逊又匆匆赶往安纳波利斯。

这次邦联国会会议，首要议题是和平时期美国作为一个主权国家的治理问题。这显然涉及国家体制、治理架构（常设机构）和立法司法机构设置等重大提案。

过去，大陆会议是美国作为一个国家的"临时政府"，尽管它下面设立了美利坚合众国委员会、军事委员会、立法委员会、战时物资调配委员会等，但都只是适应战时所需的专设执行机构。这个"临时政府"缺乏应有的施政权力，连基本的立法权、财政权都没有，组织松散，13个州各行其是，虽然《独立宣言》已经提出了联邦共和制，但还没有形成一个完整的国家架构。这是政治家们急于解决的问题，他们似乎还没有一个比较完美的构想。1781年，大陆会议又把本杰明·富兰克林于1775年提议制定的《邦联和永久联合条例》拿出来讨论，并于3月1日通过了这个条例。杰斐逊始终执着地倡导增强而不是削弱中央政权，力主建立联邦政府。他认为，和平时期首先要在这个条例的框架内，建立一个全国性、有全部控制力、有约束力的国家政权，将国家行政、立法、司法、军事、财政等机构建立起来，尤其是要设立一个单一的行政首脑职位。他解释说：在国家行政机构，"提供建议的人可以有很多，但有最终决定权的裁定者只能有一个。我相信，这样的政权组织形式定能对智慧和实用性进行最佳结合"。他向国会议员们呼吁，"肩负起责任，加强我们邦联的凝聚力，并避免因目前的赢弱而造成残酷灾难"。麦迪逊也热切地为建立一个强有力的（联邦）中央政府提出有利论据。

但是，不少人又担心建立高度集权的联邦政府可能使美国这个新生国家的权力过于集中在少数人甚至某个人手中，出现独裁者。要不要把邦联制改成联邦制成为人们争论的焦点。就在已到会的几个州的代表争论不休时，大陆军总司令乔治·华盛顿做出惊人之举：11月2日，他向全军官兵发布《向美国军队告别令》；12月23日，向大陆会议交出军权，挂印还乡。他的辞职给这个新生的国家也给全世界树立了一个影响深远的先例，也给杰斐逊等主张建立联邦中央政府的议员们提供了现实依据。杰斐逊认为，在一个民主国家，是不可能有独裁者的。但不论是谁当政，都必须拥有确定无疑的控制权。他写道："合众国各州聚集在邦联议会，共同代表整个联盟的最高统治权。在任何场合，不论是议会之于集体层面，还是议会主席之于个人层面，都应比其他机构和个人享有优先权。"

在这次会议上，杰斐逊被指定为一个专门委员会的委员。从这个委员会负责的工作来看，应该属于立法审查委员会性质。它的首要任务就是在有限的时间内签署并正式批准《巴黎条约》，杰斐逊作为委员认真审查了这个条约的内容。12月底，委员会审核通过后，再交由国会表决通过，但因议员到会的法定人数不够，未能最后表决。这是一桩急务，因为《巴黎条约》草案是9月3日在巴黎签署的，按照国际惯例，条约签署后6个月内正式生效，不管邦联议会通过与否。如果邦联议会未能及时批准和交付条约，美国将会在国外受辱。但国会开会竟然连人数都难以凑齐，这让杰斐逊感到很沮丧。

杰斐逊在安纳波利斯待了一个多月，认为这个宁静的地方更适合建学校而不太适合作为一国政府的所在地。他写道，"发生在费城的骚乱，以及邦联议会从那里撤离的事件，已经给欧洲各国留下了最糟糕的印象，对于我们邦联的稳定性以及我们的收场方式，他们也表示极大的怀疑"。国会会议的会址和国家新首都的所在地，都是人们极为关注的事情，也是政治上需要费一番斟酌的事情。这个问题引发了一场持久的争论，过了一年多仍悬而未决。同年年底，来安纳波利斯参加会议的代表仍没有达到法定人数，所以，会上人们可以大肆争吵，无所顾忌，反正不能形成正式决议。杰斐逊感叹道："比起斗士，懦夫总是更易陷于争执。"

1784年新年即将到来时，杰斐逊身体不适，情绪也很焦虑。他牵挂着女儿，于是给弗朗西斯·霍普金森写信询问情况。帕茜交由霍普金森的母亲托马斯·霍普金森太太照管，霍普金森的孩子可以给帕茜做伴，所以帕茜并不孤单，人们形容她总是生气勃勃、勤奋好学，相貌、举止都与她那个子高高、一头红发的父亲相似。杰斐逊有时也直接写信给女儿，父女的部分信件被保存下来。通信内容显示了父女之间的亲密关系和杰斐逊对女儿寄予的厚望，从中也可以窥见这位伟人丰富细腻的情感。杰斐逊为帕茜找了最好的法语、舞蹈、音乐和绘画老师，还在信中为女儿制订了一个学习作息时间表：

上午8—10点：练习乐器。

上午10点—下午1点：跳舞或者画画，间日交替进行。

下午1—2点：画画与跳舞，或者写信，间日交替进行。

下午3—4点：读法语。

下午4—5点：听音乐和运动。

下午5点至就寝时间：读英语、写字等。

杰斐逊亲自指导女儿接受教育，希望女儿在学习和事业上都能为人楷模。他在信的结尾说："我最大的幸福就是看到你学到不少知识，最大的烦恼就是你令我失望。如果你爱我，就要努力在一切情况下、在每一个人面前做个好孩子，努力学习，取得好成绩，成事全在于你自己，这将保证你会得到你亲爱的父亲最热情的爱。"他还给巴贝-马霸侯爵写信，感谢他在费城为帕茜找到了一位法语家教，并给女儿开列了阅读书目，其中包括阿兰-列内·勒萨日的法国流浪汉小说《吉尔·布拉斯》、塞万提斯的《堂·吉诃德》等。

除了学习，女儿的日常生活也是杰斐逊极为关心的。他在另一封信中嘱咐女儿注意穿着，要干净、合身，面带微笑，并说每天起床第一件事就是穿戴整齐；还要她尊敬霍普金森太太，将她视为母亲。"不论何时，如果你任何轻率的行为导致了她的不悦或非难，都将是极为不幸的"。帕茜也非常热爱并尊敬慈爱、慷慨而严厉的父亲，一直珍藏着父亲写给她的每一封信，遵照父亲的谆谆教诲，一生都在努力奋斗。

在担任国会议员的两年时间里，杰斐逊对自己所承担的各项重要工作都全力以赴，成为各项进步立法的积极倡导者和推动者。此时，民主革命先驱富兰克林、亚当斯都远在国外，所以，杰斐逊和麦迪逊成为国会中的顶梁柱。杰斐逊最关心的问题是美国西部的发展，尤其是土地改革问题。在国际事务方面，杰斐逊看了富兰克林写给国会的一份报告后，向归乡的乔治·华盛顿转述说：富兰克林的报告中描述了英国针对我们的部署。他注意到，虽然英国已经与我们和解，但其实并没有和我们重归于好，也不甘心失去我们这块殖民地。他呼吁说，我们的人民已经对他们的新政府感到疲劳。欧洲大陆国家有可能发生的矛盾冲突和明争暗斗，将会纵容英国重新占领我国的意图。杰斐逊认为，在《巴黎条约》所规定的内容里，至少还有两个问题亟待解决：其一，英国承诺舍弃其在美国西部地区的堡垒，仍未全部拆毁；其二，英国保证向美国归还俘获以及逃脱的奴隶，尚未见诸行动。这是与杰斐逊的西部构想联系十分紧密的遗留问题，而且需要尽快落实。

其实，华盛顿的"西部情结"一点也不亚于杰斐逊，而且他们有一个相同的想法：希望在波托马克河上开辟航道，并找到一个合适的地点，使这条河经由一条陆上运输通道与俄亥俄河流域相连接，这是一项大胆的经济开发计划。1784年3月1日，杰斐逊给国会的一个专门委员会提交了一份报告，内容是在已由或将由各州向美利坚合众国让予的西部土地上建立政府（增设几个州）的计划。这两项计划构成了1784年

《土地法令》的基础。该法令规定：将未来新州的组织方面的诸多细节问题交由它们自行决定，但这些新州也将"永远是美利坚合众国邦联的一部分"。这是对这一地区土地所有权纠葛的最佳解决方法，即所有权归属国有，管理权属于新设地方政府。这个法案还禁止将奴隶制扩张至新的地区。

这个法令在第一次表决时没有获得通过，但杰斐逊丝毫没有放弃努力。最后，国会同意了在西部土地上建立州或准州政府的计划，并规定分阶段进行。不过，因为这个法令的两个积极支持者华盛顿和托马斯的职位变动以及其他相关原因，该法令一直未能实施。华盛顿当选总统后，该法令被国会于1787年制定的《西北土地法令》所取代。

杰斐逊不愧为一个全才，他对美国当时的经济问题的研究一点也不比专家差。在担任国会议员期间，他针对外贸制订了一个商贸计划，同时起草了关于国债的报告，这些都是意义重大的法案。1784年5月7日，杰斐逊在接到调令当天，从早到晚，一连写了10多封信，几乎每封信都谈到西部地区的商业开发问题，还有一篇不短的文章阐释为什么美国要制造纸币。过去美国主要使用英国、法国、西班牙以及葡萄牙的金银币，而作为一个独立的国家，要调控本国经济，没有自己的流通货币是不可能做到的。同一天，杰斐逊向国会提交了《关于为合众国建立一个货币单位及货币铸造的备忘录》，其中提到：以当时在美国广为流通的、体积大小很方便使用的西班牙银元作为美国货币单位，这个银元与不同的硬币之间的比率，一律采用十进位制，使美元成为美国货币单位。同时，他主张取消镑、先令、便士及小钱。

杰斐逊的这些提案还没有正式拿出来讨论，他就被调离了国会，但在麦迪逊、豪厄尔等人的积极推动下，杰斐逊在法案中提到的基本原则还是保留了下来。几年后，财政部长亚历山大·汉密尔顿①拿出了杰斐

---

① 亚历山大·汉密尔顿：美国开国元勋之一，美国宪法的起草人之一，财经专家，美国第一任财政部长，美国政党制度的创建者，在美国金融、财政和工业发展史上占有重要地位。因政党相争而决斗丧生。

逊的提案交由国会通过，并付诸实施。而杰斐逊也由此有了"美元之父"的美誉。

3. 你好，法兰西

当杰斐逊在国会干得风生水起的时候，1784年5月7日，邦联国会发来一纸调令：任命杰斐逊为美国驻欧洲代表团成员、驻法公使，将与富兰克林、亚当斯一起同欧洲发达国家建立贸易合作关系，缔结以法国为核心的美欧军事政治同盟。这对杰斐逊来说算是一个好消息，尽管他不舍得，也放心不下国会的工作，但他终于有机会达成夙愿了。他给麦迪逊写信说："在各种纷争中，我一直遵守原则。现在将要远离各州的纷争，进入一个新的领域，那里的分歧比较少，但一旦有分歧，规模会更大。"他还交代麦迪逊说，在他出国后希望麦迪逊及时把国内的消息告诉他。杰斐逊还放心不下外甥彼得·卡尔的教育问题，于是也一并托付给了麦迪逊。

这是杰斐逊第三次获得去欧洲的机会，诱惑力很大，虽说来得有些迟，但他毕竟如愿以偿。四天后，杰斐逊离开安纳波利斯，回到费城做准备。他没有回蒙蒂塞洛庄园，只托人捎口信让奴仆詹姆斯·赫明斯赶来费城，然后一同前往法国。5月11日，杰斐逊写信给弗吉尼亚州议院说："我一切的政治行为的首要目标是，为我的祖国谋求正当权力，并加强与它的幸福和安全紧密相关的联盟。"这是一封告别信，意味着他从此结束了他的立法生涯。

在准备工作中，杰斐逊做了一件自认为很重要的事情——到纽约城以北的北方地区考察一番，搜集关于新英格兰各州的商业情报，以使自己"在一定程度上能够满足完成这项使命的要求"。到达纽约州和新英格兰州之后，他搜集到了大量资料，这对他今后的工作是非常有利的。

1784年7月5日，这一天气候温和，清风薄雾，杰斐逊与女儿帕茜、仆从詹姆斯·赫明斯以及秘书威廉·肖特等人一同乘坐"谷物女神"号巡洋舰离开了波士顿港。他伫立船头,想到即将投入另一种崭新的生活中,不禁心潮翻涌、万般感慨。

当然,最兴奋的还是帕茜。一路上,她都心情愉快地欣赏着大自然的美,老天也很配合,一连几天都是阳光灿烂。她后来回忆道:"我们坐在一艘漂亮的新船上,它仅仅下过一次海,航行十分惬意。船上只有6名乘客,都是爸爸认得的人。一路上都出太阳,海水平静得像条河。倘若再来一次这样愉快的航行,我绝不反对。"杰斐逊和女儿的感受一样,全程都处于兴奋状态。他写道:"整个航程一直风遂人愿,除了偶尔要闪避浅滩之外,船从未偏离过航向。"他每天都观察天气,测量风向和温度,记录航行经纬度,计算一天24小时走了多远。他对海上偶尔遇见的鲸鱼、鲨鱼、海鸥等海洋动物特别感兴趣,仔细观察后记录下它们的"精彩表演"。

对于法兰西,杰斐逊向往已久,就像对相亲的对象一样,他对她的美丽容颜和其他的一切都充满了幻想。当然,他也明白自己的使命,要想在一个正在进行革命的陌生国度,为美国赢得国际社会的尊敬,促成商业条约的签订,为美国的贸易和财富铺平并拓展道路,并不是件容易的事情。

当杰斐逊还沉浸在幻想之中时,"谷物女神"号已到达英国港口西考斯。这是杰斐逊的"祖国",他从未踏上过这片土地,但一点也不想在此逗留。7月24日,舰船抵达英格兰朴次茅斯,因遇上"浓重阴霾天气",他们不得不在这个海滨城市待上几天。7月31日,舰船终于穿过英吉利海峡到达法国勒阿弗尔。帕茜生病了,所以一上岸杰斐逊就直奔巴黎。沿途的景色令人陶醉,"穿行乡间,再没有比这里更肥沃、更精耕细作的土地"。杰斐逊从心底发出一声问候:你好,法兰西!

帕茜的病很快就好了,她又变成了一只快活的小鸟。从海滨到巴黎,一路的美景让她目不暇接。她由衷地赞美道:"我们经过的是我一生中从未看到过的美丽农村,是个美极了的大花园。"

1784年8月6日,杰斐逊一行抵达巴黎。从这一天起,他开始了长达5年的外交官职业生涯。他们最初下榻在奥尔良饭店,不久在泰特布胡同的泰特布饭店租了房子。巴黎是一个浪漫的城市,但他初来乍到,工作还没有理出头绪,没有时间仔细欣赏这个被他称为"世界上最可亲的国家"的绮丽风光。刚安顿下来,他就立即去拜会住在城郊的富兰克林博士。他向博士传达了邦联国会的指示后,两人交接了工作。当天晚上,他写信给当时正在海牙的亚当斯,约他到巴黎会合,对工作任务重新做一个计划。

一周后,亚当斯赶来巴黎。老朋友相见,难免要寒暄一番。尤其是在异国他乡,所有情感的表达都显得格外真挚。言归正传后,杰斐逊说,国会授权外交使团与英国、汉堡、萨克森、普鲁士、丹麦、俄国、奥地利、威尼斯、罗马、那不勒斯、萨丁尼亚、热那亚、西班牙、葡萄牙、土耳其等 16 个国家订立商贸条约。同时还要力争与法国建立军事同盟关系,名义上是联合打击海盗,实际上是联合对抗英国,尤其是打击英国的海上军事力量。

谈完工作后,杰斐逊向亚当斯提到女儿的教育问题。亚当斯很热心地找朋友帮忙,将帕茜安排进了一所教会学校——庞特蒙皇家修道院。帕茜不怎么懂法语,一开始学习和生活都不习惯,但她很聪明,学习又勤奋,很快就适应了环境,几个月后便能说一口流利的法语。在着装上,杰斐逊也把女儿打扮成一个十足的巴黎时髦少女。

没有了后顾之忧,杰斐逊工作起来特别有劲头。他认为,这是一个新的战场,要微笑着战胜对手,既要谦让,又要维护美国的利益。他把自己打扮成一个地道的绅士,在每一场谈判会上都力争表现得完美无缺。他第一个谈判项目是与法国就鲸油和烟草贸易达成协议。美国在独立战争之后,经济比较萧条,百废待兴,对外贸易停滞,但杰斐逊以非常严谨而生动的语言向法国人展示了美利坚合众国美好的发展前景,使法国人相信有了这桩生意的良好开端,将有更多商品合作的机会,而且是长期稳定的。

杰斐逊的第一桩生意谈得似乎很顺利,但之后却没有了新的进展,快到年底的时候也仅与普鲁士谈得较为融洽,到 1785 年春签订了正式商贸协议。富兰克林、亚当斯、杰斐逊三人的任务还十分艰巨,但他们对商务谈判都没有什么高招,只想到邀请别人来巴黎谈判,却不知道走出去,主动上人家的门去谈。有人批评他们说,在巴黎坐等是官老爷的蠢办法。杰斐逊觉得批评得很对,就在他考虑如何走出去的时候,他的间歇性头痛病又犯了,差不多一个半月时间足不出户。同时还传来了一个噩耗,他的小女儿——第二个露西·伊丽莎白因患百日咳不治夭折了。他得知这一消息已是两个多月后,这让他悲痛与愧疚之情交织,情绪非常低落。

到了5月份,杰斐逊的偏头痛大为好转,他从疼痛和悲痛中走出来,开始努力工作。富林克林接到了回国的调令,杰斐逊接任驻法公使,亚当斯则被任命为驻英公使。杰斐逊认为,富兰克林博学多才、言谈儒雅、品德高尚,在科学、政治、外交和哲学界均享有盛誉,是一位值得尊敬的前辈。当法国外交部长问他是否代替富兰克林博士的职务时,他连忙说:"不,我不是代替老富兰克林博士,我只不过是他的继任人罢了,他是无人可以替代的。"

79岁的富兰克林功德圆满,回国养老理所应当;又或许国内有更为紧迫重要的事情需要他去做。无论如何,杰斐逊接过了富兰克林肩负的重担,在法国开始了单兵作战。他相信在欧洲,只有法国重视美国这个新生国家。如果美法联盟破裂,美国就有可能回到殖民地时代的从属地位,所以,与法国结成政治同盟意义重大。他还发现,其他国家对美国知之甚少,只知道他们是反叛者,刚刚成功地挣脱了英国的束缚;各国对美国的商业毫不了解,对可能获得的商业利益也一无所知。他认为"作为一个独立的民族存在,并被世界各国所了解和认可,与邦联政府的权威是密不可分的"。

不久,杰斐逊认识了德·孔多塞[①]侯爵。这位侯爵不仅思想进步,还是一个很有名的化学家。他对法国的影响相当于潘恩对美国的影响,

---

① 德·孔多塞:18世纪法国最后一位哲学家,同时也是一位数学家,启蒙运动最杰出的代表人物,政治上属于吉伦特派。有法国大革命"擎炬人"之誉。雅各宾派当政后被杀害。

而且他们的观点也差不多。他在《美国革命对欧洲的影响》中写道："一切都告诉我们，我们正临近人类历史上最伟大的一次革命。启蒙运动的现状确保了皆大欢喜的结局。"杰斐逊认识到，要跟法国建立同盟关系，首先得与这些重要人物建立关系，否则一切努力都将是徒劳的。他希望能够和法国维持一种对英国的制约关系。

就在杰斐逊竭力向世人展示美国的力量的时候，一次海盗劫掠事件使他遭到迎头一击。当时有不少海盗在海上拦截来往商船，杀人越货，十分猖獗。以摩洛哥、阿尔及利亚为主谋的巴巴里诸国，要求欧美各国进贡以免受到海盗侵袭。1784年有一艘美国商船"贝特西"号被抢，为了解救商船上的船员，美国使团与摩洛哥方面数次谈判未果。杰斐逊受命为此四处奔走，做了许多工作依然未见成效。后来他听人指点说，若想和平解决此事，需要交纳大批贡品。他又暗中调查，看看其他国家到底付了多少贡金才"买来了它们的平安"。但没有人告诉他实数，只知道数目不菲，估计每年10~30万美金。他表示"我们国家决不付这笔钱"，并建议美国借此机会建立起海上力量，但响应者寥寥。无奈之下，他只得以和谈方式来解决，请法国驻摩洛哥公使去游说摩洛哥皇帝。这个皇帝显然是给了公使面子，表现出友好的姿态，但贡品多少还得给些。杰斐逊安排美国驻巴黎总领事托马斯·巴克利前往摩洛哥交涉纳贡事宜，最后送了价值约10万美金的贡品才救回了"贝特西"号的船员。这件事让杰斐逊感到屈辱，但也为他力求与欧洲强国建立军事同盟及与海上强国就打击海盗问题达成协议提供了说辞。

为什么各国鲜有人响应杰斐逊的结盟呼吁呢？其实关键还在于美国的实力不够，在真正弄明白与美国建立什么样的关系较为有利之前，他们宁愿采取不介入的立场。接下来发生的一次海上抢劫事件足以说明这一点。

1785年，两艘美国商船在葡萄牙附近水域遭到阿尔及利亚海盗袭击，被掳去20人。杰斐逊立即派刚从国内来法的拉姆去阿尔及利亚谈判，但对方开出的贡品价格远远高过前一次，谈判失败。经过仔细调查分析，杰斐逊发现，巴巴里诸国背后的最大支持者是英国，这也是那些小国不把美国放在眼里的重要原因之一。他意识到英国是永久的威胁，还担心英国人正巧妙地利用报刊舆论来损害美国在欧洲公众心目中的形象，于是，他在报刊上发表文章，极力宣传美国进行的独立战争是正义的。他对一位来巴黎访问的英国记者说："美国人民对你们国家的怨愤情绪正在发酵，或者倒不如说，这种情绪正是受到你们国家的感染。只有上帝知道最后的结果是什么，不过可以肯定，不是这一个极端，就是另一个极端，正如两个热恋的情人不会懂得什么叫适可而止。"美国和英国必须做出抉择：要么做永远的敌人，要么做永远的朋友。

在巴黎，无论是与欧洲国家建立商贸合作还是建立军事、政治同盟都举步维艰，这使杰斐逊有了时不我待的紧迫感。他正想按先前的计划"走出去，上门去交朋友"，驻英公使亚当斯邀请他去英国伦敦，参加与的黎波里（利比亚）和葡萄牙的商务会谈，于是，他将"出访"的第一站定为英国。临行前，他又搬了一次家，搬到泰特布路位于爱丽舍田园大街一所叫作朗德龙府的宅邸。周围的环境相当不错，有宽阔的花园、庭院和一些附属的建筑，样式设计都像艺术品。但房租挺贵，加上配置家具、买马及雇用马夫等费用，大大超过了他的年度开支预算。

1786年3月1日，杰斐逊到达伦敦，与亚当斯一起和英国、的黎波里、葡萄牙进行多方谈判。他明知道跟英国没戏唱，因为"这个国家仇恨我们，他们的内阁大臣恨我们，而他们的国王更是有过之而无不及"，但他把自己的愤怒掩藏起来，装出谈得很认真的样子。要想在坚持原则的前提下与英国签订贸易协议，简直是一种奢望，结果是不言而喻的。的黎波里（利比亚）属于北非阿拉伯国家，虽然国家小，但在地中海属于强国。谈判时，由于受英国影响，有英国老大拒绝谈判的先例，这个小国的态度也很强硬，对于开出的条件不作任何让步。所以，这次商贸谈判自然也无果而终。只有葡萄牙大使给了一点面子，草签了一个条约，但条约传回国后也被葡萄牙政府否决了。

为了这次会谈，杰斐逊在英国整整待了六周。他对英国本来就成见很深，这次谈判更加深了他对英国的坏印象。由于英国官方的表现极度冷淡，他反而觉得是一种解脱，那样他就不用在英王面前低声下气了。他还有足够多的时间来做自己感兴趣的事情，比如请画师画像、购买画作、参观很有特色的古城堡、欣赏别致的花园。他对建筑的巨大兴趣和喜爱，连亚当斯都感到吃惊。他参观许多建筑后的感想是，英国的花园比巴黎的更精巧，而建筑却是"最糟糕的式样"。

在伦敦逗留期间，杰斐逊结识两个很有抱负的年轻朋友，其中一个是美国驻伦敦使馆的秘书威廉·史密斯，另一个是约翰·特朗布尔①。特朗布尔是康涅狄格州州长之子，是一位小有名气的画家。他有一个大胆的设想：用一组图画来表现与独立战争有关的一系列动人事迹和人物，相当于一部画传，如果绘画成功，将是一个宣传美国革命的好教材。杰斐逊对他的计划表示赞赏和支持。通过特朗布尔的引见，杰斐逊还认识了一位极有魅力的少妇玛丽亚，后来还引发出一段浪漫的爱情故事。

回到巴黎后，杰斐逊一空闲下来就会思念家乡，对次女波莉也非常担心，准备让人把她送到巴黎来，但又怕途中会出现什么意外。他给弗朗西斯·埃普斯写信说："总觉得自己遗漏了什么细节，幸好你和埃普斯夫人办事稳妥周到，免去了我不少烦扰。请埃普斯夫人代我亲吻我亲爱的女儿波莉，我的心里无时无刻不在记挂着她。"过了没多久，杰斐逊收到了好几封来信，有小波莉的，有侄子的，有外甥的，他看了每一封信都感到高兴。

在女儿波莉到来之前，杰斐逊不小心摔坏了胳膊，医生建议他去法国南部普罗旺斯用矿泉水疗伤。杰斐逊知道普罗旺斯是世界著名的薰衣草之乡，一座浪漫的城市，在那里休养一段时间一定会很惬意。他接受了医生的建议，从1786年2月中旬出发，开始了他一生中为时最长的

---

① 约翰·特朗布尔：美国画家。他的名声来自有关美国独立战争的历史绘画作品。此类作品有很多被美国历史书籍广泛采用，如《邦克希尔大会战》《独立宣言》。他最好的作品是小幅肖像画，以及巨幅历史油画的习作。

一次旅程。

这次旅程没有计划也没有日程安排，完全是随心所欲，走到哪看到哪。如果说有什么目的，那就是要更多地了解法国南部各地的风土人情；参观朗格多克运河，了解运河的航行状况，以便研讨扩大对法贸易的可能性；观察法国南部农业的发展状况，与北美洲比较其优劣性。他想感受一下孤独旅程的滋味，所以没有让仆人、秘书相随。他认为临时找来的仆人对他的身份一无所知，会让他更自由自在。

时值春暖花开的季节，南行途中有看不完的美景。正如杰斐逊自己所说，"建筑、绘画、雕塑、古迹农业、劳苦大众生活的情况，简直目不暇接"。有时他会贸然走进农家吃一顿午饭，或是走进葡萄园向园林工请教葡萄栽培技术或者园林修整技艺。当然也少不了去参观那些罗曼（罗马式）建筑，观赏别具一格的绘画、雕塑。在里昂的时候，他给秘书威廉·肖特寄去一篇他写的报道，从中可以窥见他的好心情。

1787年3月下旬，杰斐逊到达目的地——埃克斯·昂·普罗旺斯。阳光、古城、石板路、泉水、梧桐、薰衣草，赋予了埃克斯缤纷迷人的色彩与丰富浓厚的文化。这儿有个小巧雅致的小镇也叫普罗旺斯，享有"千泉之乡"的美誉。杰斐逊在这里试疗几天后，觉得泉水对自己胳膊伤的疗效不大，不如多花点时间到周边走走看看。于是，他去了海港城市马赛。这是一个充满古典美的城镇，波利城堡和迪夫城堡都显示了它的力量与动感，海岸显得生机勃勃，充满了活力。但是，这里的海运业似乎不太发达，相对于它优越的地理位置，显得过于冷清。这可能与阿尔及尔海盗猖獗有关，杰斐逊觉得有点可惜。

杰斐逊希望看到的不只是古典美，更希望发现点现代化的东西。所以，他像一位从事田野考察的科学家，在法国大地上寻找一切有利于美国发展的技术和发明。他曾向邦联国会推荐过法国海军的一些先进装备，为美国海军提出建设性建议，这也是他在法国南部见到的最具科技含量的东西。现在，他又对南部农业有了很大兴趣，想着"去访问皮蒙特的大米之乡，看看是否可以学到点什么，以便我们南卡罗来纳的大米与之竞争,再从那里沿法国的南海岸和西海岸游览海港城市,以了解能否做些事情来促进我们与那些城市的贸易"。事实上,他是先去了位于东南面的意大利,因为他听说意大利人用的脱粒机与众不同,碎米比美国的少,所以想去考察一下。

杰斐逊骑上一匹高大的骡子穿越滨海边疆的阿尔卑斯山,这无疑是一次冒险。当他独自走在"整条穿越阿尔卑斯山的路上"时,行程并不轻快,那是一条人工劈山修成的山路,曲折而陡峭。沿途风光很美,远看山势雄伟壮丽,树木葱茏;近看繁花盛开,牛羊成群,但这位很懂得欣赏美景的旅人似乎没有兴致,他在笔记本里写道:

法国的南部地区(普罗旺斯-阿尔卑斯-蓝色海岸大区,表现出法国的行政区划特色),尤其是穿过阿尔卑斯山的这条路,使人们能对抵抗力较差的植物列一张表,把它们按照各自抗寒的能力排列起来。从三座不同的山——布拉斯山、布劳斯山和泰代山攀登上去,它们相继消失;从另一边下去,它们又相继出现。从抵抗力最弱到抵抗力最强的依次是:续随子、橘子、棕榈、芦荟、橄榄、石榴、胡桃、无花果、杏树。但这只是对树而言,对果实来说,次序又有所不同。例如,续随子是抵抗力最弱的,但由于最容易保护,果实也结得最牢。杏树是抵抗力最强的植物,但由于早熟,果实最容易掉落。

原来,杰斐逊的兴趣放在这上面了。他还专门就维切利附近使用的脱粒机进行了细致深入的观察研究,他"细细观察"了一个有6根碾杵的碾米机,详细打听这类碾米机是否真的"碾米速度快,米粒破损少",以便回国后如法炮制,结果发现它与南卡罗来纳使用的机器一样。他最后得出一个结论:谷种有异,与机器无干。他还采取了一个非常可笑的行动:悄悄地抓了两把维切利的稻种放在大衣口袋里,把它们带回去研究。

杰斐逊在都灵和米兰也作了停留。这两个地方让他最感兴趣的是酿酒技术，而不是他最喜爱的油画和雕塑。他希望北美洲尤其是美国南部，能引进法国人的酿酒技术和工艺。返回马赛的时候，他乘坐一只小帆船从赛特顺运河而上，不料遇上雷雨天气，他在大风大浪中颠簸时，仍不忘他和华盛顿曾经有过的一个共同梦想——把美国詹姆斯河和波托马克河、俄亥俄河凿通贯穿，成为美国（弗吉尼亚）东西交通要道。他在航行中记录了各河段船闸的建造细节、它们之间的距离、过闸水流量等，作为宝贵的资料保存下来。

6月10日，杰斐逊返抵巴黎的时候，他的次女波莉正好由仆从萨莉·赫明斯（这个人到底是谁，尚待进一步考证）护送到达，分别了3年的父女终于团圆了。

4. 浪漫故事遗留的缺憾

说到杰斐逊在异国他乡的生活，还有一段不能不提的浪漫故事。

故事的另一位主人公本名叫玛丽亚·路易莎·凯瑟琳·塞西莉亚·哈德菲尔德，她婚后的名字则简单一点：玛丽亚·科斯韦。1759年10月，玛丽亚出生在意大利中部城市佛罗伦萨附近，由此算来，她比43岁的杰斐逊整整小了16岁。她的父亲是一位英国商人，大半生都在意大利做生意。玛丽亚从小受艺术和宗教的影响，热爱音乐且有这方面的天赋。1778年她进入佛罗伦萨美术学院学习，发挥她的音乐天才为教会服务。父亲去世后，她随母亲回到伦敦，继续从师学习音乐，随后进入光怪陆离的伦敦社交圈。她的一位朋友曾这样描述她："身上流着英意两种血统，一头金发，一双含情脉脉的眼睛，体态婀娜……多才多艺，尤其在音乐方面颇有造诣。"显然，这样的女孩在伦敦也是大受欢迎的。

很快，年轻的玛丽亚遇到了理查德·科斯韦——一个性格古怪但很有艺术家魅力的微图画家。科斯韦迅速向已经订婚的玛丽亚展开恋爱攻势，使尽浑身解数，并许下重诺，最终把玛丽亚夺了过来。不久他们就结婚了，新房布置得非常华丽，家具大都是镂花镀金的，上面覆着"最昂贵的热那亚丝绒"，用象牙、玳瑁壳镶嵌的柜子、桌子，每扇屏风都奢华无比，还有古铜大钟、波斯地毯……无不显示着科斯韦家族的富有高贵。

科斯韦原本就个性张扬，得到英王的赏识后更加神采飞扬，雄心勃勃。但玛丽亚却认为他为人虚伪，喜欢谄媚，在很多场合两人都是各行其是。尤其当玛丽亚得知丈夫有异心，移情于一个同性者后，更是对他心生厌恶，希望有人把她从窘境中解救出来。

1786年8月，受奥尔良公爵之邀，科斯韦偕夫人一同来到巴黎，并结识了艺术家约翰·特朗布尔。当时杰斐逊从英国返回巴黎不久，正帮助特朗布尔绘制有关《独立宣言》的第一批草图。空闲的时候，他便在巴黎城区转悠，探索建筑艺术。一天，他和特朗布尔一起前往圣弗洛伦廷街6号，拜访建筑大师雅克-纪尧姆·勒格朗和雅克·莫利诺斯——两位都是极有名气的建筑设计师，并参观他们设计的巴黎近郊哈勒奥布莱兹谷物交易所的穹顶。这个穹顶采用木制排骨架结构，有130英尺①宽，骨架间有环形阶梯，侧面镶嵌玻璃，浏览者可以拾级而上到圆顶，在登爬中感受阳光透射出灿烂金光的效果。临行前，杰斐逊对特朗布尔说："也许在我们还没看到它之前，哈勒奥布莱兹就塌了。"显然他的兴致不高，可是看过之后，他不禁为之惊叹，称赞它是"地球上最精美的事物"。

正是这次参观访问，让杰斐逊认识了画家科斯韦和他的夫人玛丽亚。姣美动人的玛丽亚令杰斐逊怦然心动，一见钟情。他庆幸有这样一次美妙的参观——既是赞建筑精美，更是叹美人绝妙。当特朗布尔把玛丽亚介绍给他时，他惊愕得说不出话来，甚至忘了礼节，没敢吻她伸出的手。他一直看着她淡蓝色的眼睛，似乎深陷于这双迷人的碧潭里。为了与她多相处些时间，他推掉了当天已经约好的应酬。

---

① 1英尺＝0.3048米。

他们相邀一起共进午餐，然后一起去圣丹尼斯宫看画展。玛丽亚会说多种语言，虽然英语不太流利，但并不妨碍他们愉快交流。看完画展后已是傍晚，他们观看了一场焰火表演。当杰斐逊得知玛丽亚与他有共同的爱好——音乐演奏后，又去拜会了作曲家兼竖琴演奏家约翰·克伦普霍尔茨。克伦普霍尔茨的夫人朱莉是个非常出色的竖琴演奏家，他们一起弹奏唱和，女主人的气质和魅力给他们留下了深刻的印象。

快乐的时光总是过得特别快，到了必须分手的时候，杰斐逊仍依依不舍。他后来写信给玛丽亚说："当我晚上回来，却急切地盼望着天明，真是夜长如溪水啊……"他知道自己已经不可抗拒地坠入爱河了。

27岁的玛丽亚乍然出现，一下子搅乱了杰斐逊按部就班、平静如水的生活。特朗布尔充当介绍人之后，又被杰斐逊当作了"通讯员"。此后，杰斐逊和特朗布尔常常陪伴科斯韦夫妇出入巴黎的各种文化娱乐场所，进出宴会舞厅，观摩画展，欣赏音乐……这些让杰斐逊不禁为情造景，景随情生："一切都是那么美好，那么令人心旷神怡！努伊利港、塞纳河沿岸的山峦、彩虹、城堡、花园……无不令人赏心悦目，时间不知不觉地与车轮一起飞逝，每当晚上一个人对月回忆时，感到幸福何其丰盈！"

科斯韦可能察觉到了杰斐逊对玛丽亚那份过火的热情，但他似乎并不在意。男女调情甚至偷情，或许就是巴黎最诱惑人的地方。在各种交际场所逢场作戏，人们应该是见多不怪了。

但是，杰斐逊并不是逢场作戏，他已经全身心地投入了。科斯韦忙于给公爵作画，无法脱身，杰斐逊和玛丽亚有了很多单独相处的时间。每次仔细打量玛丽亚，杰斐逊总是不由自主地想起自己那亡故的妻子，无论是金黄的卷发、碧蓝的眼睛、冰雪似的肌肤、娇小的身材、优雅的仪态，还是对音乐的爱好和艺术天赋，玛丽亚和帕蒂都是那么的相似，他把对妻子的爱迁移到了玛丽亚身上，自己也分辨不清是旧梦再现还是二度梅开。尽管特朗布尔警告他说，玛丽亚对待男人就像对待狗一样，别陷得太深，但杰斐逊早下了不顾一切的决心。玛丽亚是否像杰斐逊一样也动了真情呢？很难说，但有一点可以肯定，她与杰斐逊内心深处都有着无法靠其他方式排解的孤独感，他们之间有心灵沟通的桥梁。杰斐逊一次又一次地感叹："时光之轮转动的速度是马车的车轮无法想象的，可是，到了晚上，回想起一天的光景，我们有多少快乐啊！"尽情享受美好时光的玛丽亚也有同感。

9月18日，杰斐逊与玛丽亚相拥散步于塞纳河畔，兴致正浓的时候，一阵风调皮地将玛丽亚的头巾袭卷走了。杰斐逊一时着急，跨过栏杆要去抢它。然而身材高大的他显然太过笨拙，竟然摔倒在地，造成手腕脱臼。玛丽亚当时并不知道他的胳膊摔坏了，后来他的部分肌肉萎缩，即使水疗也无效，最终右手只恢复到能勉强握笔写字的程度。

几天后，杰斐逊写信把自己因为这件"蠢事"而受伤的事情告诉玛丽亚。她非常伤心难过，但又找不到合适的借口去看他，只能写信说："出于私心，我希望……能够在席间为您服务，给您帮忙，并在餐后演奏音乐，分散您的注意力，使您不致感到过分疼痛。"

10月5日，杰斐逊收到了玛丽亚即将回国时写的一封告别信，不由得肝肠寸断，但又想不到有什么挽留的理由。他给玛丽亚写信说："手腕的疼痛让我难以入睡，一夜没有合眼，因此我感到万分遗憾，不得不推却您迷人的陪伴。我已经派人去请一位医生来，看看伤情恶化是什么原因。希望只是昨天乘坐马车时路面颠簸所致。……如果您执意要走，愿上帝保佑您，无论您走到天涯海角，都还有机会再见到您。代我向科斯韦先生问好，平安到达英国之后，望来信。如果您今天不走——请告诉我您今天不打算动身吧。"

科斯韦夫妇推迟了动身的时间，杰斐逊忍痛到他们的住处去道别，尔后一路相送好几英里。当科斯韦夫妇乘坐的马车从他的视线中消失后，他觉得整个天地都暗淡下来。后来他在信中告诉玛丽亚，道别是他"最后一件悲伤的职责"。

杰斐逊认为这是他一生中最大的一件憾事。他从10月12日开始写信——不如说是一篇剖白心迹的散文，文中采用了"头"与"心"之间对话的形式。"头"代表理智,"心"代表感情。他写道：

我亲爱的女士：在圣丹尼斯宫，我怀着忧伤的心情把你扶上车，望着车轮缓缓转动，转身艰难地移动着我沉重的脚步。此时，大脑一片空白，行尸走肉般地朝对面的大门走去……之后，马车把我送回了家。我坐在壁炉旁，又孤独，又伤感。这一期间，我的头脑和心灵之间进行了下面这番对话（摘录几段）——

头脑：嘿，朋友，你似乎精神饱满、气色不错啊！

心灵：我实在是天底下最可怜的人儿。悲伤浸透了我全身上下每一处毛孔，叫我无法承受。我情愿上刀山下火海，也不愿受这情感和恐惧的折磨。

头脑：你的热情和急躁总是带来这样的后果，你老是把我们引入到各种自作自受的困境之中，眼下的困境就是其中一例。你坦然承认了你的愚蠢，这一点不假，可是你依然把它们当作宝贝，紧紧地搂抱在怀里。如果没有痛悔，那就别指望能脱胎换骨、改过自新。

心灵：噢，朋友！现在不是指摘我缺点的时候。我已被悲伤撕得粉碎！如果你有治伤的良药，请将它敷在我的伤口上；如果没有，也请不要在我的伤口上撒盐。在我如此痛苦的时刻，就放我一马吧！换作其他任何时候，你的批评我都悉心接受。

……

心灵：啊！我亲爱的朋友，你使那天的交往在我脑海中重现，使我又变得精神焕发、充满生机。你说的一切我都记得非常清楚，那天夜里我回到家回顾一天的经历时，早晨的事情似乎发生在一个月之前。因此，请你像个好心肠的安慰者那样，接着说下去，给我描绘一下我们去圣日耳曼那天的情景。每一样景物都是那样美丽！勒易里港、塞纳河畔的一座座小山、马利绘画作品中那样的彩虹、圣日耳曼的地坪、大片的葡萄种植园、花园、马利的塑像、吕西安娜亭。你也给我回忆一下马德里、不值钱的小玩意、皇家花园、西班牙风格的正餐最后一道食品。那样一根柱子的遗迹多么令人浮想联翩、抚今追昔啊！那个螺旋形楼梯也给人以美感。那天的每时每刻都充满了令人惬意的东西，时间的车轮飞快地滚向前方，而坐在马车上的我们对此却几乎无所觉察。可是到了晚上，当我们回顾那天一天的经历时，才意识到我们度过了多么令人愉快的一天啊！我的好伙伴，要是你把那些情景全都为我追忆一遍，我就会原谅你对我的无情指责。我记得我们去圣日耳曼的那天气温偏高了一点，对吧？

  头脑：在所有犯过错误的人之中，你这个人最无可救药。我刚才向你提到了首次会面那天你的蠢行，本想使你从中吸取有益的教训，可是你非但不听我的苦口良言，反而迸发了回忆的热情，痴迷地把整个过程从头至尾回顾了一遍。这表明，你想要的不是别的，而是重温旧梦的机会。先前在你误入歧途的过程中，我就一再提醒你，你正轻率地滥用你的感情，当时你的处境肯定已给你造成了很大的痛苦。我也常对你说，确实，他们出类拔萃、深明事理、性情温和、襟怀坦白、为人正直，在一种为人喜爱的艺术上造诣很高、名声卓著。我还时常跟你说，那位女士除了具有上述长处外，还具有女性特有的品性和才艺（如果要我把这些全都写出来，恐怕得另行花费整整一章的篇幅），诸如音乐天赋、端庄、美丽以及性情的温柔，而温柔是对男性具有魔力的女性装饰品。

  显然，杰斐逊相信没有谁的生活是完美无缺的，心碎、失败、失望和死亡，以及人类理智与情感的冲突，永远都是生活的一部分，不能调和化解，只能承受。

  玛丽亚看了这封信后，不知如何作答，她表示，对这样的鸿篇巨制要细细品味一番，"每个字都要体味一个小时"。

  1787年1月19日，杰斐逊用受伤的右手给玛丽亚写了一封信，对她说："你下次来巴黎，我们便不再分开，但你会来吗？我期待着你的回信，对我多说说，毫无保留地告诉我，这将是我的精神食粮。"他还说他期待着他们尽早在巴黎相会。2月24日，他再次写信表达了自己的急迫心情。

但是，玛丽亚并非自由之身，她一再推迟去巴黎的行程。杰斐逊在普罗旺斯水疗的时候，已经规划好了他们一起前往意大利玛丽亚的出生地旅游。可是，过了几个月他还是没能等来心爱的人。回到巴黎后，他又给玛丽亚写信说："是不是我生来就注定要失去所爱，你为何没有跟我在一起呢？如此之多美不胜收的风景，只需你用铅笔把它们描绘下来。来吧，我亲爱的夫人，我们每天早上一起用餐，忘掉我们要再次分手。"

其实，玛丽亚并非不想来巴黎，只是她与丈夫的关系越来越差，科斯韦不怎么乐意满足她的要求和愿望，何况是这种让他觉得蒙羞的事情。玛丽亚向杰斐逊诉苦说："我很难确定今年何时才能去巴黎，科斯韦已经开始了他的干预……为什么我老想去巴黎？去巴黎恍如梦境一般，我现在真希望它是真的。"但是，玛丽亚最终还是冲破阻力来到了巴黎，但时间已经是 1787 年 8 月 28 日。她离开丈夫单独在巴黎待了三个月，希望可以重拾旧梦，杰斐逊也是同样的心愿。但不知为何，艰难重逢后反而没有了最初的激情，总之，这样一个浪漫的故事留下了缺憾。不过，他们一生都像朋友那样保持着联系。

第六章 求同存异奠根基

1. 制宪会议与联邦宪法

身居法国期间,杰斐逊对国内的大事小情仍然十分关注,时时刻刻都在为美国的改革前景和命运担忧。他去欧洲前特意交代麦迪逊要及时告知国内消息,同时与国内的很多朋友保持着联系,所以即使远在数千里之外,他对国内发生的大事仍十分清楚。

国内连续两年都有大事发生:1786 年的谢斯起义,1787 年的制宪会议,这是对美国民众的现实生活和美国历史都有着重大影响的事件。

丹尼尔·谢斯于 1747 年出生在马萨诸塞州霍普金顿的一个爱尔兰移民家庭。1777 年,30 岁的谢斯告别家人,踏上了争取美国独立的战场,成为马萨诸塞州的民兵,参加了波士顿战役、邦克山战役、列克星敦战役和萨拉托加战役,可以说是久经沙场,战功赫赫,后来晋升为上尉。

1780 年,谢斯在战斗中负伤,跟许多义务兵一样,脱了军装回家种地,没有拿到大陆会议许诺的应该属于他的军饷。不过为了自己国家的独立自由,他也就认了。可是战争结束后,经济萧条,申请土地的人日益增多,谢斯家里的田地不仅未增一分,反而一年比一年少。他经常为此苦恼:"为什么我就这么一天比一天穷呢?"同时,由于物价高涨,赋税沉重,像他这样的穷困农民越来越多,农产品价格从 1783 年起一直在跌落。农民不仅没有赚到钱,还负了不少债(欠税)。马萨诸塞州属于新英格兰地区，是经商为主的北方地区，农田相对较少，给农民增加耕地已无可能。经商的人利用临海优势发展外贸，还可以走私，小部分有钱人占据了大量国家资源，变得越来越富有。这种贫富差距越拉越大，但政府却熟视无睹，这使那些为独立战争流过血的农民十分愤怒。新英格兰地区的农民纷纷举行武装起义，提出减税、停止执行强迫讨还债务的法律、平均财产权等要求。

马萨诸塞州的民主力量也组织起来，以保护自身利益。在新罕布什尔大会上，发言者声称，他曾和其他人一道为争取自由而战，因此决心要维护它。1786年8月，马萨诸塞州数百名以武装农民为主体的起义队伍，在谢斯的领导下，从康科德向波士顿进军，占领了北安普敦法院。他们更加明确地提出了平均财产权的纲领，以及废除一切债务，废除迫害人民的法院和法令。但遭到地方政府军的镇压，后分散各地坚持游击战，到12月，起义军发展到1.5万人，占领了马萨诸塞州的很多小城市。

1787年1月，谢斯率起义军进攻斯普林菲尔德的军械库受挫，随后遭到林肯少将（曾为南方战区司令）指挥的大批政府军围攻。2月间，林肯诱骗起义军进行谈判，发动突然袭击，起义军遭受重大损失。不久，起义军大部分领导人被捕。3月，谢斯等人被法院判处死刑。

但是，如何了结此事，让美利坚合众国的首脑和国会（实际上是邦联政府的常设机构）议员们难以定夺，如果把谢斯杀了，不仅不能平息民愤，还可能激发更大的暴动，这是民众的一致呼声；如果不杀，那又意味着政府错了，必须给农民减税、增地、免除债务。然而，邦联政府没有免税的权力，税收法规都是由各州自主制定的；也没有更多的土地拿来给农民耕种，因为大片土地集中在庄园主（地主）手中。

在这种情形下，美国的政治家们不得不重新思考事关国家性质、政治体制以及作为一个独立民主自由的国家的治理架构等问题。杰斐逊等人曾经提出的建立中央联邦政权的议案，再度受到了国会议员们的重视。谢斯不能杀，暂押收监。

1786年8月至1787年2月间,美国马萨诸塞州爆发了谢斯领导的农民起义,他们攻击法院,占领议会

得知这一消息后,杰斐逊马上表明了自己与众不同的看法。一方面,他不赞同马萨诸塞州的农民因为欠债问题而诉诸武力,认为这是人民的不合常规的干预行为;另一方面,他又充分肯定甚至赞扬农民的反抗精神,因为政府不能在法律上主持公正,不能为维护民众的利益担责,根源在政府。"既然我们政府的基础来自人民,那么政府的首要任务自然应该是让人民满意。因此,应该珍视吾国人民的精神……不要太过苛责(人民的)错误,而应该教导他们改正。"他与亚当斯讨论这个问题的时候还说:"起义是痛苦的,然而却是有益的……它是公众感情的自然流露,和暴风雨一样使空气变得洁净。但愿这种精神一直保持下去。在政府不公正时,这种反抗精神将时常表现出来。这比一点也不表现出来要更好。我喜欢不时有一场小暴动。这就好比大气中的暴风雨一

样,自由之树必须时时以爱国者和暴君的鲜血来灌溉,这是天然的肥料。"这些话也体现了杰斐逊希望从中央到地方建立民主政府的一贯主张。

在这样的压力下,邦联国会的进步议员们纷纷要求开会重新讨论修订《邦联条例》。根据该条例第一条,将各独立州的联盟定名为"美利坚合众国",解散大陆会议,确立了美国的国名,但这个"国"不是一个主权统一的国家,而是各主权州的联盟;严格来讲,美利坚合众国还不算真正成立。按照邦联条款第二条规定,各州(邦)保留自己的主权、自由和独立以及一切行政、司法权力。所以,这个邦联国家只是一个按协约联合起来的同盟体。而全国性政府是邦联国会(一院制,即由国会代行政府职权),实际上既无财权又无兵权,有名无实、毫无权威,而各州则享有充分的自治权。

当初《邦联条例》之所以这么规定,是为了防止出现一个凌驾于各州之上的专权政府和独裁者,保证各州的自治和各州人民的权利。《邦联条例》拟定人富兰克林没想到北美殖民地会这么快成为一个独立国家,或者说,该条例不是针对一个独立统一的国家而制定的,但美国宣布独立后几年,即1781年,国会却偏偏通过并开始实施这个条例,一系列问题也迅速显现出来,比如财政的混乱和匮乏、贸易的壁垒和无序,进而引发了社会矛盾的激化和政治的不稳定。

但是,这个条例是由13个州全部签署后生效的,要修改或废止它,同样需要每个州的同意。亚历山大·汉密尔顿曾在1782年提议修改条例,但响应者寥寥。

到1785年,弗吉尼亚和马里兰为了解决两州之间的商业和内河航运纠纷,在弗农山开会谈判,签订了和约。有了这样一个好的先例之后,双方决定邀请其他州召开更大范围的协调会议。1786年9月,在被邀请的9个州中,有5个州派遣代表参加了马里兰州的安纳波利斯会议,商讨州际商务关系。汉密尔顿和麦迪逊抓住这个机会,建议召开全国性的新会议。这个所谓的"新会议",已经不属于商务协作范畴了。麦迪逊一心想要废弃"软弱无力"的《邦联条例》，用一部体现中央集权的宪法来代替它。这个想法与汉密尔顿想的完全一致，他们一拍即合。

原本多数州对此都没有兴趣，不准备参加会议，但谢斯这么一闹，他们担心大难临头，便改变了主意。进行过民主改革的弗吉尼亚率先任命了一个代表团，其他州紧随其后，迫使国会予以响应。安纳波利斯会议向国会建议次年（1787年）5月，13个州应一律派遣代表到费城开会，讨论美利坚合众国的贸易与商务事宜，对《邦联条例》进行修正和补充，使其能够应对邦联面临的紧急情况。

1787年2月21日，邦联国会批准了代表们的要求，决定由各州选派代表参加在费城举行的制宪大会（修改《邦联条例》代表大会）。但国会强调该会议的召开应"以修改邦联条款为唯一的和直接的目的"，并要向国会报告修改内容，这些修改只有在国会通过及被各州批准之后才能生效。

是年春，麦迪逊在做会前准备时写信给杰斐逊，向老朋友表达了他的意图。他认为，医治"现存宪法的致命的痼疾"最有效的灵丹妙药，便是授予"联邦首脑对于地方立法机关在一切场合的否决权"。杰斐逊是最早主张建立中央民主政府的人员之一，当然希望能通过立法对共和制中央政府的职权范围加以保证，他立刻写信向麦迪逊表示坚决支持，他说，实现共和国的理想非懦弱怕事者所能为。

1787年5月25日，修改《邦联条例》代表大会在费城的市场街和第三街之间的市议会大楼东厅召开。各州共选出74名代表与会，但只有12个州的55名代表参加了会议（罗德岛没有派出代表）。查尔斯·平克尼①、汉密尔顿、古弗尼尔·莫里斯②、詹姆斯·威尔逊③等人都是

---

① 查尔斯·平克尼：美国开国元勋、政治家，美国宪法的主要签署人。曾两次参加总统竞选，但都落败。
② 古弗尼尔·莫里斯：美国《联邦条例》的签署人之一，还参与了美国宪法大多数条款的起草工作，并成为宪法的签署者之一。
③ 詹姆斯·威尔逊：美国开国元勋，苏格兰移民，《独立宣言》和《美国宪法》的签署人之一。曾任美国最高法院大法官。

会议期间的活跃分子。代表中还有 8 位曾经在《独立宣言》上签名，7 位担任过州长，21 位打过独立战争，都是政界的风云人物。华盛顿被选为会议主席，麦迪逊则是这次会议的"灵魂"，杰斐逊的老师威恩及 81 岁高龄的富兰克林也参加了会议。杰斐逊称赞说："这真是一次半神英雄的大会。"

尽管有这么多"大神"级的人物参加，但修改《邦联条例》并不容易，莫里斯在会议上发言 173 次，麦迪逊发言 161 次，威尔逊发言 160 次，华盛顿发言 3 次——他在公共讨论中始终保持沉默。麦迪逊对所有代表的发言都做了较为详细的记录。作为大会主席，华盛顿没有发表自己的理论见解，但他表明了和杰斐逊一样的观点——支持建立联邦权威。他的出席将这次会议的目的与美国革命的主题联系起来，为会议奠定了一种精神基础。富兰克林则起到了黏合剂的作用，对有分歧的问题、对相互发生矛盾的代表，他都能凭自己的威望、才识、经验将他们"黏合"在一起。会议期间，他一直在琢磨刻在华盛顿座椅上的太阳是日出还是日落，当他含着激动的眼泪在新制定的联邦宪法文本上签字后，他说："会议期间，我对会议的结果有时充满希望，有时又忧心忡忡，我……分辨不出这轮红日是在升起，还是在落山。现在我很高兴地知道，那是日出，而不是日落。"

这场人类史上伟大的会议，持续了整整 127 天。9 月 17 日，终于废弃《邦联条例》，通过了一部新的《联邦宪法》。这次制宪会议将邦联改为联邦，使联邦制、政府权力制衡（行政、立法、司法）及人民主权等抽象理论变成了现实，初步建立了联邦政府的权威，并向着建立完善"联邦共和制"国家的方向迈进了一大步。新宪法规定：总统（"总统"一词源于华盛顿的建议）执掌联邦一切行政权力，任期 4 年。总统执掌联邦最高军事权，战时担任军队总司令，并对国会和各州立法有否决权；国会是立法机关，由参议院和众议院组成。参议员任期 6 年，每州可有 2 名代表任职，每 2 年须更换参议员的三分之一。众议院每 2 年按各州居民人数的比例进行选举。国会负责批准条约，制定有关征收

1787年，北美12州代表在费城独立厅举行制宪会议，起草宪法。与会代表分别有乔治·华盛顿（被推举为会议主席）、本杰明·富兰克林、亚历山大·汉密尔顿、詹姆斯·麦迪逊等。《联邦宪法》于1788年6月获得9个州通过。1940年，霍华德·钱德勒·克里斯蒂绘

捐税、对外贸易、铸造货币、举借外债等立法；联邦法院是最高司法机关，法官由总统任命，终身任职。联邦法院有解释宪法的权力。

不少学者和历史学家认为，这部宪法是在强化政府权力的要求下，也是在谢斯起义的震动下制定的。它同时也是奴隶制的南部与商业的北部、大州与小州之间的妥协以及保守派对民众力量让步的产物，在整体上体现了美国精神，确立了三权分立为政府的组织原则，但它也存在不少缺陷。

杰斐逊和驻英公使亚当斯都没有参加这次会议。11月初，亚当斯从伦敦给杰斐逊寄去了宪法抄本，并说这份草案"经过精心的考量，达到了维护邦联完整、增进各方感情、统一思想模式的目的，其成果值得赞许"。杰斐逊认为，凭借抽象的理性原则和空洞的权利承诺，并不足

以真正建立和支撑起一个稳固的民主政府，相反，更关键、更重要的事情是首先通过宪法，对权力的制衡体系做出精良的设计，对权力运作的适当程序做出明白的规范。所以，他对这部新宪法予以肯定，但他仔细看完文本后的感觉是："其中有不少很好的条款，也有不少很糟糕的条款。我不知孰多孰少。" 12月与亚当斯讨论这部宪法的时候，他进一步阐述了自己的观点："我非常赞同如何组成政府的总构想。它应当自己平和地运转，而不必不断地去依赖各州的立法机关。我也喜欢政体由立法、司法、行政三部分组成，并授予立法机关征税的权力，因此，我赞同扩大由民众直接选举的议院……我还赞同行政首脑经国会两院中一院三分之一同意便拥有否决权，但是我更希望司法机关也可参与或拥有类似的单独权力。"其中，有关总统任期的具体条款让他感到不安。"总统四年届满后可以一再连任，直至终身。"他对该宪法放弃轮换任职的原则而感到惋惜。他反对宪法中没有权利条款，因为这样不能保证"宗教自由、新闻自由、自由不受常备军侵害的权利、反垄断的权利、人身保护法令的永久性和始终如一性，以及获得陪审团审判的权利"。他认为，任何形式的政府都有压迫人民的倾向，任何统治都有趋向暴虐的可能，所以人民的权利需要法律上的保障。他甚至说，如果不给统治者时不时地敲敲警钟，提醒他人民仍留存着反抗精神，哪一个国家还能存续人民的自由？让人民拿起武器吧。

几天后，杰斐逊写信给麦迪逊说："如果他们批准了整部宪法草案，那么我衷心地表示赞同，并希望他们能在日后发现问题时随时修正。"他对君主专制的预防与权力制衡的观点完全没有改变，并一直在进行着增加有关人权条款的思索。他认为，联邦合众国的宪法，缺少有关人权、民主等条款，这部宪法肯定是不完善的。

1787年12月，杰斐逊给麦迪逊写了一封长信，再次强调要把他考虑成熟的《权利法案》增加到宪法中去。这个难度太大了，新宪法已经在两院通过，正分别交由各州签署通过。如果这个时候要加进新条款，未免太过儿戏了，立法程序上的麻烦且不说，那些议员和宪法起草者心理上的那道坎就过不去。

但麦迪逊认为杰斐逊拟定的《权利法案》的确很重要，有必要加入宪法之中，所以他开始全力投入推动工作。大部分议员在他的解释劝说下取得了一致意见，同意将该法案作为修正案加入宪法中。当然，这得等宪法由各州签署生效后过一段时间再作为正式提案交由国会通过。杰斐逊这个提案如此重要，那么，它到底包括哪些内容呢？简而言之，主要是增加包括信仰自由、出版自由、陪审制度等人权条款，以保证"生命权、自由权和追求幸福之权"。

至1789年，在联邦宪法施行后第一届国会开会之时，杰斐逊从巴黎给国会寄去了一个包括12条权利的法案草案。大多数议员支持《权利法案》应该被提出，而有关的权利也应该写在宪法中，因此同意将草案作一些修改后再提交国会审议。因为杰斐逊仍在法国，修改《权利法案》的任务就落到了麦迪逊的身上，杰斐逊在《弗吉尼亚权利法案》的基础上开始着手进行《权利法案》的修改。为了避免直接修改宪法而需要再次进行冗长的宪法审议批准过程，议员们同意将《权利法案》以宪法修正案的形式加入宪法中，但其中有2条未能通过。1791年12月15日，权利修正案其余的10条获得通过，成为联邦宪法第一修正案，也就是现在的《权利法案》。这10条包括：

第一条　国会不得制定关于下列事项的法律：确立国教或禁止信教自由；剥夺言论自由或出版自由；或剥夺人民和平集会和向政府请愿申冤的权利。

第二条　纪律严明的民兵是保障自由州的安全所必需的，人民持有和携带武器的权利不可侵犯。

第三条　未经房主同意，士兵平时不得驻扎在任何住宅；除依法律规定的方式，战时也不得驻扎。

第四条　人民的人身、住宅、文件和财产不受无理搜查和扣押的权利，不得侵犯。除依据可能成立的理由，以宣誓或代誓宣言保证，并详细说明搜查地点和扣押的人或物，不得发出搜查和扣押状。

第五条　除非根据大陪审团的报告或起诉书，任何人不受死罪或其他重罪的审判，但发生在陆、海军中或发生在战时或出现公共危险时服役的民兵中的案件除外；任何人不得因同一犯罪行为而两次遭受生命或身体的危害；不得在任何刑事案件中被迫自证其罪；不经正当法律程序，不得被剥夺生命、自由或财产。不给予公平赔偿，私有财产不得充作公用。

第六条　在一切刑事诉讼中，被告有权由犯罪行为发生地的州和地区的公正陪审团予以迅速和公开的审判，该地区应事先已由法律确定；得知控告的性质和理由；同原告证人对质；以强制程序取得对其有利的证人；并取得律师帮助为其辩护。

第七条　在普通法的诉讼中，其争执价额超过二十美元，由陪审团审判的权利应受到保护。由陪审团裁决的事实，合众国的任何法院除非按照习惯法规则，不得重新审查。

第八条　不得要求过多的保释金，不得处以过重的罚金，不得施加残酷和非常的惩罚。

第九条　本宪法对某些权利的列举，不得被解释为否定或轻视由人民保留的其他权利。

第十条　宪法未授予合众国，也未禁止各州行使的权力，由各州各自保留，或由人民保留。

《权利法案》还向美国民众保证，《权利法案》中所列出的权利并不是美国民众所能够享有的全部权利，而仅仅是民众所拥有的最重要的权利。法案很轻松地通过了众议院的审议，但它被提交到参议院时，一条禁止州政府干预民众权利的条款被删除。由于参议院会议讨论的记录不对公众开放，人们无法得知该条草案为何被删除。

如果说没有参加制宪会议的杰斐逊对第一部联邦宪法有何贡献的话，那么提出《权利法案》就是他最大的贡献。

就在美国召开制宪会议的时候，法国也爆发了一场前所未有的大革命。杰斐逊有幸目睹了法国历史上这一最重大的事件。由于路易十五时代的过度参战又未能打赢（特别是英法七年战争）而导致国库空虚，以及参加美国独立战争带来的财政压力，法国国债总量高达20亿法郎。在波旁王朝开始走下坡路的同时，王朝的专制制度却一点也没有变革。相反，国王路易十五风花雪月，尤其喜欢打猎和美女。在国王的带动下，法国特权阶级奢靡成风。路易十五不在乎人民的感受，他的名言是："我死后哪怕洪水滔天。"蛮横强势的君主专制演变成了腐朽专制，法国人民对此深恶痛绝。1774年，路易十六①继承爷爷的王位当上国王，年方5岁。一些辅佐国王的贵族大臣继续维护腐败政府的专制统治，但法国的启蒙运动已经开展半个多世纪了，一场革命的大风暴正在酝酿之中。启蒙运动宣扬理性，否定"君权神授"和教会权威，强调"主权在民"和制约权力，宣扬平等，反对专制。因此，在路易十六时期，反对封建专制的浪潮一浪高过一浪，几乎每年都有叛乱有发生，农民抗税，饥民武装暴动，致使政局动荡不安。

美国民主革命的先驱富兰克林多次出使法国，对法国封建君主专制的弊端有着极为深刻的认识，这也是他最初起草《邦联条例》时把防止出现专制君主作为首要条款的原因之一。路易十六在执政初期，内阁中也有一些主张改革的大臣，但因为反对派的势力太强大，路易十六最终放弃了改革。改革行不通，革命就会不期而至。路易十六解决财政赤字的措施不是裁减庞大的官僚机构，不是缩减王室和政府的庞大开支，也不是降低奢华的消费，而是采取加税，以及大搞公共事业和基础设施建设，以投资刺激经济，这使得艰难度日的法国人民雪上加霜，被迫奋起反抗。

1787年年初，贵族院召开会议，目的是想让有免税特权的贵族、

---

① 路易十六：波旁王朝国王，路易十五之孙，王太子路易·斐迪南之子，法兰西波旁王朝复辟前最后一任国王。他既是法国历史上唯一被处决的国王，也是欧洲历史上第二个被处决的国王。

僧侣纳税，以解决日益严重的财政危机，但遭到了从来不纳税的贵族阶级的抵制，结果贵族会议在5月份被国王解散。为了解决日益激化的矛盾，贵族们提出必须召开三级会议。

起初，杰斐逊以为召开这样的会议能给法国带来新的希望，于是怀着极大的兴趣对会议的进展密切关注。他在1788年5月给一位朋友写信说："巴黎俨然成为政治的大熔炉。整个巴黎都围绕着政治疯狂地运转。无论是男人与女人，还是老人和孩童，他们没有任何别的话题。"

时局动荡之际，杰斐逊不得不抓紧时间和一切可能的机会，与法国签订商务合作和偿付在美国独立战争中服役的法国军官军饷的协议。他给华盛顿写信说："在巴黎，我对任何可能会影响我国信用的风吹草动，都感到焦虑不安。我的设想是，尽可能提升我们的信用，但审慎使用。"经过他的艰苦努力，两国达成了部分商贸协议，并使美法外交关系上升至领事级。

1789年5月5日，法国三级会议在凡尔赛开幕。广大民众对三级会议寄予厚望，他们在推选与会代表的同时还写了陈情书，会议开始之前政府就收到了6万多份陈情书。法国人民的普遍愿望是：反对专制主义，要求制定限制国王权力的宪法；建立全国代表机构决定征税和制定法律；改革税收和司法制度；保障个人自由和出版自由；实行地方自治等。

6月份是会议的关键时期，杰斐逊几乎每天都去凡尔赛。参加这次会议的有他的好友、曾经支援过美国独立战争的拉法耶特爵士，他们私交密切，还一起商讨应对动荡时局的计策。作为外交使臣，杰斐逊这样做显然有失妥当，甚至有违原则。而且，凡尔赛会议是力主君主立宪的，这与杰斐逊一贯坚持的民主主张相背离。在会议争论最激烈的时候，杰斐逊还帮助拉法耶特和圣·埃田为国王起草"权利宪章"，其中的主要条款大都是杰斐逊建议提出的，但他的观点极右，最终没有被采纳。

在三级会议进行到最关键的时刻，形势发生了大逆转：6月17日，第三等级的代表识破了国王的诡计，宣布成立国民议会。6月27日，下级教士代表和部分贵族代表反投到了国民议会中。国王被迫同意三个等级的代表合厅议事。7月9日，国民议会改为制宪议会。路易十六发现三级会议已经"出轨"，于是偷偷把效忠王朝的军队调回巴黎。7月12日晚，巴黎教堂响起钟声，群众涌上街头抗议，与军队发生冲突，两天后夺取了整个巴黎。7月14日晨，人民群众向国王军队占据的最后一个据点——巴士底狱，发起了更猛烈的进攻。人们拿着斧头、短刀、手枪、石头，高喊着"到巴士底去!"的口号冲了过去，他们砍断了监狱吊桥的锁链，与守军展开激烈的战斗，最后击毙了守军司令，捣毁了监狱，在巴士底狱升起了一面红白蓝三色旗。这标志着法国资产阶级革命开始了。

1789年7月14日，法国巴黎民众围攻巴士底狱的情景

国王路易十六被人民群众的革命洪流吓到了，被迫承认巴黎市政府的改组，任命拉法耶特为巴黎国民自卫军司令。

杰斐逊亲睹了法国局势的剧烈变化和革命的巨大威力，印象十分深刻，也经历了一次重大的考验。他说："这些事件将永远铭刻在历史上。"在法国革命爆发的时候，他表现得临危不惧。他对朋友说，自己有幸"能在14年中两次目睹这种前所未有的革命"，这真是上帝对他的偏爱。

8月25日，拉法耶特特意宴请托马斯，并要他推掉所有约会，跟他和8位国民议会的成员一起商讨重要事情。这一天，宴会进行了6个小时，确切地说是谈话持续了6个小时。但这次杰斐逊只充当了一个沉默的见证人。实际上，拉法耶特成为法国国王军队的最高统帅，这场革命将如何进行下去，结果又会如何，谁都设计不了，也预测不了。

2. 主政国务院

1789年9月初，美国联邦政府正式成立，国家元首称为总统。国务院下设相应的职能部门。政府主要阁员在同一天宣布就职。

这时，杰斐逊申请回国的报告已经获得了批准，他在焦急地等待起程之日的到来。

杰斐逊在法国生活了5年，与法国和巴黎都有了很深的感情，如今即将要离开，他内心多少有些不舍。他在巴黎还发了一笔"财"：购入了60多幅画作，有的还是借债买的。但他认为这些画作比他所有的财产都有价值，其中《浪子》《德谟克利特与赫拉克利特》《圣彼得的哭泣》《忏悔的抹大拉的玛丽亚》《莎乐美与圣施洗约翰的头颅》都是难得的佳作。9月6日，他开始做回家的准备。他的东西整整装了38箱，除了书、一架大键琴、各种艺术品（主要是人物塑像）、家具及航行所需的食物及用品外，竟然还有一些植物。当然也少不了一些新玩意，包括6支新式滑膛枪。

9月下旬，杰斐逊带着两个女儿、詹姆斯·赫明斯和萨莉·赫明斯兄妹一起离开了巴黎。由于行李太多，他希望找到一艘由勒阿弗尔直接开往弗吉尼亚的船，那样会省下不少麻烦。几经周折，最后在秘书约翰·特朗布的帮助下，才找到一艘从伦敦开赴弗吉尼亚的船。但这艘船不停靠勒阿弗尔港,他们得横渡英吉利海峡到英国考斯港上船。这样一折腾,直到10月22日中午,他们才登上驶往诺福克的"克勒蒙特"号客轮。这次杰斐逊是请假回国,可他根本没想到他会这样永久地告别了巴黎,告别了法国。

杰斐逊在法国的最后几个月里,美国国内的政治环境也发生了巨大的变化,这里还得回顾一下制定会议之后发生的一些事情。

美国联邦宪法在经过各州议会批准签署后得以生效,并按照宪法成立了第一届美利坚合众国联邦政府。根据新宪法规定,国会通过了一项决议,准备在1789年1月第一个星期三,由美国民众推选总统选举人。随后在2月的第一个星期三,由选举人开会选出美国第一任总统。大选开始前,华盛顿已被国会代表们作为美国总统的不二人选。4月14日,联邦政府国会通知华盛顿已当选美国首任总统。4月30日,华盛顿宣誓就职。

绘画:乔治·华盛顿在纽约市发表他的第一次就职演说

新政府成立伊始,一切都处在摸索的阶段,华盛顿将怎样使用他手中的权力呢？周围有一些为他鼓励加油的人，也有不少人以怀疑的目光注视着他。华盛顿面临着一个烂摊子：政府机构残缺不全，国内矛盾重重，衰败的经济，巨额的公私债务已使政府信誉扫地。但既然成立了联邦政府，就应该有相应的政府机构来保证这部机器的正常运作。华盛顿首先要做的，就是物色和任命政府各部的首脑。杰斐逊在法国除了知道华盛顿当选为总统、约翰·亚当斯当选为副总统以外，对新成立的联邦政府一无所知。这次他原本只是想休假两个月后就返回法国。

11月23日，杰斐逊一行乘坐的"克勒蒙特"号在弗吉尼亚诺福克港靠岸，踏上祖国的土地，他激动而兴奋，在心里喊道：亲爱的故乡，我回来了！他刚上岸，镇长和州县的议员们就涌上来欢迎他，祝贺他被华盛顿总统任命为联邦政府国务卿。

这真是一个意外的好消息，杰斐逊在惊喜之余又有些担忧，在回家的路上他一直在想要不要接受这个任命。因为接受这个任命不仅获得了荣誉和权力，同时也担负了一份责任，任重而道远。他渴望舞台，期盼掌声，但又害怕失败和非难。

12月11日，杰斐逊在埃普斯家族的埃平屯庄园（位于里士满西南的切斯特菲尔德县）稍作停留，任命通知信函同时送到了那里。三天后，杰斐逊给华盛顿写信说："我考虑到它的职权范围，既包括国内那一大堆主要事务，再加上外交事务，我不知道自己能不能胜任。"显然，这个答复很委婉地说出他仍犹豫不决。

沿途，杰斐逊与一些亲朋好友相聚；不断应酬各路来访宾客，大家都热切盼望他能够接受任命。为了说服他，麦迪逊还专门跑了一趟，向他转达了华盛顿的希望。普遍的赞同态度极大地鼓舞了杰斐逊，他可以选择赴任纽约，也可以选择回到法国，不管怎样，他必须做出一个不可改变的决定。

将近三个星期后，杰斐逊回到了蒙蒂塞洛庄园。时值1789年圣诞节前夕，当他和女儿正要从马车上下来时，庄园的奴仆一拥而上，将他们紧紧围着，不让下车。奴仆们解开马匹后，拉起车上的绳索，将马车拉进了庄园里。到了主楼前,他们打开车门,争相亲吻杰斐逊的手和脚,一个个兴高采烈,欢呼雀跃。

几天后,17岁的帕茜决定嫁给小托马斯·曼·伦道夫。算起来他们是远房堂亲,且是青梅竹马的一对儿。伦道夫闪电般的攻势让帕茜很快做出了结婚的决定,1790年2月23日,他们在蒙蒂塞洛庄园举行了婚礼。杰斐逊对伦道夫非常中意,很高兴地送女儿出嫁。他后来还写道:"无论从才能、性情、关系,还是家世来看,他都是我的佳婿首选……我还是不敢擅作主张,因为这都得看我女儿自己的心意。"他没有钱为女儿置办嫁妆,于是从农场划出1000英亩林地和25个奴隶给她。而伦道夫的父亲则出手阔绰,将位于瓦里纳的整个种植园作为结婚礼物。

一个冬季一晃就过去了。1790年3月,杰斐逊离开蒙蒂塞洛庄园,一路踏雪北上,前往纽约赴任。到了纽约之后,他在曼哈顿仕女街57号租了一栋房子。3月21日,他第一次正式拜会首任总统华盛顿,从此,他们长达4年"每日见面、挚诚交心"的友好合作正式开始了。见面会之后,杰斐逊写下了自己对华盛顿的印象:"他思维清晰、头脑灵活,不过算不上绝顶聪明。他的洞见深刻,可是不及牛顿、培根、洛克般敏锐,而且他认为自己的判断总是最明智的。他处理起问题来慢条斯理,鲜有创新或想象,但决断有力。"

3月22日,华盛顿和他的新任国务卿召开了内阁首次会议。在新内阁,财政部长亚历山大·汉密尔顿、战争部长亨利·诺克斯①和托马斯·杰斐逊被称为"三驾马车",他们虽然并非与华盛顿顺畅地跑在同一条道路上,但至少都是新政府迫切需要的人才。联邦新宪法规定实行的是"三权分立",即联邦政府由国会、总统和联邦法院分掌立法、行政和司法三权,互相制衡。三权分立制度在西方各国的具体模式不尽相同,美国在建国之初更是独树一帜,参议院同意一些重要职务(包括最

---

① 亨利·诺克斯:美国书商、军官、政治家,美国独立战争时期任炮兵总司令,是乔治·华盛顿的亲密顾问。曾任美国第一届政府战争部长,是美国建国初期的重要人物。

高司法官员)均由总统直接任命,不必像英国的传统习惯那样由参议院任命,从而开创了政府官员向总统负责,而不是向国会负责的先例。随后,华盛顿又任命了约翰·杰伊为大法官、埃德蒙·伦道夫为总检察长。

18世纪末,美国首任总统华盛顿(中)的内阁成员,从左至右:亨利·诺克斯将军、亚历山大·汉密尔顿、托马斯·杰斐逊和埃德蒙·伦道夫

杰斐逊走马上任后不久,发现新内阁面临的问题千头万绪,第一次会议就提到了两件迫在眉睫的事情:

其一,解决国家军队是否要保留常备军以及服役期限和军衔、军饷等问题。建国初期,边境依然不安宁,而且发生在国外的战争和冲突也会直接影响美国国内的安全和政局。鉴于国家面临着复杂多变的国际环境,1789年6月,华盛顿已经向国会提议保留一部分少而精的正规军——常备军,大力加强经典的军事教育和军事训练;同时向联邦国会呈交了设立一所陆军军官学校的提案,初步选定哈德逊河畔、距纽约市约80英里的军事要塞西点为校址。但考虑到国家的财政困难,杰斐逊

对此表示异议。在建校问题上,他第一次与华盛顿意见相左。

其二,亟须解决由国内国外债务引起的国家信誉危机。独立战争结束时,政府已有国内债务4200万美元、外债1200多万美元。除了联邦政府欠下的外债之外,各州也欠了巨债,累计高达2500万美元。由于没有一个权威的最高立法机构,无法对进出口货物征收关税,更没有办法征收地方税以筹集必要的资金,因此联邦政府无力偿还债务。这笔债务的本息,对年轻的合众国是一个沉重的负担,也是对国家信用的严重威胁。

这两大问题实际涉及联邦政府的新设机构:立法、军事、财经、外交等诸多方面。作为国务院首脑,杰斐逊的政见多与华盛顿相左,但华盛顿仍对选定的国务卿给予充分信任。杰斐逊要管理整个政府的日常工作,还要主持外交工作,而且分管着许多国内具体事务,比如管理领地、保管国家文献、与联邦法院联系、掌管国玺、普查人口、铸造货币等。

此外,在参议院的一个委员会会议上,杰斐逊还提出了一件久议未决的事情——对付海盗,并解救被他们劫持的"多芬"号船长理查德·奥布莱恩等人质。

杰斐逊之所以提出这个问题,是因为最近一段时间美国商船成了海盗劫持的主要目标。商船不断被海盗抢劫,船员成了人质,被迫去做苦力。而且海盗国(以阿尔及利亚为首)还傲慢地向美国政府发函,要求支付高昂赎金。这不仅是对美国政府的挑战,欺负美国海军力量薄弱,同时也严重损害了美国的经济利益。所以,内阁在解决上述两大难题的同时,还得考虑美国如何掌控海权,一劳永逸地解决政府和商人阶层被海盗国家敲诈的大麻烦。问题提出来了,但议员们都表示无能为力,只有杰斐逊一直把这件事放在心上。

政府机构开始正常运作后,杰斐逊发现所谓的"国务院"很冷清,全部工作人员加起来只有6个人,其中包括2个主要办事员、2个协调员和一个兼职翻译。国务院及驻外机构的全部费用,年度预算竟然不足

8000美元，其中3500美元是杰斐逊的薪金。这么少的人，这么少的经费，如何处理那么多的事情？

杰斐逊首先想到的是寻找人才。他急于建立自己的人脉网，以保证政府的政令上行下达，畅通无阻。有一天，他给亨利·诺克斯将军写信说："如果快到用餐时，下起了雨，或是天太热了，你不愿走远路，或是公务太忙，你想在办公室多待片刻，这时在城里用餐便是更好的选择。不管哪一天，如果遇到了上述情况，你都不必拘礼，尽可来与我共进午餐。只要我在家，必定欢迎之至。我的午餐时间是下午1点到3点45分，你的大驾光临一定会受到真挚的招待。"他深谙私人关系在工作中的重要性，于是想方设法去赢得别人的好感。

杰斐逊对老朋友麦迪逊更是倚重，这位干将成为他最亲密的顾问。但麦迪逊变得比以前更加激进，与国会的同僚越来越不合拍。杰斐逊当然希望他在国会更有话语权，同时也希望他能与国会同僚、与共和党派保持良好的关系。

对于年轻的汉密尔顿，杰斐逊也竭力拉拢，试图把他变成同一战壕的战友。但汉密尔顿似乎有超越杰斐逊，甚至超越亚当斯的野心，他意气风发，跃跃欲试，事事都想标新立异，毫不在乎杰斐逊的笼络。这就注定了汉密尔顿要成为杰斐逊、亚当斯的对手，争斗不可避免。在相当长的时间里，财政部一直是最重要且最有权力的部门，华盛顿在忙于解决国家财政困难的时候，明显表现出对这个部门的倚重。因此，不少人认为杰斐逊和汉密尔顿失和，是因为他"心怀嫉妒"。

和许多玩政治的人不一样，杰斐逊不会曲解甚至放弃自己的政见去迎合总统，但他在处理几件重大政务上，与华盛顿的意见完全是一致的。一件是开发大西部，制定适合西部特点的土地法规；另一件是创建海军，争取获得海权。虽然在这些方面动作不大，但毕竟认识一致，并开始起步了。

对于华盛顿年初在国会演讲时提到的各项工作任务，杰斐逊也非常积极努力地去实施，包括加强国防预算，促进外交，压缩驻外机构开支，施行外国侨民归化法、美国货币和度量衡统一法，发展商业和农业，发展邮政事业和电讯业（电话），促进科学和文学事业发展以及支持政府信用的措施等。

3. 两个核心人物的缠斗

作为新政府的核心人物，杰斐逊和汉密尔顿几年前都是积极主张建立强有力的中央政府的激进派。不同的是，汉密尔顿及其所在的联邦党主张中央政府高度集权，认为国家应该由有权有势者统治。联邦党声势浩大，不仅控制着国会，而且由于华盛顿十分依赖汉密尔顿，因此总统也几乎处于联邦党人的控制之下。

而杰斐逊及其所在的共和党则反对让一个强大的联邦政府享有无限的权力，认为政治权力应该分配给民众。中央政府应该是一个高效的、民主的、受人们拥护的新政府。他们支持对农民和小生意人有利的政策，认为应该跟当时正在反抗国王统治的法国人民加强联系；他们还要求增强美国民众参政议政的权利。双方利用各自的党报，展开了激烈的论战。

汉密尔顿虽然主张由有钱有势的人掌权，但他本人并非出身于上层社会。他生在西印度群岛，属于非婚生子。但他从小就很聪明，且与众不同，其他孩子还在玩游戏的时候，他已经立志长大要做北美殖民地的政治领袖。他如饥似渴地阅读每一本能够得到的书籍，不管是英语的、拉丁语的，还是希腊语的。他很小就学习了不少商业和经济知识，能清楚、有力地表达自己的主张。他下定决心要摆脱卑微的出身，而这种表达能力给他的新生活奠定了基础。他的生活经历非常复杂：账房伙计、大学生、青年诗人、评论家、炮兵上尉、华盛顿的战时副官、战场英雄、议员、废奴主义者、纽约银行创始人、宪法委员会成员、演说家、律师、教育家、对外政策理论家和军队高级将领。他在结婚之前一直都生活社会中下层，直到娶了纽约州一个富有的土地所有者的女儿，才确立了他在上层社会的地位。因此，汉密尔顿对金钱和地位非常看重。

与之相比，杰斐逊的母亲祖上是英国贵族，他本人对美食、美酒、书籍和音乐都有着特殊的爱好，也很享受上层社会的生活。但与此同时，他又对朴实的农民，对开发了美国大西部的人们充满了敬意，认为这些人同样有权参与国家的治理。

这两个对联邦政府的成立起过重要作用的人物在政府担任要职后，分歧反而越来越大，遇事总是争吵，人们戏称他们是"两只斗嘴的公鸡"。虽然都是为了公事，最后却演变成了一场社会大辩论。他们并没有面对面地公开论战，而是把两党的报纸当作战场。汉密尔顿和杰斐逊都深知媒体的力量。杰斐逊尤其看重民主体制下报纸的重要性，认为报纸是让大量民众了解事实真相的唯一途径。他曾经说："如果一定要我在没有报纸的政府，和没有政府的报纸之间做出选择的话，那么我宁可选择没有政府的报纸。"

汉密尔顿则经常在报纸上发表评论性文章，阐述自己的政治主张，署名"大陆主义者"。后来保存下来的"联邦主义者文集"中的大部分文章，都是汉密尔顿本人撰写的，而杰斐逊则主要充当共和党报纸的顾问，其中有多少他亲笔写的文章已无从查证。双方的报纸都刊登不署名文章来抨击对手，有时报道并不属实，甚至夹杂着人身攻击。很多人都觉得这种公开冲突不符合两位内阁大员的身份。

汉密尔顿出任财政部长后，在工作方面得到了华盛顿的大力支持，这使他有了向更高目标奋进的欲望。而且，他还得到了美国东北部城市的上层社会精英们的支持，主要是银行家、富商、律师、医生和牧师。杰斐逊也很看重汉密尔顿的才干和能力，并尊重他的政治实力，但他同时也发现，汉密尔顿有个弱点——没有一个面对普通民众的全国性组织。当时美国90%的人口是农民、手工劳动者和小生意人，他们认为，政府的政策似乎都是对有钱人有利，但是又没有政党替他们说话，就像谢斯所想的一样，他们要向政府表示他们的不满，甚至暴动。

杰斐逊认为，这些底层民众才是政府真正可以依靠的人，政治权利应该分配给民众。但很多人因为没有财产，所以无权投票。经过考察各个州的情况，杰斐逊发现了一个普遍的现象：各地的政治团体都反对那些迎合富人的州立法。而他需要做的就是把这些地方团体组成一个全国性政党，跟联邦党对抗，这个政党就是以共和党为基础的民主共和党。在这个党里既有富人，也有穷人，他们崇尚人权、自由和心智发展以及地方分权的民主理想，并认为政府里的联邦主义者滥用职权，希望彻底改变这种局面。与此同时，杰斐逊与麦迪逊共同努力，帮助一些共和党骨干进入国会。在经济上，杰斐逊是美国广大农场主和下层群众利益的代言人，他认为美国社会的经济基础就是农业，主张重农抑商，用抑制资本主义发展的办法来维持一种小资产阶级的理想农业社会。

华盛顿也渐渐意识到政府和国会里出现了党争，但在当时的美国，有组织的政党还是一个新鲜事物，没有规范政党行为的立法，政府官员的政治活动也不受任何限制，所以，华盛顿只能凭借自己的人格魅力和智慧从中进行调解，而且他的主要精力也不能放在解决党争问题上。他和杰斐逊对国家面临的困境都有着足够深刻的认识，知道目前必须把工作重心放在亟待解决的问题上——解决缺钱的难题。就钱对于挽救处在崩溃边缘的合众国的重要性，他们的看法完全一致，但对筹钱的具体办法却产生了很大分歧。杰斐逊主要是针对汉密尔顿提出的方案发表反对意见。

汉密尔顿主张在某种程度上，寻求仿效英国金融和贸易制度的基本模式，并提出了四大举措：由新政府出面承担和偿还大陆会议和各州在战争时期发行的证券、债券及其他有价契约；设立具有贸易保护主义色彩的关税；模仿英格兰银行，建立一个合众国银行，以 20 年为期，并有权在全国开设分行；全力发展制造业。这些问题在国务院讨论时就有争议，提交国会后引起了更激烈的争论。

赞同者认为这是扭转国家财政状况的灵丹妙药；反对者则认为，通过偿还国债，至少有 4000 万美元的本息落入资本家手中，从而损害了其他地区和社会集团的利益。麦迪逊公开说，投机者正在"合众国的内陆和偏远地区撒网，利用证券持有人的信息缺乏谋取利益"。由于国会会议与会代表在讨论中掺杂了很多感情因素，使得整个讨论非常混乱。华盛顿经过认真的权衡分析，最终认可了汉密尔顿的方案。

国会虽然通过了偿还国债议案，但是钱从哪里来呢？据财政部秘书长的报告，国家每年需要额外 82.6 万美元来支付国债。因此，汉密尔顿提出：征收消费税。主要针对烈酒征税，对进口消费品征税。

这种征税法势必造成南北方差异化，方案一出，国会中争论十分激烈。华盛顿意识到，征税方案之争已不仅仅是北方人与南方人之争，同时也是联邦党人与反联邦党人斗争的一种表现。在这种情况下，南北双方需要找到一个结合点：临时首都选址问题。当时各州的财政都十分吃紧，政府所在地的问题迟迟没有得到解决。有人主张设在北方的费城，有人主张设在南方的乔治顿。经过争论，采取了一个折中办法，作为"交换条件"，把费城作为临时首都，今后 10 年里，国会继续留在费城；永久首都设则在波托马克河岸 10 平方英里的一个区域，并将此地命名为哥伦比亚特区。这样便可以南北兼顾，各得其所，大大缓和了征税方案引起的矛盾。而且一举两得，征税和首都定址两个问题都得到了解决。

11 月初，美国首都从纽约暂移到了费城。杰斐逊又回到了自己熟悉的城市，以更加饱满的热情为合众国的建设事业出力。但新问题也不断涌现，他必须付出更大的努力。

在汉密尔顿的提案中，还有一个重要问题在国会长时间争论不休，也就是建立国家银行。很多人反对建立国家银行，如杰斐逊和伦道夫都认为这个议案有违宪法，怀疑汉密尔顿是想把银行作为获取权力的强力手段，因此予以强烈反对。而实质性症结在于银行要发行纸币，它将会破坏价值的衡量尺度，使一切私人财产都成为彩票，势必培养出一大批金融贵族。

杰斐逊当众批评华盛顿对财政大事一窍不通，但华盛顿并不恼怒，他对这件事非常重视，明智地采取了一套独特的处事方式——不自以为是，不滥用权力，而是不耻下问。他冷静地听取各方意见，尤其重视反对派的论点，用他过人的智慧加以调节。在考虑成熟之后，他赞同了汉密尔顿的观点，最后签字同意建立国家银行。

华盛顿和杰斐逊都惦记着西部地区，密西西比河是美国进行出口贸易的大动脉，从俄亥俄流域到新奥尔良这片膏腴之地，华盛顿惦记了将近30年，英国人全部撤走后，葡萄牙人又专横跋扈起来，没把美国当做一个国家放在眼里，对此华盛顿也只能徒呼奈何。在国外势力的挑唆、干预下，西部边境始终不得安宁，特别是俄亥俄州西北部地区的印第安人经常入侵居民区，残忍地杀戮抢掠白人。华盛顿不止一次地与这些印第安部落进行交涉，与他们缔结和平条约。但协约对印第安人来说就是酒后画押而已，他们随时都可以单方撕毁。印第安人的暴行让华盛顿忍无可忍，派哈默尔将军跟印第安人干了一仗，结果双方伤亡相当，哈默尔将军无功而返。杰斐逊不希望对印第安人大开杀戒，而是希望以和平方式征服他们，比如让印第安人学会白人的种植技术和养殖技术，等他们丰衣足食之后，就不会再去劫掠边境的白人居住点了。但这也非一日之功，开发西部只能从长计议。

在外交方面，杰斐逊的目标是在最大限度上建立一个受到尊重、繁荣富强、不过分依赖任何一个盟友的情况下，仍保有和平的美国。但他和政府必须面对三个既独立又相关的难题——如何处理与英法两国之间的贸易和外交关系；就英国政府强征美国水手休·珀迪事件与其进行交涉，在地中海地区投入兵力打击海盗；英、法两国是死对头，美国倒向哪一边呢？汉密尔顿倾向于亲英，自然主张与英国和谈。早在1789年，汉密尔顿就曾私下让贝克威思给英国当局传话，说华盛顿政府愿意和伦敦做生意，并希望借助英国的海军力量。对此，杰斐逊保持着冷静的头脑，不为狂热的偏见所左右，坚持独立自主和中立原则，尽量避免卷入欧洲的争端。他追求的是自由贸易、相互尊重和正义。尽管他对法国怀有特殊的感情，但他仍采取了"等距外交"策略。这是一个极有创见的外交思想，被华盛顿所采纳。

法国大革命爆发后，华盛顿写信给驻法领事莫里斯说："法国大革命所产生的影响力是如此的深远,它激荡了法国的每个阶层。不过我担心这场革命还没有结束,尽管已经取得了巨大的胜利,但是隐患依然存在。"莫里斯肩负的使命显然包括寻求美法经济合作。但鉴于法国的政治局势复杂多变,他只能竭力维护杰斐逊建立起来的关系。拉法耶特为了表达对华盛顿崇高的尊敬和爱戴,给华盛顿寄了一件珍贵礼物——开启巴士底狱大门的钥匙。他们的私人关系是真诚而深厚的。后来,华盛顿得知法国大革命失败,拉法耶特身陷囹圄,被关押在奥地利,碍于总统身份不便出面向法、奥交涉,于是就让杰斐逊代表他个人去一趟法国,但最终因杰斐逊拒绝而作罢。华盛顿只得在经济上资助拉法耶特夫人。

时任美国国务卿的托马斯·杰斐逊。1791年,查尔斯·威尔逊·皮尔绘

在华盛顿的百般努力下,美国的经济危机得到了有效的缓解。但是,围绕一系列重大方针政策问题,全国上下的争论仍在继续,从经济

政策、外交政策、军事策略、立法司法制度，一直延伸到党争。

有一天，华盛顿向杰斐逊袒露了自己的忧虑：政府"在初始之时得到了民众的广泛支持，可是……不满的情绪近来正不断加重，这远远超出了我的意料。如果政府发生剧变，这种不满情绪会发展到何等程度，实在难以预估"。杰斐逊借机把矛头指向了汉密尔顿："这些不满情绪只有一个源头"：财政部。他指出，汉密尔顿"没有金银打底就大量印发纸钞的行为正在压垮这个国家"，这样做只会鼓动投机，阻碍"其他有利的行业"的发展。华盛顿觉得他言语过激，且有失偏颇，劝说道："我郑重坦言，两位秉承的观点，我坚信皆出自无私、善意。唯实践能够证明争议诸事的政策的健益。"实际上，汉密尔顿的一些做法，借用了杰斐逊币制改革中的一些观点，而且为联邦政府解决了不少麻烦。华盛顿敏锐地意识到，杰斐逊与汉密尔顿的所有争论都说明在政府和国会里已经形成党派，他从全局出发，允许党争继续存在，两党相互节制，又决不让党争影响基本国策和大政方针，把平衡术掌握得恰到好处。

华盛顿认为杰斐逊和汉密尔顿都热爱自己的国家，并从他们的诸多争论中看到了大家求同存异、同舟共济、团结向上的精神风貌。这两个核心人物的缠斗，主要表现为工业利益与农业利益之争、北部与南部之争、联邦权力与州权力之争、大政府主义与小政府主义之争、政府组织力量与个人自由之争，但争论始终围绕美国发展的两条路线进行，相辅相成，客观上对美国经济的发展和政治体制的完善、成熟起到了促进作用。1792年11月，华盛顿在国会会议上说：建国初期的经济政策得到了切实的贯彻执行，国家现在有能力偿还一部分国债；政治稳定，政府有望重拾政府的信誉；百姓安居乐业，一切都在朝着积极的方向发展。

第七章 权力巅峰展宏图

1. 韬光养晦待时机

在国务卿第一届任期即将结束的时候,杰斐逊给华盛顿写了一封信,他在信中说,他对政府的大部分国内和外交政策无法继续坚持下去,因此打算辞职。正在弗农山庄休假的华盛顿为此两次会晤杰斐逊,希望他慎重考虑,并说如果他能够留任,对新政府的稳定巩固是非常有意义的。杰斐逊最后放弃了辞职的念头。他给女儿写信说:"对我的攻击让我改变了我原本以为无法改变的决定,而现在我要留下来继续斗争。"

华盛顿连任总统后,汉密尔顿在国会的势力发生了变化。国会众议院的共和党人要求汉密尔顿就自己的金融项目对国会做出解释。他们提出质疑,一个国家的财政部长为什么拒绝将政府借债、贷款和收税的计划的所有事实告知国会?在此之前的4年里,国会众议院对汉密尔顿言听计从,按照他的意思通过了种种立法。在汉密尔顿看来,这样做天经地义,但新一届众议院却提出了知情权。

汉密尔顿认为这是国会故意找茬,他忍着屈辱,向国会一连提交了4份答复报告,就财政部的工作做出详细解释。共和党人虽然想从中找出某些漏洞,但最终还是白费功夫。他们对此很不甘心,于是又在其他问题上对汉密尔顿发起攻击。国会中的共和党人提出,汉密尔顿在处理外债的问题上,没有遵循总统的指示。比如,给美国中央银行的利息太高,而且没有严格遵守国会关于使用政府资金的立法。国会里的联邦党人奋起反击,他们三番五次地重申,共和党人无法证明汉密尔顿有任何违规行为。

华盛顿担心这样争斗下去会两败俱伤,于1793年2月询问杰斐逊是否愿意考虑返回巴黎担任大使1~2年,为美国争取利益。杰斐逊拒绝了这一提议,并认为华盛顿过于偏袒汉密尔顿,偏袒联邦党,甚至怀疑华盛顿有走向独裁的倾向。

1793年3月,杰斐逊写信再次向华盛顿表明了辞职的意愿。因为在政府圈子和国会里盛行的联邦主义风气,让他感到"惊诧和苦恼"。他觉得自己在很多场合"几乎成了共和派观点的唯一代言人"。他感到每次觐见总统的鞠躬礼仪(华盛顿在正式场合从不与任何人握手)就是一种对君主的礼仪,这种"君臣之礼"让他感到窒息,种种迹象使他开始担心合众国渐渐向专制政体迈进。

联邦政府和国会的党争起初是以杰斐逊和汉密尔顿为对立双方的代表人物而展开的,争论的核心表面上是围绕着解决美国经济危机的政策,深层的根源则是联邦主义与共和主义的分歧,最终导致在美国形成了相互对立的"联邦党"和"共和党"。

杰斐逊认为合众国应该坚定地走民主共和的道路,他反对一切形式的独裁统治。他反对总统连任制度,甚至竭力反对称呼总统为"大人"。合众国的新政府已经成立起来,但是国内的君主主义的传统依然存在。他指出"宪法是一个很好的开端,但它不过是国家走向另一个体制的跳板而已"。美国公民思考的问题只是如何让这个民族长期、平等、和谐地生存下去,而不是要一个什么也给不了他们的政府来管着他们,他主张强化民权,弱化君权,始终以共和国的支持者和共和原则的捍卫者自居。他还有一个得力的助手麦迪逊在不遗余力地宣扬共和主义,并自主成立了共和党。他们都没参加制宪会议,令人大惑不解的是,在制宪会议之前,无论是杰斐逊还是麦迪逊,都主张建立统一的、受人尊重的、强有力的中央政府,可以说是最早的联邦主义者,那么,为什么制宪会议之后，他们反倒担心起高度集权的政府会走向专制而反对联邦主义呢？这恐怕与汉密尔顿的所作所为有很大关系。

汉密尔顿一党着眼于美国松散联盟的弊端，提出强化联邦政府的绝对权力，并在中央政府的统一领导下，制定财税政策和经济发展政策。汉密尔顿甚至公开说："除了君主制，再也没有任何一种政府形式能够获得稳定和保障。"

因为这仅仅靠民主是解决不了的，必须要有强制措施；实行君主统治、总统终身制，把权力集中于中央政府，尽量限制选举投票。他们还标榜自己是联邦制度的创建者和保卫者。

杰斐逊认为汉密尔顿是一个有可能愿意牺牲美国的自由事业去换取专制独裁的人，怀疑他作为财政部长是在玩弄手法，强化他个人的权威，最终使美国复辟君主制。财政部规模之大为各部之首，部员达30人，且下属还有上千名海关官员和国内税收代理人。而陆军部只有3个部员，国务院也只有5个人。

他们的争论在外人看来是权力之争，但华盛顿心里明白，实际上，他们争论的核心是同一事物的两个方面，就好比天平上的两端。华盛顿认为，美国是一个特殊的新生国家，没有经历过君主专制的封建社会，也没有经历过欧洲新兴资本主义国家宣扬的所谓绝对的民主社会，美国的现实问题决定了美国必须走一条属于自己的路，那就是把联邦制与民主共和制融而为一。华盛顿的政治目光是锐利的，他高瞻远瞩，面对两派的争论从来都是采取制约与调和双管齐下的办法，其高明手段决不会让天平失去平衡。

以麦迪逊为首的共和党人发现，他们极力宣扬的共和主义的政治主张，核心其实是杰斐逊的民主主义思想原则，于是在后来将共和党改为民主共和党，而杰斐逊也就顺理成章地成为民主共和党的创始人。

在两党的争论从经济转到政治中后，汉密尔顿一党取胜的次数远比杰斐逊所代表的民主共和党多，不仅在经济决策方面，华盛顿大都采纳汉密尔顿的建议，而且在对外关系方面，也总是汉密尔顿的意见被采纳。比如对待"热内事件"的立场，足以证明华盛顿更偏向汉密尔顿。

法国国王路易十六被处决后，英国、葡萄牙等国对法宣战。杰斐逊和汉密尔顿出于维护国家利益最大化的考虑，都主张美国应该在这场战争中保持严格的中立立场，但两人在具体方式上有较大的分歧。汉密尔顿认为1778年美法之间的商业同盟条约应被搁置，同时在接纳法国公使时应该向他声明合众国对法国的殖民地没有保卫的责任，以确保美国的中立姿态。杰斐逊则更多地考虑两国民众的历史感情，认为是否保卫西印度群岛应根据英法战争，局势变化而定。而热内作为法国公使应受到接待。华盛顿接受了杰斐逊的观点，签署并发布了一个中立宣言，并禁止美国公民"助长或煽动敌对行为"。

但法国驻美公使热内却身负法国政府（吉伦特派①）交给他的特殊任务——利用美国本土作为打击英国与西班牙殖民地商业的基地。他在美国登陆时受到了热烈欢迎，登岸后立即着手进行一系列针对英国的对抗活动，如装备对付英国贸易的私掠船以打击英国的贸易、在美招募军队准备进攻佛罗里达和路易斯安那。热内还向土地投机者发布军事委任状，鼓动他们组织边民军团，进攻西班牙的新奥尔良，大肆鼓动英属加拿大和西属路易斯安那的反英分子发动叛乱。

显然，热内的行动严重违反了美国政府的中立宣言，美国政府如果接纳他，就等于加入了欧洲的战争。所以，当热内到达费城时，受到了华盛顿的冷遇。杰斐逊也认为不能接纳热内，并向他提出了警告。

不久，华盛顿听从汉密尔顿的建议，不再援助法国，并停止以偿还法国外债的方式向热内提供资金帮助。热内感到十分愤怒和失望，于是越过美国政府，直接向美国民众呼吁进行反对英国的行动。

美国政府对热内的这种行为是难以容忍的，直接要求法国政府将热内召回，这时法国吉伦特派已经垮台，热内害怕回国后被送上断头台，于是拒绝回国，最后请求留在美国，并与纽约州州长克林顿的女儿结

---

① 吉伦特派：法国大革命时期立法大会和国民公会中的一个政治派别，主要代表当时信奉自由主义的法国工商业人士。

了婚。

热内事件使得美法关系开始转冷，同时，英国也没有因为美国政府的做法而开始对美国政府重新审视或抱以好感。热内的行为和结局使同情法国的杰斐逊非常难堪，感觉自己在国务卿这个位子上越来越坐不住了，成了一个孤独者。

时值1793年夏末，费城爆发了黄热病疫情。从8月到11月，这个原本只有44000多人的临时都城就死了5000多人，人们在恐惧中迅速逃离，很快这个城市就人口减半。政府部门几乎完全瘫痪，杰斐逊觉得自己留下也将无所作为，于是在1793年12月31日，正式向华盛顿请辞。华盛顿说了一句"深感遗憾"后，接受了他的辞呈。

1794年新年到来后的第五天，杰斐逊起程返乡，回到了还没有修建完的蒙蒂塞洛庄园，决心不再涉足政坛，避开一切公务，全身心地经营农场，进行科学研究，并从书本和家庭生活中寻找乐趣。副总统约翰·亚当斯于1794年4月送了一本书到蒙蒂塞洛，并且随书附上一句问候："我要恭喜你，能够在种植园享受明媚的春光，远离政治的喧嚣和战争的传言。真希望我这里的春天能和彼处的一样啊！"杰斐逊在回信中除了表达谢意外，还谈到了自己的外交观点："我的同胞正因饱受英国人的羞辱而煎熬。我希望能找到一个方法，既可捍卫我们的信念和荣誉，又可维系和平。"因此有人认为，杰斐逊这次隐退并非他心甘情愿，他在庄园待不长。

事实也确实如此，杰斐逊在退隐后的两年中，尽管他的农场产出已经达到了州内一流水平，他也在没完没了地整修他的庄园，但国内政治形势的发展仍不时牵动他的心。

在他决心回到"家庭、田园和书籍的怀抱中去"之初，他的心情是舒畅的。他回家后第一件事就重新拾起他那庞大的改来改去的土木工程。拜访过蒙蒂塞洛的客人都看得出来，他至少有一半的时间是花在了庄园的新设计上，因为他并不知道最理想的庄园到底是什么样子。他自己也承认："建筑设计是我的兴趣爱好，建了拆、拆了造是我最大的乐趣之一。"其实庄园的主体工程已经有模有样了，但他还想沿东南侧延伸的桑径再向两边扩展。一边是奴隶营房、奶酪和糕点食品加工房、肉鱼熏制房、贮藏室、马车房，另一边是加工生产工具和日常用品的铁匠铺、木工坊、砖石坑、制钉厂等。看样子他是想把这里建成一个全功能的庄园。不过，人们并不为庄园的多功能而惊叹，而是惊叹于托马斯对每一事每一物的探究兴趣、知识、技艺，说他是一个超级大师一点也不为过。

杰斐逊时常在自己创办的制钉厂亲自指挥生产，工人是 12 个半大的孩童。他偶尔也在纺纱厂指导女奴纺织。更多的时候他是上午骑马巡视农田，下午不读书写日志就会到制钉厂数钉子，看看一天能生产多少。晚上通常给必须回信的朋友写信和整理《园艺笔记》。

杰斐逊名下共有 5000 多英亩土地，但可耕地仅占 1/4。而且，近 10 年因缺少管理，大部分荒芜了，种上庄稼的农田收成也不够好。杰斐逊回来后，将一半精力花在了农场管理上。一方面，他改良土壤，探索先进的耕作方式，并对农具进行改造，努力提高生产力。比如模仿法国的耕犁进行自制，还试图仿制一台脱粒机，虽然不是很成功，但精神可嘉。另一方面，他对农作物分类规划，什么地、什么时节适合种什么作物，他都有过细致研究，并对品种进行优化，只要发现优良品种就立马引进。

同时，他对劳动力人数进行了统计和分工。在阿尔贝马尔县，他有 105 个劳力（主要是黑人奴隶），在贝德福县还有 49 名农奴。根据这些奴隶之所长，他安排不同的农活给他们干，尽可能让每个人都发挥最大的作用。

这年冬季，杰斐逊的风湿症发作了，疼得不能进行任何户外活动，他只能躺在家里看书，或者做原来只在下雨才做的事情——写信。他在信中谈的大多是农庄的事情，或者是谈他的外孙和侄儿侄女们，政治似乎已完全从他的脑海中清理出去了。而且，他还有意无意地向关心他的朋友们暗示，他虽然生病了，但现在的日子过得安逸快乐。

1795年春暖花开的时候，杰斐逊的病不治而愈。他又恢复了活力，每天忙完农庄计划好的活之后，总会抽空骑马、钓鱼或狩猎。他用上了从法国带回来的新式滑膛枪，他爱好枪，但不希望将它用于战争。有了好枪、好骑手，自然还得配好马。他有多匹被赐名的马，比如艾丽·克罗克、古斯塔夫斯、库库林、大将军等。马被主人赐名，说明主人喜欢它，这是马的一种荣誉，也是当时贵族阶层好马者的习惯。一匹良马的价格不菲，可以用来买10多个奴隶。

　　在杰斐逊看来，狩猎和骑马都是勇者的锻炼方式，他一生都不曾间断过这样的锻炼。他狩猎不一定是为了获得猎物，非常讲究公平，从不对猎物进行偷袭，而是把动物从洞穴里赶出来，开枪前给动物逃跑的机会。但可怜的动物遇到他就算倒了霉，因为他在30码①开外射猎松鼠都从未失过手。他骑马的瘾也很大，他在记事本里写道："从清早离开早餐桌后，到黄昏坐到晚餐桌前，我一整天都在马背上度过，甚至常常用过晚餐还会再骑一阵，直到天黑为止。"

　　钓鱼更能体现杰斐逊淡泊之意。在蒙蒂塞洛周边，除了里瓦纳河之外还有不少小河，他总能找到一块垂钓宝地。据说，在费城时，他去斯库尔基尔河钓过鱼；更远的还去过纽约州北面的乔治湖垂钓。可见他是一个名副其实的钓鱼爱好者。

　　杰斐逊就这样享受着一个乡村绅士自由自在的生活，他把庄园比作伊甸园。但是，到了下半年，社会上的种种喧嚣打破了庄园的平静，最先让他不得安宁就是他的老朋友詹姆斯·麦迪逊。作为民主共和党的领袖人物，麦迪逊写信给杰斐逊，试图让这位隐士重返政界，并成为民主党的一面旗子。接着，詹姆斯·门罗的信也寄到了，他向杰斐逊报告了非常重要的国内及国际消息，国内方面，汉密尔顿的《国产税法》（消费税）实施后引起了民众的普遍不满，宾夕法尼亚州西部的农民拒绝缴纳威士忌酒税，甚至举行武装起义，围攻联邦税务官约翰·内维尔将军

---

① 1码=0.9144米。

的宅邸，政府不得不派兵镇压。杰斐逊认为，政府这样做不仅是为了镇压宾夕法尼亚州的叛乱，同时也是在剥夺民众和平集会的自由。民众的吵吵嚷嚷是民主必须付出的代价。他非常讨厌政界一些争论不休的人或事。有一次，他和女儿帕茜乘船渡河，船上的两个渡工在开船之前一直在争吵，开船后不久，他们竟然动起手来。杰斐逊"眼冒火光"，立刻"抄起一支桨来，挥过两个渡工的头顶，然后厉声呵斥，将这两个人的争吵声压了下去"。他手里拿着武器，发出准确无误的命令："赶紧给我好好划船，不然的话，我就把你们两个混蛋都丢进河里！"这表明，杰斐逊试图摆脱各种纷争，干干净净地不再沾染政坛尘埃。

　　至于国际方面的消息，主要是关于英美签订的《杰伊条约》。为了缓和同英国的关系，1794年5月，美国派首席大法官约翰·杰伊赴英谈判，并于11月19日签订了以杰伊为名的《杰伊条约》。1795年3月7日，华盛顿收到了条约副本，从英国传来条约被认为是对英方做出了过多的让步，但最终还是由国会签署生效了。这么多年来，汉密尔顿一直试图建立英美两国之间的经济协作关系，《杰伊条约》让他得偿所愿，从实质上把两国的经济牢牢捆绑在一起。

　　《杰伊条约》在国会获得通过，对麦迪逊是个很大的打击，他感到自己在国会已独力难支，不得不写信给杰斐逊请他重返政坛，即使不能回华盛顿，至少也要发声声援。杰斐逊给麦迪逊复信说：《杰伊条约》是"无耻之举"。他还明确告诉麦迪逊："这个人（汉密尔顿）已经跳到了前台，除了你，没有别人能够去对付他了，你应该在报纸上与他争辩。"

　　正如杰斐逊所料，《杰伊条约》的实施，引起了美国民众的普遍反对。人们当街焚烧杰伊的纸人像，"从北到南，人们无不对这一条约口诛笔伐，谴责它不是极端愚蠢，就是极端肮脏"。紧接着，汉密尔顿也在民众的谩骂声中辞职了。此时的杰斐逊已经不知不觉在以务实的态度分析现时的政治形势，并以科学的眼光看待周遭的世界，并在1795年10月中旬之后的一次笔记中概括了当前的形势。

但过了几天，一位法国朋友邮来一本书，杰斐逊看也没看就说："这是关于政治的书，我已不再热衷，而是恨这个话题了。因此，我恐怕难以读完。"接着，杰斐逊的朋友威廉·布兰奇·贾尔斯又写信说要来山庄看他，杰斐逊知道贾尔斯所为何事，立刻回信说："如果你是以农夫的身份来探望我，那么我们有很多东西可以相互学习。我不过是一个初学者，内心既迫不及待，但又感到绝望。因为我现在年纪已大，很难学会一门新的手艺。"杰斐逊喜欢和老朋友在一起，享受快乐的时光。在另一封写给老朋友的信中，他说："来吧……我们可以每天在一起喝汤饮酒，追忆青春岁月、过往传奇。"言外之意是，只要不谈政治，谈其他任何事情他都欢迎之至。

杰斐逊可能还没有意识到，他与政治仍然如此紧密地联系在一起，这种联系是自然而然、不假思索的。不知不觉中，他还是被卷入了滚滚的政治洪流中。后来他在日记中发出感慨："每个人都负有为国效力的义务，这一义务与他所获自然与命运的馈赠相当。"

2. 当选副总统

在华盛顿的总统第二任期里，美国的政治、社会秩序得到了巩固，联邦政府的权力和威信得到了加强；对外贸易状况明显改善；英军撤出了西北部要塞，边境趋向稳定，为美国的经济发展赢得了一个较好的环境，可以说是政绩斐然。在美国确立了内政外交的大政方针后，一直向往田园生活的华盛顿决意息影政坛。

从1796年3月开始，华盛顿就着手准备一份告别文稿，对任期内的一切做个总结交代。经过数月的反复推敲、修改润色，9月17日他在费城的《美国每日新闻报》发表《告别词》。他在文中讲道："欧洲有一种与我们无关，或者关系非常微小的根本利益。因此，它必然经常陷于其起因基本上与我们不相干的纷争之中。所以，如果我们通过人为的纽带把自己卷入欧洲政治的诡谲风雨、与欧洲进行友谊的结合或敌对的冲突，都是不明智的。我们超然远处在局外的地位，使我们可以遵循一条不同的路线。……我们的正确政策，乃是避免与外部世界的任何部分永久结盟，我的意思是我们现在可以自由处理这种问题；但请不要误会，以为我赞成不履行现有的条约。我认为诚实是最好的政策，这句格言不仅适用于私事，亦通用于公务。……我们应当经常警惕，建立适量的军队以保持可观的防御姿态，这样在非常时期中，我们才可以安全地依靠暂时性的同盟。"在这篇演说中，他再次向美国人民提出谆谆忠告，美国应该珍视全国性的联合，并一再强调民族的团结对于美国人民的重要意义，坚决反对破坏团结的党派观念；在外交上要以正直、公正的感情来对待一切国家，"避免与外界任何部分的永久联盟"，这也体现了华盛顿奉行的孤独主义外交思想。他在告别词中表明自己不愿再参加下届总统竞选，表达了自己对国家、对人民的热爱之情，同时也表达了他对国家未来的担忧。

这篇演讲揭开了美国历史上第一次真正意义上的总统竞选大战的序幕。马萨诸塞州众议员费希尔·埃姆斯说，华盛顿的声明是"一个信号，就像帽子往地上一扔，各党各派的参选者听令起跑"。

对麦迪逊来说，民主共和党有一个不得不面对的现实：联邦党人已经非正式地决定，让副总统约翰·亚当斯来接替华盛顿。早在1796年初，亚当斯就踌躇满志地对妻子说："正如你所说的，我简直是一个宠儿，我今天又要去参加宴会。你知道，我已成了继承人，很快就要接任总统啦！"所谓近水楼台先得月，他离总统的宝座最近，而且民主党人又非常齐心地极力挺他，所以他认为自己已胜券在握，无论是联邦党还是民主共和党中，都无人能与他争锋。

但是，麦迪逊坚持认为杰斐逊是注定要谋求美利坚合众国总统职位的人。除了杰斐逊，民主共和党人中还没有谁能跟亚当斯抗衡。1796年夏天，也就是华盛顿发表《告别词》之前，麦迪逊特意跑了一趟蒙蒂塞洛，用试探的口吻征询杰斐逊：在华盛顿的总统任期结束后，有没有打算出山竞选总统？并强调，只有他出山，民主共和党才有获胜的希望。杰斐逊当即表示，自己是真心退出政府一切职务的，年轻时候的一点野心已经消磨殆尽了。

但麦迪逊不愿就此罢手，回去后又立刻给杰斐逊写了一封信，再次透露说他肯定会被民主共和党人提名来作为华盛顿的继承人。杰斐逊迅速回了一封长信，他在信中说：不要让任何人误解你。你便是最好的候选人，何必把一个没有兴趣的人再拉进无谓的斗争中去呢。

麦迪逊感到很无奈，但又不甘心放弃。他与门罗商量，为了能与联邦党的候选人亚当斯抗衡，必须想一高招逼杰斐逊出山。这两个聪明绝顶的人想到的办法也很普通：先斩后奏。不管杰斐逊是否同意竞选，先召开民主共和党代表大会，把他提名为总统候选人再说。门罗担心，杰斐逊会允许自己的名字被提名参选美利坚合众国的总统吗？这将是他在轰轰烈烈的独立战争期间选择"国家高于国王"以来，公职生涯中最重大的决定。如果他拒绝，他们不仅会白忙活一场，而且民主共和党又没有准备推出其他预备人选，必败无疑。

为了开展"地下工作"，麦迪逊悄悄从费城来到里士满，待了整整一个夏季，四处活动。但他一次也没去见杰斐逊，因为他不想给杰斐逊说"不"的机会。他打算把一切准备工作都做好了，再向杰斐逊宣布。

1796年12月5日，国会举行年度第一次会议。12月7日，华盛顿最后一次与国会两院的议员见面。在会上，华盛顿提出了有关改进农业机构、建立军事院校和全国性大学、逐步扩建海军等建设性的意见。代表们对他提出的建议都表示赞同，同时也对他的离去感到万分遗憾。两大党派领袖都心有灵犀，但不会当着华盛顿的面表露自身的意图，公开自己的候选人名单。因此，无论是联邦党还是民主共和党领袖，都在华盛顿离去之前就已经各自在私下忙碌起来。

杰斐逊虽然在庄园里从未外出，但外界的纷扰还是让他不得安宁。对事事都要严格掌控的性格使他发现，自己在毫不知情的情况下，已经被提名为民主共和党的总统候选人了。他担心别人说他虚伪，连忙发表声明说："我的名字……又被提出来了，既未经我同意，也非我所预期。

我凭自己的灵魂得救来宣布这件事。"

尽管如此,杰斐逊还是遭到了联邦党人的攻击,而且一出手就毫不留情。联邦党人西姆斯宣称,杰斐逊不能胜任政府要职,因为他在战时担任州长期间"逢敌军入侵"而自顾逃离,"公文案册毁于一旦,致弗吉尼亚州政府混乱,损失惨重,处境艰难",这样一个怯懦的人根本不能胜任总统一职。杰斐逊并不热衷于总统之位,但这涉及他个人的荣誉,所以他不得不出面申诉"冤屈"。就这样,他被逼出山了。同时,民主共和党人约翰·泰勒也出面对联邦党予以回击;西部地区的议员威廉·科克则发表演讲表示坚决支持托马斯。但联邦党一边利用报刊大造舆论,一边排兵布阵。他们向杰斐逊的政敌帕特里克·亨利主动示好,支持他竞选总统。但亨利表示他不感兴趣。于是,他们又生出一计:极力推选联邦党副总统候选人查马斯·平克尼为总统候选人。这是联邦党的"双保险"策略。

现行宪法没有对总统候选人的党派做出限定,也没有规定分别投票选举总统和副总统,而是规定得票居第一位的候选人为总统,得票居第二位的候选人任副总统。所以,杰斐逊要获选,就必须战胜亚当斯和平克尼,难度极大。

但是,这次竞选出现了一个奇怪的现象:两党总统候选人都没有主动发起竞选活动,只是通过知交或盟友间接放出消息说,已同意自己的名字被列入候选名单,一点也没有"竞争"气氛。总统候选人都表现得异常"淡定"。亚当斯认为自己身为副总统,四处奔走去拉选票有失身份;杰斐逊则表示无意从政,更不会讨好谁为自己拉选票。倒是两党总统候选人的支持者展开了激烈的交锋。

民主共和党通过报刊盛赞杰斐逊是"民众权利坚贞不渝的朋友","一贯主张公民享有平等权利",并指责和抨击亚当斯是"世袭权力的鼓吹者""拥护等级、封号和世袭爵位"的人;联邦党人则反唇相讥,指责杰斐逊担任州长的时候管理不当,担任国务卿的时候又在关键时刻放弃职务,并领导了一个亲法的政党,一心想要改变政府的体制。杰斐逊被迫回应说："我在神坛前起誓，对于任何形式的针对人的心灵的专制，我都将反对到底。"民主共和党人强调，竞选必须着眼于当下，而不是纠缠过去。竞选的实质是美国政府今后所走道路之争，是要走向民主共和还是走向君主专制，而联邦党人的立场完全背离了1776年美国的独立精神。联邦党人则称，杰斐逊虽然"学问不少"，但是主要集中在自然科学方面，不是一个政治家，他提出的一些理论往往自相矛盾，只能作为学术研究，而不能作为国家体制原则。

从各州投票的方式来看，也不大相同。有6个州采取的方式是，由区或在一张总选票上进行民众选举投票。结果显示，联邦党人在东北部势力比较强，民主共和党人的势力则主要集中在南部。

1796年的冬天来得比往年早，弗吉尼亚局部地区的气温骤降至零下11摄氏度左右。但杰斐逊不顾寒冷，一连几天都坐在桌旁等候1796年总统选举的结果。因为各州投票的时间不统一，投票结果报送到费城的时间也有先有后。杰斐逊等得心急，还专门写信向麦迪逊打听情况。直到1797年2月8日，最终的统计结果才公布出来：亚当斯获得71票，居首位；杰斐逊获得68票，以3票之差屈居第二；平克尼只得到59票。

亚当斯如愿当选，喜不自禁。民主共和党人则担心杰斐逊是否愿意屈居副职。结果刚一公布，麦迪逊就写信给杰斐逊，劝慰他不要因为只获得副职而难过，"既然你已下定决心服从国家的召唤，那么，就交由国家来决定哪个岗位需要你吧"，希望他不要拒绝这个职位。杰斐逊回信表示，他对这样的结果比较满意，"担任政府的二把手既是一项崇高的荣誉，又不必花费多少气力"；他还写道："考虑到公众寄予的信任，我若当选便不会推辞（总统一职），可我在上帝面前发誓，免担此责，我内心充满欢喜。"这让麦迪逊大感意外又很欣慰。

尘埃落定，联邦党与民主共和党在这次交锋中算是打了个平手。杰斐逊原本是求败的，现在他终于想通了：除了蒙蒂塞洛庄园，他还需要政治舞台，需要一个能够施展宏伟抱负的天地。他所选择的事业，已成为他生命中不可割舍的一部分。

1797年3月3日是华盛顿担任公职的最后一天,他举行了一次告别宴会。3月4日,杰斐逊在参议院会议厅宣誓就任副总统,亚当斯在众议院会议厅宣誓就任总统。华盛顿以平民身份参加了整个仪式,看到两个不同政党的总统和副总统能走到一起,他心里感到十分欣慰。

但是,杰斐逊和亚当斯的"蜜月期"很快就过去了,在后来的工作中,他们并不是那么和谐。亚当斯上任后,外患内忧并起,让他穷于应付。最先遇到的麻烦是美法关系越来越紧张,大有剑拔弩张、一触即发之势。亚当斯不大懂军事,不得不求助于华盛顿,请他以陆军中将衔出任美国陆军总司令,让汉密尔顿担任他的副手,为可能发生的战争做准备;而杰斐逊是亲法派,他担心亚当斯轻易与法国开战,于是联合民主共和党人试图阻止。汉密尔顿是亲英派,而且他在联邦党内依然实权在握,以他为代表的联邦党人试图促成美英携手,通过战争把美、英、法之间的种种纠葛与恩怨全部了结。亚当斯虽然也不赞成轻易动武,但对联邦党人的战争宣传和过火的军事准备是默许的。

杰斐逊着眼于全局,始终保持着清醒的头脑,他劝亚当斯说:"如能使我们免于这场会给我国的农业、商业和信誉以毁灭性打击的战争,那么荣耀必将归于您一身。彼此相交多年,虽然多有磕碰,或无意为之,或有意使然,可在我心中,对您那份深厚的敬重之情,一如我们并肩为国家独立而奋斗之时。"同时,他规劝法国外长塔列朗①保持冷静,不要落入少数别有用心的人设计好的圈套。在惊觉美国这只大船即将漂进一片未知的充满危险的水域后,亚当斯派出了全权公使与法国谈判。幸好双方只在海上发生几次小规模冲突,并且都保持着克制,大规模战争并没有打起来,但也让人不禁捏一把汗。

---

① 塔列朗:法国大革命时期的政治人物,贵族出身,曾当过神父,后来参加政治活动,曾在连续6届法国政府中担任外交部长、总理大臣。他圆滑机警,老谋深算,权变多诈,云谲波诡。有人称他是热忱的"爱国者",但更多的人则把他视为危险的"阴谋家"和"叛变者"。

作为副总统，杰斐逊主要分管立法工作，经常打交道的是国会。他在国会中的最得力帮手是麦迪逊，而亚当斯却准备派麦迪逊出使法国，这让杰斐逊心里很不舒服。他对亚当斯说，麦迪逊不会接受这项任命。亚当斯作了一番解释，然后说，他先前确实考虑欠周，将会取消这项任命。不过，这并不是他接受了杰斐逊的意见，而是因为联邦党中也有很多人反对这项任命。这件事让亚当斯开始怀疑杰斐逊有把持国会的企图，此后政府出台任何政策法令，他事先从不征询杰斐逊的意见。一些报刊还时不时刊登文章，对杰斐逊提出批评。对此，杰斐逊在记事本里写道："一段时间以来，我一直是大小报纸演出的道具，供人任意中伤的靶子。"但他的心态比以前好多了，他认为"这些以怨报德都是要承受的，就像身体需经受风暴、烈火等的折磨一样"，甚至根本不去追究幕后的始作俑者是谁。他的政治风格是和风细雨的，从来没有面对面与对手有过激烈争论。

1798年年初，佐治亚州的两位众议员告诉杰斐逊，在纽约和东部各州形成了一个人数众多的联盟，其成员或是坚守部分君主制信条，或是受了谢斯起义和旧国会无能的惊吓，因此联盟的代表"开会商议要武装夺权，建立新的政府"。他们互通信件，还派了一位代表去见华盛顿，寻求他的支持。杰斐逊感到事关重大，立刻展开调查。可是，这件事还没查清楚，又发生了两位议员在众议院大打出手的暴力事件。这两位议员一个是联邦党人，另一个则是民主共和党人，因为相互攻讦引发了这场武斗。亚当斯借机发动攻势，意图压制国内的不同政见和反对政府的声音。可见当时的政局混乱而复杂。

为了解决"内忧"，1798年，国会出台了一系列单行法规，其中包括《归化法》《外国人法》《敌对外侨法》《惩治叛乱法》四项法规，合称《关于处置外侨和煽动叛乱的法令》。这些法案是在备战时期赋予总统特权的情况下提出来的，国会包括副总统杰斐逊在内都无权过多干预这些法案。杰斐逊认为这是四项摧残人权的法令。

《关于处置外侨和煽动叛乱的法令》规定，任何人联合或共同密谋反对政府的任何合法措施，阻止美国任何官员履行职责或协助或企图挑起"任何暴动、骚乱、非法集会或共谋等情况"，均为非法。凡违犯这些法规的人，不管是国民还是侨民，都要受到严厉的惩罚。该法令规定，总统有权将他认为有危害性的侨民驱逐出境。联邦党人说，这些法规对于保护国家安全十分必要，但事实上，联邦党人是为了借此排斥和孤立民主共和党，削弱民主共和党人的力量。比如，在执行《惩治叛乱法》的起诉案件中，被告几乎都是民主共和党人，每一个审判官和陪审员都是联邦党人。民主共和党共有25人被拘捕，其中10人被定罪，这些人大部分是报纸编辑，都被任意加重罚款或加以监禁。《惩治叛乱法》还判定言论自由是违法行为，禁止任何人撰写、印刷、口头或书面发表丑化和恶意攻击联邦政府或国会两院之任一院……的言论。这些法规大大限制了言论自由和媒体自由，压制了批评政府的声浪。

《关于处置外侨和煽动叛乱的法令》实施后，引起了美国民众的反感，尤其在接受杰斐逊民主思想的那些州，如肯塔基州和弗吉尼亚州议会分别做出了激烈反应，掀起了一次维护宪法和州权的运动。而在费城，有大约1200人上街游行，他们支持通过《敌对外侨法》。这些人大都是亲近亚当斯政府的联邦党人，他们发表声明，为政府的违宪政策呐喊助威，结果与民主共和党人发生激烈冲突，再次引发了暴力事件。

在亚当斯执政期内，国内外局势紧张，两党阵营之间剑拔弩张，经济停滞不前，人们思想混乱，道德沦丧，社会秩序也很差。杰斐逊在回忆录里写道："我不知道哪一点让我感到更加心痛：是我写信时需要提心吊胆，还是我们国家沦落到如此光景。……那真是吵闹、沉闷而危机四伏的四年。亚当斯是一个有怪癖的老人，什么人他都怀疑。"为此，他不得不拿出很大一部分精力来应对、化解两人之间的矛盾和误会。政局动荡，亚当斯政府采取的应对之策是东一榔头西一棒子，头疼医头，脚疼医脚，穷于应付，最终无所建树。

3. 白宫新主人

在担任副总统期间，杰斐逊几乎不能行使任何权力，但是又不能置身事外。他想到的办法是鼓动那些亲近民主共和党的人去竞选议员。他给朋友约翰·佩奇写信，劝他谋求一个众议院席位。他在信中说："敬爱的约翰先生，请您务必全力以赴……因为每一票都可能决定哪一派（在众议院）取得多数。"他还发动友人撰写抨击文章在报上发表，并与麦迪逊讨论影响公众舆论的策略；他甚至亲自为肯塔基州的州议会起草决议案，抗议通过《关于处置外侨和煽动叛乱的法令》。这份《肯塔基决议案》最后被送到亚当斯的办公桌上，这让杰斐逊与亚当斯之间的矛盾更加尖锐，并公开化。

随着时间的推移，下一届总统竞选已经临近，这也意味着杰斐逊与亚当斯第二回合的较量即将开始。1799年2月，约翰·泰勒写信给杰斐逊，希望他继续扩大影响。泰勒在信中写道："一位坚定果断的政府领导人，能够在影响民意方面发挥至关重要的作用。"这不仅是为了更有力地抨击亚当斯政府的那些违宪法案，同时也是为了给杰斐逊竞选下届总统造势。

杰斐逊也似乎显得比上一次更积极主动了，早早就开始准备。他之所以如此重视并主动站出来，是因为在亚当斯"邪巫统治"下发生的种种事件，使他确信共和主义正处于危险之中。他不仅要挽救国家，还要挽救民主共和党。因此，泰勒认为，这一次总统选举，将是思想理念和人格魅力的战争中的一场终极对决。

1800年年初，美国政府将首都从费城迁往新建的城市华盛顿（哥伦比亚特区），坐落于马里兰州和弗吉尼亚州中间南北交界的波托马克河畔。亚当斯搬进了刚刚修建完工的白宫（总统府），屁股还没坐热，总统大选年便到来了，他不得不开始进行一场守卫战。

此时的联邦党已少了些生气，没有了往日咄咄逼人的气势。联邦党领袖汉密尔顿清楚地知道，这次大选是他们抓住政治权力的最后机会，所以竞选要不遗余力。总统候选人是由国会内的党团会议选定的，但一开始，联邦党内部就出现了分歧，联邦党居然要推选纽约州的联邦党领袖阿伦·伯尔①，他可是汉密尔顿的死对头。而且，汉密尔顿对亚当斯也不满意，这次不准备继续挺他了。

但联邦党人做好了两手准备，首先是阻止杰斐逊和伯尔当中的任何一个人当选，然后设法让联邦党人掌握行政大权；如果不成功，那就让伯尔击败杰斐逊，担任总统。联邦党人试图造成一种假象，让民众觉得伯尔已经跟杰斐逊站在一起了，谁能胜出都是一样的。但是伯尔毫不客气地揭露了他们的阴谋，然后写信给杰斐逊说："每一个共和党人都希望你出任总统，每一个优秀的共和党人都希望为你效力。跟你当副总统，我会很高兴，也很荣幸。如果你觉得我担任副总统对你更有帮助的话，我义无反顾。"这次民主共和党人的意见也比较一致，仍像在1796年那样，决定继续支持杰斐逊。

竞选投票之前，战斗最激烈的是新闻媒体。联邦党先声夺人，在《美国时事报》告诫选民，要选择"上帝和一位虔诚的总统。如果投票给杰斐逊，就是亵渎的行为，是背弃上帝"。民主共和党人不甘落后，马上发文说，美国人民"绝不会允许联邦的最高行政长官从总统摇身变作一位君王"。麦迪逊每天晚上都要抽出时间为报纸写些东西，因为杰斐逊早就给他写信说，即将到来的夏日是"有计划地大干一场和做出奉献的季节"，而"发动机就是报纸。人人都必须掏出腰包和拿起笔来做贡献"。他还对那些被《惩治叛乱法》迫害过的报纸编辑和作家予以鼓励和支持，扩大自己的力量。麦迪逊在1800年4月给杰斐逊写信说："很显然，即将到来的总统选举让他们感到惊恐万分。在此之前，他们必定会拼死挣扎。"

---

① 阿伦·伯尔：美国第三任副总统。曾任纽约州司法部长、国会议员。1804年竞选纽约州州长，因为汉密尔顿所起的作用而落选，于是向汉密尔顿提出决斗并杀死了对方。后与詹姆斯·威尔金森将军图谋在自俄亥俄河流域至墨西哥的广大西部地区建立一个帝国，1806年因人告密而被捕，他被以叛国罪起诉，但法院宣布其无罪。后因民愤在欧洲避居多年，1812年回国。

托马斯·杰斐逊在1800年竞选总统时的亚麻布旗帜宣传画

为了增加胜算,杰斐逊亲自出马,四处游说(这也为后来各届总统竞选演讲开了先河)。他说:"全国各州的人民都拥护共和体制、共和原则,拥护简朴、节俭的生活方式,拥护宗教和民权自由。"民主共和党人还散发宣传小册子,对亚当斯的政绩加以否定,并把《惩治叛乱法》与1800年的大选联系起来,目的就是要夺取选举战场的主导权,迫使对方无法还击。杰斐逊还敦促门罗将这本小册子送给本地区"最有影响的人"。

杰斐逊每次演讲的内容并不长,反复强调自己坚定不移地维护"各州按其真实意义通过的"宪法,反对一切与宪法相悖的政策、法规;坚定不移地支持联邦政府走自由民主化道路,还权于民,还自由于民,坚决反对一切"君主主义化"的观点,防止产生专制政府。他极力主张各州保留未交予联邦的权力,而不是将各州的所有权力都移交给大政府,再由政府将一切权力转给行政部门。他还宣讲了自己的施政主张,强调"精简政府,厉行节约,节省国库收入的每一分钱来偿清国债"。在对外政策上,他主张美国应和"所有国家自由贸易,但不和任何一国发生政治关系"。他反对美国介入欧洲的争吵及无休止的战争。但要尽其所能,维护国家在海外的利益和海上美国商船的安全及往来自由。另外,在宗教方面,他一直坚持反宗教压迫的立场,主张通过立法规定宗教自由。

杰斐逊表述的这些思想和施政主张,反复登载在民主共和党的各大报纸上,并被他的支持者印成传单,在车站码头和其他人群聚集的地方散发。民主共和党走的是群众路线、底层路线,更为巧妙的是,他们从不将矛头直接对准某个人,而是针对联邦党政府的原则和政策,针砭时弊,宣扬革新。

联邦党自然不会轻易认输,他们攻击说杰斐逊是一个自然神论者,是一个缺少宗教信仰的人。尤其是在受英国国教影响较深的南方地区,这样的攻击还是很奏效的。那些对杰斐逊过去进行的宗教改革不满的人也应声附和,给这次大选增添了硝烟。联邦党人还在《合众国报》上慷慨激昂地提出了一个"每个美国人都要把手放在心口上来回答的"有关这次大选的关键问题:"我是继续忠于上帝——和一位虔诚的总统,还是不虔诚地表态支持杰斐逊——和不要上帝!"所有要求一个自然神论者就任第一把手的呼声,必须被看作不啻是对上帝的背叛。"联邦党人反复纠缠这个问题,对绝大多人崇尚宗教自由的北方地区,尤其是对新英格兰地区作用不大。

民主共和党人做出的回击是,翻来覆去地提醒选民"自由"的重要性,显然也包括宗教自由,这在他们的先辈曾经遭受过宗教迫害的新英格兰地区影响极大,赢得了许多温和派选民的支持。民主共和党人在南方地区则强调杰斐逊是《独立宣言》的起草人,将宗教和自由分开来讲,着重讲自由和获得幸福的权利。一位作家站出来向大家呼吁支持杰斐逊,发表文章称颂他"毕生都按其生活格言行事,始终如一地按照建国初衷来追求国家的伟大幸福"。

1799年12月14日，华盛顿在弗农山庄辞世。当时杰斐逊就在蒙蒂塞洛庄园，但哀悼会却没有请杰斐逊演讲。按理来说，杰斐逊是副总统、华盛顿的同乡并且担任过华盛顿政府的国务卿，邀请他发表演讲再合适不过了。然而，演讲的人却是杰斐逊的政敌理查德·亨利·李。这说明家乡人民把杰斐逊当成华盛顿的死对头了。杰斐逊自认为与华盛顿只是某些政见不同，他对华盛顿是非常敬重的，但华盛顿政治上的继承人却是汉密尔顿。杰斐逊想化解家乡人民对自己的误解，寻求支持，于是在1800年5月底从北方回到了蒙蒂塞洛庄园。弗吉尼亚州的民主共和党对杰斐逊首先表示支持，州委员会的委员们说："作为自由之友来看，我们认为杰斐逊是首屈一指的，而且在维护自由方面也只有他才能提供好的经验教训。"

在北方，民主共和党利用全国性报纸——费城的《曙光报》声称，由联邦党人当总统就会出现战争，而若由杰斐逊当选总统就意味着和平。"因此，和平之友将投杰斐逊的票，战争之友则会投亚当斯或平克尼的票。"

联邦党人仍在还击，他们在报纸上向选民"敲响提防杰斐逊的警钟"，说他是个破坏民众道德的人，旨在"证明一个雅各宾式总统会做出令人担忧的各种可怕的坏事"；还说杰斐逊是亲法分子，他上台会使美英刚刚建立的贸易关系破裂。联邦党走的是上层路线，依靠的是那些有钱有势的人，并对那些人鼓动说：民主共和党人都是些没有财产的人，假如他们获胜上台，有财产的人就会遭殃。他们还列举了可能会带来的后果：与英国人打仗，与法国结盟，掠夺美国有钱人的财产，使国家处于无政府状态。"我们担心杰斐逊的事还多着呢！"

联邦党拿不出更多的事实依据，只能以他们猜想的结果来下结论，他们继续在报刊上发文说："严肃负责和善于思考的人，如果看到托马斯·杰斐逊当选和雅各宾派分子掌握了权力，难道不会怀疑那些保护我们生命免受杀害、保护我们妻女的贞操免遭诱惑和暴力、保护我们的财产不受掠夺和破坏以及保护我们的宗教不受蔑视和亵渎的道德，从此受到践踏和被推翻得一干二净吗？"

但联邦党人还是没有证据证明杰斐逊将来一定会这么做，妄加猜测毫无说服力。而执政的联邦党施行的种种违宪政策法规，人们都亲身领教过，他们有自己的判断。民主共和党人在媒体新闻界的攻势如此凌厉，使联邦党人感到非常着急，但他们又拿捏不到杰斐逊的新把柄，只能翻旧账并对他进行人身攻击。巴尔的摩的《美国人报》更为搞笑，在国庆的前一天刊载了一则传闻，说"杰斐逊偶染微恙48小时"后在蒙蒂塞洛庄园去世了。这篇报道提到一些细节，时间、地点、病情都一清二楚，显得很可信。于是，有几家报纸跟着转载了。《美国时事报》还特别强调，报道来自杰斐逊的家乡，确有可信性。但两天后就真相大白，杰斐逊不仅没有死，还在南方各地演讲呢！

在主战场，联邦党甘拜下风，但他们占有执政党的便宜。以汉密尔顿为代表的一部分联邦党顽固分子，决定放弃亚当斯，力挺伯尔，他们打着华盛顿政治思想继承者的旗号，在报上发表竞选文章，将国家的繁荣景象都归于"流芳百世的华盛顿首建的政府及其德高望重的继任者坚定不移地奉行政府的各项贤明准则"，把民主共和党对现政府错误政策的种种指责、批评，一股脑地推到亚当斯一人身上。而且，他们可以借政府和国会的名义派人到全国各州，将那些有权有势的人组织起来开会，以期对各州的选举投票进行掌控。联邦党试图在战术上扳回一局，这意味着选举投票将复杂化。

民主共和党是在野党，要想对付汉密尔顿这一招还真不容易。他们只得从党的组织能力、竞选活动的方法等方面来争取选民。弗吉尼亚有杰斐逊亲自坐镇，州议会改变了选举法，从按地区选举总统投票人制改为一张总候选人名单。杰斐逊打算尽全力保住在该地区的全部选票，又似乎信心不够。他在日记中写道："有时候我问自己，我的祖国是否真的因为我来到这个世上而变得更加美好。我不能肯定确实是这样。的确，我是促成以下几件事的关键因素，可就算没有我，也会有其他人来实现，最多不过是稍晚些发生罢了。"他说的"几件事"包括：改善里瓦纳河的通航条件、参与制定《独立宣言》、修订弗吉尼亚州的法律、把橄榄树引入美国。他希望通过这些事例来打动父老乡亲，尽管弗吉尼亚的联邦党人大声抗议民主共和党人的这种做法，但他毫不在乎。民主共和党不但要守住南方的基本地盘，而且还要争取到宾夕法尼亚和纽约两州。

但是，在其他州，联邦党作为执政党的优势得到了很好的发挥。尤其是在亚当斯的家乡马萨诸塞州，联邦党按民众的要求改革了选举法，完全掌控了局面。1800年只剩下5个州在实行民选总统投票人制，包括罗德岛、马里兰、弗吉尼亚、北卡罗来纳和肯塔基。对于这几个州，联邦党想要把控大选就不太容易了。

由于联邦党与民主共和党都有自己的地盘，且大致相当，所以竞争非常激烈，加上还有几个两党都不能控制的州，这就使得选举投票更加充满了变数。

4月底，杰斐逊和亚当斯之间的第一次较量在纽约州展开，杰斐逊首战告捷。而且，第二次交锋又争取到了宾夕法尼亚州。消息传出后，一位新英格兰牧师写道："还从来没有什么坏消息能让我如此震惊。"从4月中旬至12月初，从一个州到另一个州的选举结果，在全国人民的注视下逐步揭晓，杰斐逊感到已经胜券在握。但越到最后，杰斐逊越发小心谨慎，规行矩步，唯恐有什么疏漏会被捅到报纸上，成为联邦党人攻击他的把柄。

联邦党人该想的法子都想了，实在找不到什么好招了。但是，他们并没有死心，想在最后结果出来之前继续搅和，因为还有几个没有受党派控制的州可以利用。

1801年2月11日，国会众议院开始对各州逐一清点选票。汇总结果是，8个州支持杰斐逊，6个州支持伯尔；在马里兰和佛蒙特2个州，杰斐逊和伯尔得票数量相当，因此没有决出胜利者。

国会只能继续进行第二轮投票，结果与第一次相差无几。投票继续进行。接连投了27次，投票结果变化仍不大，投票继续到深夜，大家都筋疲力尽了。第二天早上重新投票,还是8个州支持杰斐逊,6个州支持伯尔,剩下2个州没有统计出结果。

没有决出胜利者,投票就不能结束。所以,从2月13日到15日,又连续投票3天,一共投了33次,但始终没能选出新总统。不过局面稍稍有了一点变化:只要北部的马里兰或是佛蒙特两个州里的任何一个众议员改变主意,胜负即可见分晓。但马里兰的两位众议员和佛蒙特的一位众议员都是联邦党人,都投了伯尔的票。有人出主意:如果想让他们改变主意,只能请杰斐逊亲自出马,对他们做出某些承诺。但是,杰斐逊很干脆地拒绝了,他不愿意做一个被别人捆住手脚的总统。

联邦党人也注意到了这一点,适时派出了游说者;民主共和党有没有派人暗箱操作不得而知,但这两个州的议员们最终改变了立场。2月17日,在经过36次投票之后,终于有了满意的结果:10个州支持杰斐逊,4个州支持伯尔,特拉华州和南卡罗来纳州没有投票。杰斐逊终于赢得了当选所需要的多数州的支持,继华盛顿和亚当斯之后,当选为美国的第三任总统,成为白宫的新主人,联邦党的伯尔为副总统。

第八章　治国拓疆有奇略

1. 治国新策

1801年3月4日，托马斯·杰斐逊在华盛顿宣誓就职。

就职仪式很简单，当日上午，哥伦比亚特区的炮兵部队鸣响了礼炮。在一支民兵军官护卫队、哥伦比亚特区法院执行官和国会议员代表团的护送下，杰斐逊从寄居的公寓来到国会大厦参议院会议厅。新装修的"大厅雄伟壮观，装设富丽堂皇"。在联邦最高法院首席法官约翰·马歇尔①的主持下，杰斐逊宣誓完毕，参众两院的议员们全体起立，向新总统表达敬意。接着，杰斐逊发表了具有"个人风格"的就职演说。

"诚挚地说，我意识到这项任务非我能力所及，其责任之重大，本人能力之浅薄，自然使我就任时忧惧交加。一个沃野千里的新兴国家，带着丰富的工业产品跨海渡洋，与那些自恃强权、不顾公理的国家进行贸易，向着世人无法预见的天命疾奔——当我思考这些重大的目标，当我想到这个可爱的国家，其荣誉、幸福和希望都系于这个问题和今天的盛典，我就不敢再想下去，并面对这宏图大业自惭德薄能鲜。"

杰斐逊开门见山地讲到政府的重大目标，简要阐述了法律赋予国民的自由平等权利，谈到了民主共和党和汉密尔顿领导的联邦党之间的激

---

① 约翰·马歇尔：美国政治家、法学家。曾任众议员、国务卿。1801—1835年担任美国最高法院第四任首席大法官，曾做出著名的马伯里诉麦迪逊案的判决，奠定了美国法院对国会法律的司法审查权的基础。

烈斗争，同时也向联邦党人伸出了和平和友谊的橄榄枝。他说："我们都是共和党人，我们都是联邦党人，让我们同心同德，让我们和平共处、彼此爱护。"接着，杰斐逊讲到了政府的基本原则和任务目标：实行人人平等和真正的公平，而不论其宗教或政治上的地位或派别；与所有国家和平相处、商务往来、真诚友好，而不与任何国家结盟；维护各州政府的一切权力，将它们作为我国最有权能的内政机构与抵御反共和趋势的最可靠屏障；维持全国政府在宪制上的全部活力，将其作为国内安定和国际安全的最后依靠；忠实地维护人民的选举权，将它作为一种温和而稳妥的矫正手段，对革命留下的、尚无和平补救办法的种种弊端予以矫正；绝对同意多数人的决定，因为这是共和制的主要原则，反之，不诉诸舆论而诉诸武力乃是专制的主要原则和直接根源；建立一支训练有素的民兵，作为平时和战争初期的最佳依靠，一直到正规军来接替；实行文职权高于军职权；节约政府开支，减轻劳工负担；诚实地偿还债务，庄严地维护政府信誉；鼓励农业，辅之以商业；传播信息，以公众理智为准绳补偏救弊；实行宗教自由；实行出版自由和人身自由，根据人身保护法和公正选出陪审团进行审判来保证人身自由。他号召广大民众团结一致，放下恩怨，摒弃党争，为共同的利益和幸福，为共和国的安全稳定和健康发展而努力。

托马斯的演讲受到了民众的普遍欢迎，甚至赢得了不同党派人士的称赞。詹姆斯·贝亚德对这篇就职演讲评价道："政治意义比我们期望的要好，而且也没有迎合另一党派拥护者的各种愿望。"当然，杰斐逊的美好愿望并不是那么容易实现的，比如解决党争问题就非常棘手。

就在杰斐逊宣誓就职时，汉密尔顿发表公开讲话，对杰斐逊进行大肆攻击，但他也不得不承认，杰斐逊的演说"可谓坦率地厘清了过往的种种误解，同时向民众郑重保证，新任总统不会沉溺于危险的改革措施，而会在关键问题上继续循着前任的脚步前进"。他们没有私人恩怨，他们的争斗早已上升为两党之争。幸好杰斐逊已经习惯了汉密尔顿的骂声，他坚信能够让联邦党人看到自己的政策符合所有人的利益。即使不能让汉密尔顿彻底改变观念，至少能让他的追随者有所改变。他认为，只有各党团结一心，才能更有益于建立起受人们尊敬的强有力而又充分民主的政府。但他又说："我们证明，媒体自由、言论自由、思想自由对一个国家的健康必不可少。让大家随意争论吧，即使争论会变成争吵，但激烈的争吵只是过眼烟云，拨开云雾，会看到真理。"

对于自己领导的民主共和党击败了12年来一直控制政府的联邦党，杰斐逊认为这是一件值得庆贺的大喜事，并且一直赞成不同党派不同观点的自由碰撞，但这种争论绝不是为了一党之私利。

除了汉密尔顿以外的其他联邦党重要人物，大都对杰斐逊的施政主张表示满意。新英格兰地区的联邦党领袖乔治·卡伯特是汉密尔顿的追随者，他说："我相信，新总统不想打仗，我们不用再担心他计划协助法国跟英国交战。他对我们非常友好，而且需要我们的帮助。因此我相信，他不会将联邦党人踢出联邦政府。"但国会议员威廉·贾尔斯的说法完全相反："他可以向联邦党人表示友好，但绝不能让这种友好变成软弱。他的友人们相信，他的当务之急是要整顿政府，把反对共和党政策的所有敌人都清除出去。""门罗主义"的创始人詹姆斯·门罗也直接对杰斐逊说："你的讲话和政策都很好，但是你会遇到严重的威胁。这个国家里有两个政党，不是一个。联邦党人控制政府长达12年，对国家造成了巨大的伤害。如今，联邦党里有些人轻声细语地表示支持你，但你必须记住，共和党里数以千计的优秀人才一直支持你，如果你继续留任联邦党人，如果你任命联邦党人担任政府要职，很多共和党人就会停止对你的信任。"

在人们的各种议论声中，杰斐逊很快决定了国务卿和财政部长的人选。他任命自己的好友詹姆斯·麦迪逊为国务卿，共和党内著名的财务专家艾伯特·加勒廷①为财政部部长。加勒廷是共和党国会议员，政绩显著，而且精通经济和金融，丝毫不比汉密尔顿逊色。杰斐逊还吸收了

---

① 艾伯特·加勒廷：美国人类学家、语言学家、外交家、政治家，美国民主共和党成员，曾任美国众议员、参议员、财政部部长。

两位新英格兰地区的人来平衡他班子里的地区代表性，挑选了新英格兰地区的亨利·迪尔伯恩①将军为战争部部长，利瓦伊·林肯②为司法部部长。因为新英格兰地区是联邦党人最强势的地方，任命新英格兰地区的人担任内阁官员，是让新英格兰地区脱离联邦党影响的最佳手段。另外，杰斐逊想让纽约州的罗伯特·利文斯顿担任海军部部长，遭到拒绝后，他只好选择了马里兰州巴尔的摩罗伯特·史密斯。

杰斐逊的内阁成员都是共和党人，都死心塌地地忠实于他。联邦党人因此预言，有了这样的"雅各宾派"总统，美国将遭受一次真正的恐怖统治。可是，随后的4年却是民主共和党与联邦党"和平共处"最平静的一届执政期。

为了国家的利益，杰斐逊希望跟联邦党人合作。在治国之道上，联邦党人和共和党人虽然仍有意见分歧，但是两党之间的权力交替却是以和平方式实现的，没有出现过于激烈的改革或民众骚乱。所以，杰斐逊说："我们这个国家所做的一切都是全新的。公众舆论的力量是全新的。但最重要、最令人愉快的新事物是，我们没有借助暴力手段就实现了政府的交替。这种情况显示了美国的力量，这种力量会让我们的共和体制永世长存。"

对于中央政府的其他官员，杰斐逊也采取了中间路线。他不论党派而是以任命时间为界限，凡是从他当选到就职这段时间里被亚当斯任命的一律免职，所有不诚实的官员也被扫地出门。他解释说："政府里的联邦党人，只要诚实公正就不用害怕，但行为恶劣者恕不挽留。我任命的官员必须品德高尚，否则一概不用。"

这样的政策难免会受到联邦党人的斥责，他们觉得所有联邦党人都应该保留职务；很多共和党人同样指责杰斐逊不该让任何联邦党人留

---

① 亨利·迪尔伯恩：美国将军、政治家，民主共和党人，曾任美国众议员、战争部部长。担任战争部长期间，加强了西部的防御体系。

② 利瓦伊·林肯：美国政治家，美国民主共和党成员，曾任美国众议员、司法部部长和马萨诸塞州代理州长。

任。杰斐逊受到了两面夹击，但他坚定地说："来自联邦党人和共和党人的大声吼叫不会让我多解除，也不会让我少解除任何一个官员的职务，我会按照自己的判断去做。"他实行全新的联邦共和制，给美国带来了一个更广泛的民主时代。

接下来，杰斐逊和他的政府重新制定了基本国策，首要的当然金融政策和经济发展方略。总统和国务卿、财政部长三人一致同意：政府必须缩减开支，必须尽快偿还债务，必须加速开发大西部。这三大目标成为政府工作的核心。

为了节省开支，杰斐逊以身作则，首先从中央政府各部入手，大刀阔斧地砍掉了政府里很多不必要的职务，减少行政开支。他还减少了美国驻外使节的数量，遣散了原来设立的税务检察官，取消了这一职位。

债务方面，联邦政府负有2200万美元的债务，加上利息，越滚越多。财政部长加勒廷表示，"我们必须要有坚定的政策，债务一定要还清。否则的话，我们的子孙后代就要为我们的错误付出代价。"不仅如此，杰斐逊还想减少威士忌、烟草等产品的生产和销售税。他希望政府能依靠进口税和出售公有土地得到必要的资金。

西部开发是一个老话题，以前也制定过几个有关西部的土地法规，但都没有很好地实施落实。杰斐逊在写给门罗的信中说："不论我们当前的利益如何把我们限制在我们的疆界之内，都不能不展望遥远的未来，那时我们的人口激增，从而扩展到这些疆界之外，并且包括整个北美大陆，如果不包括南美大陆的话，将成为说同一种语言，用同一种方式，靠同样的法律统治的民族，而且我们也不会以满意的心情去注视那片地面上的污点和杂烩。"在杰斐逊的推动下，政府出台了以出售土地、免费分配土地、土地授予和保留土地四类不同的土地政策，实行开放和个体的土地所有制，吸引大批移民前往西部定居垦殖。他还试图实现自己建立农业理想国的蓝图，不过最终没能实现。

杰斐逊政府极力推进法制建设，使美国进入了其历史上立法的一个重要时期。杰斐逊指出："大多数政府部门都是国会立法建立的，因此只有国会才能做出改变。美国公民交税养活官员，政府不能过分要求公民付出，这样做于情于理都说不通。"他希望国会裁减司法系统的编制，解除亚当斯总统任期最后一段时间里任命的所有联邦党籍的所谓"午夜法官"。

这个提案令联邦党人怒火中烧，他们指责杰斐逊试图破坏法院体制，发出警告说，杰斐逊的财政计划会把国家毁掉。他们宣布，如果解除联邦党籍官员的职务，社会就会陷入无政府状态。亚当斯离任前任命的首席大法官约翰·马歇尔也一直与杰斐逊作对，认为联邦最高法院应该有权否决国会和总统签署的议案。

杰斐逊的裁减提案提交国会后，国会议员们立刻展开讨论，甚至激烈争论。联邦党议员称，杰斐逊这样做是干预司法，违反宪法。共和党议员则争辩说，宪法给了国会创立法院的权力，也给了国会关闭法院的权力。他们指出，上届政府本来就无权任命那些所谓的"午夜法官"。国会于1802年3月8日通过了《1802年司法条例》。争论的结果是，共和党人占了上风，国会批准了杰斐逊关于减少法院数量的建议。

此事刚平息下来，不久又发生了马伯里起诉麦迪逊案。当时，在前总统亚当斯突击任命的42位"午夜法官"中，有16人的任命状未能及时送达。杰斐逊上任后，这些法官逼迫他签署任命书。杰斐逊既已决定裁减所有"午夜法官"，那么，这16人的任命书自然也就不用签署了。他让国务卿麦迪逊将这16份委任状统统扔掉，其中有一位法官叫威廉·马伯里，由此提起了对麦迪逊的诉讼。审理该案的正是杰斐逊的政敌马歇尔法官，他援引《1789年司法条例》第13款，裁决总统裁减"午夜法官"的行政命令因违宪而无效。名义上，马歇尔是极力维护联邦至上的宪政原则（行政、立法、司法三权分立和制衡的原则），实际上却体现了行政权与司法权的斗争，体现了占据司法系统的联邦党与占据政府的民主共和党的斗争。

杰斐逊主张司法独立，强调法官不应该为利益关系所左右，不应该依靠任何人和党派，而是一切唯宪法和法律是从。对于联邦最高法院首席法官马歇尔常常利用宪法规定的权力,任意以"违宪"为由判决国会所通过的法律无效,杰斐逊深感对联邦最高法院的权力也必须同样加以限制。他提出,司法权力过大,会有凌驾于国会立法权和总统行政权之上的危险,从而破坏三权的平衡。为此,他又主张限制司法机关的权力。

这样一来,一个疑难问题就出现了:既然是三权分立,那么享有司法权的最高法院有没有权力裁决总统的行政法令无效呢?如果有,为什么同时又赋予总统有任命法官的权力呢?由于制宪会议产生的联邦宪法没有细则条款可以援引,给司法带来了一些困难。杰斐逊作为一个"老司法",萌生了修改联邦宪法的念头。这桩诉讼案由此成为美国宪政历程的一个里程碑。

法制方面最引人关注的是税法,它关系到国家和每一个国民的利益。杰斐逊政府关于税收的主张,尤其是他的减税计划,让大多数人都感到满意。批判的声音主要来自于杰斐逊的老对手汉密尔顿。汉密尔顿已解甲归田,在纽约开业当律师。他在自己创办的《纽约晚报》上发表文章,批判杰斐逊的税收政策。国会围绕减税的提案展开了讨论。联邦党人说,政府开支完全依靠进口税是很危险的,这种政策会导致走私猖獗。大家为了逃税,会设法把商品走私运进国内。联邦党人还说,如果减税,政府就没有足够的钱还债,如此一来,就没有人愿意再投资美国了。共和党人则针锋相对,认为走私并不可怕,危险在于对公民的苛捐杂税。政府没有必要征收生产和销售税,以让更多的平民受益,这对国家经济发展是非常有利的。共和党人肯定说,政府有足够的钱可以还债。最终,国会参众两院一致投票批准了杰斐逊减税的计划。

在杰斐逊的总统第一任期内,国际环境开始转好,与法国的关系由"冷"变"暖"。第二年(1802年),《亚眠条约》签订,使欧洲的战争偃旗息鼓,人们获得了一个喘息的机会。杰斐逊抓住这一有利时机,积极与欧亚国家进行商贸往来。不过,经历"热内事件"后,他不再主张与法国和其他任何国家建立政治同盟了。

2. 打击海盗，走向海洋强国

虽然不打仗了，但巴巴里海盗依然猖獗。杰斐逊对发展外贸一直有个未解的心结：他几次解救被海盗劫掠的人质，都是被迫屈辱地接受海盗提出的交换条件。如何才能有力地打击海盗，对海上的往来商船进行保护？杰斐逊很早就提出过"海权"问题，但联邦政府在这方面的努力还很不够。这几年，由于国家财政拮据，美国陆军常备军已精减到了极限，杰斐逊认为对这支军队不仅要精减，更要提高素质，他终于认识到前总统华盛顿建议设立军事学院是非常有远见的，并看到建立一所军事学院可以作为促进国内工程与科学学习的手段，于是他改变原来的反对立场，决定将几年前华盛顿选定的"西点军校"尽快开办起来。1802年3月16日，杰斐逊正式签署了第七届国会第一次会议通过的关于建立一所陆军军官学校的议案。同年7月4日，美国陆军军官学校在西点正式宣布成立，从此，美国有了自己的第一所职业军官学校——美国军事学院。同时，杰斐逊也非常重视海军建设，一方面是要对付海盗，另一方面是为了防备英国、葡萄牙等国可能发动的海洋战争。

很快，杰斐逊开始着手处理巴巴里海盗问题。巴巴里海盗是对地中海南岸、北非中西部沿海地区的海盗的统称。他们以利比亚、突尼斯、阿尔及利亚和摩洛哥、的黎波里等国为基地，打着伊斯兰圣战的旗号，对海上往来商船进行劫掠，除了打劫财物外，还将船上人员（基督教徒）虏获，再向他们所在的国家索取赎金（纳贡或称保护费）。如果拿不到他们索要的高额赎金，便会将虏获的船员当作奴隶卖掉（称"白奴贸易"）或者杀害。

这些海盗是从16世纪开始的对地中海控制权的争夺中发展演变而

来的。最初是属于奥斯曼帝国①的军队，他们想从基督教国家手中夺得控制权，于是从地中海之北打到了地中海之南，再到地中海通往大西洋出口，夺取了阿尔及尔、突尼斯和的黎波里。获胜后，他们要求这些基督教国家支付巨额战争赔款（后来演变为纳贡）。这些国家经过几个世纪多次王朝更替，逐渐变成了奥斯曼帝国的附属国。如果奥斯曼帝国要出征抢地盘或打劫，附属国也得派军队随之出征。后来奥斯曼帝国分裂衰败了，附属国为了生存只得继续发展"海洋经济"——做海盗打劫。由于这一地区的海岸线漫长而曲折，沿岸的众多良港为海盗的劫掠活动提供了绝佳的基地，同时大量联结内陆湖泊的小河湾也给海盗的隐蔽和藏匿带来了便利，所以海盗活得挺滋润。只要他们自己不火拼，附近没有哪个国家愿意出动军队去剿灭他们。被打劫的国家即使想强行动武，也没有足够的军队去打击那么广阔的海域。一些海洋强国尝试过对海盗进行武力打击，但效果非常不佳，反倒给了海盗提高赎金的借口。因此，即便是海洋强国，也只能与海盗国家签订不平等协议，以求平安。比如西班牙、法国、英国等都与之签订过协议。之前美国作为英国的殖民地，自然也受到协议的保护。

美国独立后，把海洋自由确立为国家利益和外交原则之一，远洋贸易发展迅速，没几年就跃升为世界海洋贸易国家前列。1791年，时任国务卿的杰斐逊在向国会提交的报告中说："在国家的出口商品中，小麦和面粉的六分之一、咸鱼的四分之一和大量的大米都要经过地中海；每年有80~100艘商船和超过1200名船员运载超过2万吨的商品前往地中海地区。"基于这种贸易大繁荣的景象，很多政府部门官员和国会议员都认为，美国的货物很快将畅销世界各地，成为一个巨大的贸易帝国。

---

① 奥斯曼帝国：土耳其人建立的帝国，创立者为奥斯曼一世。土耳其人初居中亚，后迁至小亚细亚，日渐兴盛。极盛时势力达亚欧非三大洲，领有巴尔干半岛、中东及北非的大部分领土，西达直布罗陀海峡，东抵里海和波斯湾，北及现在的奥地利和斯洛文尼亚，南及现在的苏丹和也门。

然而，因为失去了英国舰队与和平协议的庇护，巴巴里海盗把美国商船作为劫掠的重点对象。面对巴巴里海盗对自由原则和利益的挑战，无论是联邦党还是民主共和党，都有与之一战的强烈倾向。但在华盛顿、亚当斯执政时期，联邦党政府主要采取了妥协、纳贡政策；杰斐逊就任总统后，把海洋自由原则作为国家信条，主张以武力伸张海洋自由与商业自由原则。

早在出使法国的时候，杰斐逊就有过与海盗打交道的屈辱经历。1784年5月，摩洛哥海盗袭击了美国商船"贝齐"号，俘获了船上的船员，要求美国以59 496美元赎回。杰斐逊、富兰克林受命前去谈判，前后谈了几个月都没能救出船员，最后被迫交赎金2万美元和大量贡品，才换来废纸一般的条约。1785年10月，阿尔及尔海盗袭击了美国商船"玛利亚"号与"多芬"号，美国用了近百万美元赎金才赎回了船员。

杰斐逊认为，如果不采取强有力的反制措施，这样的噩梦就会无休止地做下去，美国在海上就不会有自由权可言。他提出"公海自由"，即公海是全人类的共同财富，供所有国家平等使用，每个国家在公海都享有自由航行的天赋权利。具体来说，就是美国公民、商品和船只可以自由航行至世界任何地方；所有海域都不应该对美国船只封闭；在战时对待中立船只应遵守"自由船只运载的货物自由"原则；美国货船在目的地港口拥有和其他国家一样的权利，等等。但是，要使这样的自由权得到有效保护，靠的不是条约，而是强大的海上武装力量。

在华盛顿执政期间，创建海军的提议就在国会获得了通过。1794年又通过了建造6艘战舰的提案。1801年年初，国会通过了新的海军法案，并授予总统直接调用海军舰队的权力。1801年3月13日，也就是杰斐逊就任总统后的第九天，一封的黎波里统治者的来信被送到国务卿麦迪逊手中，信中要求美国每年除例行缴纳贡金25 000美元外，新增保护费225 000美元，而且需立即缴纳，否则就采取战争行动。杰斐逊看过这封信后，一向温文尔雅的杰斐逊拍案而起："战争？好吧，那就让战争来解决吧!"

不过,杰斐逊冷静下来之后,不能不对当时的形势详加分析。他意识到,彻底打垮巴巴里海盗是不现实的,一方面美国海军力量有限,二是跨越大西洋进行远征,需要举全国之力,国会定然会加以阻挠。因此,他决定采取有限战争策略,目的在于展示美国海军的力量,迫使的黎波里进行和谈,签订对美国有利的条约。同时也做好战争准备。他坚信,以战争来实现和平是最佳选择。

接下来,杰斐逊发挥自己的写作专长,撰文详述以战争解决海盗问题的要点及存在的问题,鼓动议员们支持他。他费了不少口舌,终于达到了目的。1801年3月20日,杰斐逊下令一支由4艘战舰组成的小舰队,立刻前往的黎波里附近水域保护美国船只。这道命令得到了国会授权。结果,"试水"成功,这支小舰队"无一损失",胜利而归。

这让杰斐逊更加有了底气和信心。无论是在谈判桌上还是在海上,他都是做两手准备。1802年,为了回应杰斐逊对付海盗的要求,国会授权总统可以全权决定是否把海军用于"攻击行动"。当然,杰斐逊也有自知之明,美国海军毕竟还在摇篮之中,必须让海军尽快壮大。

1803年2月,杰斐逊再次向国会施压,并且在巴巴里地区部署了更多的战舰。"阿格斯"号、"宪法"号、"无畏"号、"妖女"号等战舰都被派往巴巴里地区,对的黎波里进行海上封锁。同时,他要求再建造4艘用于内河作战的舰船。可是,1803年10月,美国海军"费城"号战舰在的黎波里港巡航时触礁搁浅,船只连同船上水兵都被的黎波里海盗俘获。海盗们还将"费城"号改成了港口岸基攻击美国战舰的炮台。

这事给美国建造新舰船带来了不利影响,但也催生了美国海军的一个新兵种——海军陆战队。1804年2月16日夜,斯蒂芬·迪凯特中尉带领一支海军陆战队,乘坐"无畏"号,避开了"费城"号上的海盗的监视,悄悄靠近"费城"号,发动奇袭,杀死了船上的海盗,焚毁了由"费城"号构成的炮台。这次行动非常成功,英国著名海军将领纳尔逊①称之为"这个时代最勇敢无畏的一次行动"。

8月，美国海军再次行动，攻击的黎波里港。但载满火药的船只还未靠近帕夏城堡就发生了爆炸，船长和船员们无一幸免，全部遇难。

对的黎波里港的封锁作战失败后，美国海军想到了从内部瓦解的黎波里帕夏政权的办法。执掌帕夏政权的尤瑟夫·卡拉曼里是杀死他的哥哥后才得到的权位，他还将另一个哥哥哈梅特·卡拉曼里流放到埃及。美国策划让哈梅特招募一支军队，然后打回帕夏，夺取政权。

1805年4月27日，一支由美国海军陆战队、希腊、阿拉伯雇佣兵和贝都因人②组成的约计500人的混合部队开始行动，首攻德尔纳，仅仅两个半小时，就攻陷了这座要塞。哈梅特在美国的支持下返回了的黎波里，尤瑟夫惊慌失措，急忙向美国求和，双方在6月4日签署了和平条约。美国方面以6万美元赎金赎回"费城"号船员，并承诺撤出在德尔纳的军事力量；的黎波里则免除美国的贡金。该条约制定了非交战国的中立权、双方船只自由停泊海港不受侵犯、公海航行自由等符合美国核心利益的条款。随后，美国又与阿尔及尔、摩洛哥和突尼斯签订了内容差不多的和平条约。

第一次巴巴里战争，使美国基本上获得了在的黎波里水域内自由通商和航行的权利，捍卫了美国的海上自由和中立权利。同时，美国海军也在战争中逐步成长起来。

3. 购买路易斯安那

在第一个总统任期内，杰斐逊一直非常勤政，行事果决，雷厉风

---

① 纳尔逊：英国风帆战列舰时代最著名的海军将领和军事家，在1798年尼罗河口海战、1801年哥本哈根战役等重大战役中率领英国皇家海军获胜，并在1805年的特拉法尔加战役中击溃法国和西班牙组成的联合舰队，迫使拿破仑彻底放弃海上进攻英国本土的计划，但他也不幸阵亡。

② 贝都因人：是以氏族部落为基本单位，在沙漠旷野过游牧生活的阿拉伯人。主要分布在西亚和北非广阔的沙漠及荒原地带。属欧罗巴人种地中海类型。"贝都因"为阿拉伯语译音，意为荒原上的游牧民、逐水草而居的人，是阿拉伯民族的一部分。

行，而且将朴实的生活作风带进白宫，大大地促进了民主风气的兴起。他一再告诫部属，要把自己当作受公民之托的公仆来看待。他曾说过这样一句话："假如政府做错事，你严厉批评政府，那是希望它改善，这就是建设性。假如你明明发现国家在走向错误的道路，你却还是说，走得好，走得好，那是一种毁坏的态度。"

对于日常事务，凡是自己能做也有时间做的事情，杰斐逊总是亲力亲为。他要求政府各部门每天将收到的重要信件及答复稿送交他审阅。他密切关注着行政部门的工作进度，了解人们对政府有些什么样的要求和反映。因此，他对各部门的重要事务了如指掌，在部门首脑遇到问题向他请示时，他可以在秘书不提供相关资料的情况下，讲出颇有见地的意见。他说：要"坚定不移地追求这样的目标，要证明生活在如本国这样自由宽松的环境中的公民，是有能力在政府的领导下明智行事的，政府基于人的理性成立，而非出于恐惧和愚行。……这是目前最接近我心愿的目标"。他一直在为维护联邦政府的权威而努力。从发动打击海盗战争到干预经济、应对联邦开支、法庭传唤、与国会和法庭共享信息，他都不同程度扩大了总统和内阁的权力。

除了工作，对于私人事务和日常生活，杰斐逊的安排也是井井有条、张弛有度。总统办公室在白宫一楼西南角的一个大房间里，从窗户望出去，可以看到波托马克河。总统办公室旁边是会客室，豪华装修竣工后，那里的客人迅速多了起来。不过杰斐逊很少在那里接待客人，因为他不喜欢那些繁文缛节，也不想让客人感到拘谨。他接待私人访问一般选择比会客室更宽松的环境，会见客人时，他的穿着打扮也很随意。华盛顿是一座新城，远不及费城繁华，这让他常常想起农庄的生活，突然有了养嘲鸫的兴趣，他觉得它们的啼鸣如同美妙的音乐一般。总统官邸里有一个化石陈列室，内有杰斐逊辛勤搜罗来的"头盖骨、下颌骨、头角的碎片、野兽的獠牙"等，他觉得这些珍品除了作为个人展品外，还应该发挥更大作用。于是，他致信费城的一位外科医生，邀请他"有空时可以来这里工作，从早到晚，无人打扰，还可与我们一起用餐"。

后来，这位医生借助杰斐逊提供的条件，撰写出版了一部《系统解剖学》。

杰斐逊每天伏案工作 10~13 个小时，从清早到正午，处理文件，接待来访者。由于时间"紧迫"，他的午餐比较简单，他不愿意把时间浪费在餐桌上。餐后他会离开总统府，骑马或者散步，然后再回来会见客人，处理事务直到傍晚。晚上他一般是看书或写信写札记或搞点"科研"。他每天拿出四个小时进行业余活动，其中包括吃饭和遛马的时间。

华盛顿的城区较小，骑马几分钟就到了郊外。一天，杰斐逊到华盛顿城外骑马，当他来到一个十字路口时，碰到了知名的赛马骑师琼斯，这位骑师不仅会相马，还是个做马匹买卖的生意人。

琼斯并不认识总统，但他那职业性的眼光一下子被总统骑的骏马吸引住了，鲁莽、冒失的琼斯径直走上前去，和骑马人搭起讪来，然后用行话评论这匹马品种的优劣、年龄的大小以及价值的高低，并表示愿意换马。杰斐逊简短地回答了他，礼貌地拒绝了他所提出的所有交换建议。琼斯仍不死心，不停地劝说，不断地提高出价，因为他越仔细看这个陌生人骑的马，就越喜欢它。当他所有的建议都被冷冷地拒绝后，他被激怒了，变得粗鲁起来，但他的粗野行为与他的金钱一样，对杰斐逊毫无作用，因为杰斐逊习惯于很好地控制自己的情绪，没有人能够激怒他。

琼斯想让杰斐逊展示一下这匹马的步伐，还竭力要他骑马慢跑，和他打个赌。但是所有这些努力都白费了。最后，琼斯发现这个陌生人不会成为他的客户，而且绝对是个难以对付的人，便扬起马鞭在杰斐逊的马侧腹抽了一鞭，想使马突然狂奔起来，这会让那些骑术不高的骑手摔到地上。同时，他自己也准备策马急驰，如果骑马人不被摔下来，他们就可以比试一番了。然而，杰斐逊仍然稳稳地坐在马鞍上，用缰绳控制着烦躁不安的马。琼斯惊呆了，但只是粗鲁地付诸一笑，又靠近这个新认识的人，开始谈论起政治来。作为联邦制的坚定拥护者，他开始大肆攻击杰斐逊以及他的政府的政策，杰斐逊鼓励他就目前的一些事情发表看法。不知不觉，他们骑马进入了市区，沿着宾夕法尼亚大道往前走。最后，他们来到了总统府大门的对面。

杰斐逊勒住缰绳，有礼貌地邀请琼斯进去。琼斯惊诧不已，问道："怎么，你住在这里？""是的。"托马斯简洁地答道。"嗨，陌生人，你究竟叫什么名字？""我叫托马斯·杰斐逊。"

琼斯闻言，厚脸皮也不禁变得煞白，他用马刺猛踢自己的马，喊道："我叫理查德·琼斯，我很好！"说着马上冲上大路，而杰斐逊则微笑着看他离去。

托马斯在华盛顿大开新风气，使新都城少了些费城的浮华，多了务实的精神和艰苦朴素的作风。

1803 年年初，一批被贩卖到北美大陆的非洲奴隶将一些新型传染病带了过来，其中就有黄热病，又称"黄杰克"。这种疾病在法属殖民地路易斯安那（意为"国王路易的土地"）传播尤为迅猛，大批农场因此消失，一些主要城市也遭到毁灭性的摧残。路易斯安那部分地区还发生了暴动，法国国王拿破仑派遣 33 000 人前往北美洲的法国领地去镇压当地的居民起义，军队登陆后不久，差不多有 29 000 人感染黄热病，后来死亡人数过半。这个时候，拿破仑正在构思以法国海军穿越英吉利海峡，登陆英吉利，但他没有足够强大的海军和舰队；他还准备再次东征，但同样需要军队和军饷粮秣。东西两线作战，让拿破仑备感兵力不足，军费奇缺。因此，拿破仑决定放弃那块远在天边的领土。

杰斐逊得到这个令人兴奋的消息后，立刻行动起来。他觉得事关重大，立刻召集各部门首脑一起商讨措施。让他们感到为难的是，拿破仑是要卖那块地，而联邦政府恐怕拿不出足够的钱来。所以，第一次圆桌会议没有任何结果。

杰斐逊太穷了，他那 25 000 美元的年薪不足以支付各种招待费，还得靠农庄收入来补贴。他的政府也很穷，尽管债务已大幅降低，但要拿钱买地——跟目前美利坚合众国的面积相当的土地，根本不是政府所能承担的。于是，杰斐逊稍作调整，准备先买下靠近墨西哥湾的新奥尔良和西佛罗里达（佛罗里达州西部沿海地区）。但这两个地方的土地所有权归属有点复杂。1763年，法国在与英国的七年战争中战败，按双方签订的《巴黎条约》规定，法国被迫将密西西比河以东（法国保留新奥尔良）割让给英国，法国保留的那片土地仍称为路易斯安那，不过面积减少近一半，范围在密西西比河以西至落基山脉之间。这片土地当时并不能为法国带来多少实利，法王路易十六认为要派人去看守它，反而造成了财政负担，英国还很可能趁法国处于劣势而强行要求割让这片土地。为了解除经济负担而又不致将这一大片土地白白送给死对头英国，法国在《巴黎条约》签订几个小时后，将它移交给了盟友西班牙。西班牙接受它原本是把它作为缓冲地带，以防止英国向富庶的墨西哥领地扩张。后来西班牙渐渐感觉到守住这地方力不从心，因为无力抵抗新生的美国向西扩张，为避免与美国发生直接冲突，西班牙决定把路易斯安那归还给法国。不过，西班牙移民和少量驻军并没有撤走，法国只是名义上拥有这片土地的管辖权。

1802年10月，实际上仍控制路易斯安那的西班牙总督宣布，取消美国商人在新奥尔良存放和转运货物的权利，阻止美国商人在密西西比河上航行。顿时，愤怒与抗议之声席卷美国西部地区，为防止局势恶化，杰斐逊派遣罗伯特·利文斯顿和詹姆斯·门罗为特使前往法国，与拿破仑政府谈判。动身前，门罗跟杰斐逊、麦迪逊一起，就法国可能提出的各种预案进行讨论，确定了美国的立场：先谈大的——整个路易斯安那，再谈小的——西佛罗里达和新奥尔良。

但是，拿破仑几乎没给时间让门罗、利文斯顿作任何阐述及表明美国的立场，便授权他的财政部长把法国在北美大陆的土地一寸不剩地全部卖给美国，包括路易斯安那、西佛罗里达、新奥尔良，以及密西西比河北端的一片土地，总售价8000万法郎。门罗和利文斯顿一听吓坏了：美国哪有那么大的胃口！不是美国不想要，而是要不起。

消息传回国内后，两党之间的争论又开始了。

路易斯安那自1763年以来，就一直处在西班牙的殖民统治下，这片广袤的土地上只散居着游移不定的印第安人和少数能从他们手中抢到或骗到土地的强悍的欧洲白人。那里风景优美，资源丰富，人口稀少，是一个"荒野乐园"。到1800年总共才4万人，若把这4万人撒在这片广袤的土地上，简直寥若晨星。人口较为密集的地方是新奥尔良港口、密西西比河中下游两岸，还有已被西班牙人开发出来的西佛罗里达。

这块土地的门户是密西西比河南端靠海的新奥尔良，而密西西比河是美国商业的南北大动脉，美国的货物（当时主指俄亥俄河流域）必须经该河下游从新奥尔良出海。密西西比河对美国西部开发的重要地位可想而知，如果再将密西西比河以西的大片土地收入囊中，对美国疆域拓展和经济发展意义重大。但并不是所有联邦政府官员和国会议员都能看到这块"荒地"的价值。联邦党人反对购买路易斯安那，他们担心这样做会使东北各州的势力受到削弱。联邦党领袖原计划在这些州建立一个新政府，但是纽约州的加入必不可少。

当然，杰斐逊急于购买这块土地还有一个重要原因，那就是不希望有战胜西班牙的强国进入北美洲。1800年，法国从西班牙手中得到这片土地的时候，杰斐逊就表露过自己的担忧。但那时他还没有就任总统，所以只能干着急。当时美国驻西班牙马德里领事平克尼去游说过西班牙的政府官员及国王，他强调说，美国认为西班牙留在路易斯安那比法国进驻那里好；或者把土地直接转让给美国比转让给法国更方便、更有利。但西班牙和法国都对这项土地交易秘而不宣，所以，杰斐逊就任总统一个多月后才得知土地已经易手。他认为，法国的出现会对美国的和平构成威胁。"地球上只有一块地方的占有者是我们的天然宿敌，"他写道，"那就是新奥尔良……法国让自己站到了那个大门口，这是对我们的挑战。"1801年5月，杰斐逊和他的国务卿麦迪逊商讨过对策：买不起大的就买那两个小地方。

所幸法国得手后并没有马上派驻军队和管理这片土地的官员，也没有透露过法国有可能再次转让这块土地的消息。直到1803年，拿破仑缺钱打算公开卖地的时候，恰好这里发生了流行疾病，这才帮拿破仑最后下了决心，并迫使他在卖出价格上做出让步，让美国占了不少便宜。事实上，美国国会并没有通过杰斐逊购买路易斯安那的提案，他也没有考虑是否符合宪法，但他唯恐拿破仑改变主意，所以来了个先斩后奏，决定先买大的——整个路易斯安那。

漫画：1803年，美国总统托马斯·杰斐逊为购买路易斯安纳咳出钱来，共付出1500万美元

经过紧张的谈判，1803年7月4日，美国以每英亩3美分的低价，从法国手中购得路易斯安那，共花费1500万美元。这片位于密西西比河和落基山脉之间的广袤区域，包括了现今的路易斯安那州、阿肯色州、密苏里州、艾奥州、明尼苏达州、北达科他及南达科他州、内布拉斯加州、堪萨斯州、俄克拉荷马州、得克萨斯州、新墨西哥州、科罗拉多州、怀俄明州和蒙大拿州的全部或部分地区（西佛罗里达和新奥尔良是十几年后才买到的，可能是经费的原因，也可能是西班牙人不愿放手）。当天，华盛顿《国民通讯员报》刊出了路易斯安那并购案的新闻——拿破仑·波拿巴同意向美国出售密西西比河到落基山脉的所有土

地，包括尚未测绘的北部的全部土地。

木已成舟，美国参议院最终以 26 票对 5 票批准了这个协约。购买路易斯安那将美国的领土扩大了一倍——与其说此举扩张了美国的疆土，不如说它从实质上彻底改变了美国。7 月 4 日"对总统来说是值得骄傲的日子"，他受到"万民拥戴，欢呼这一事件将成为一项最辉煌的业绩载入史册"。

杰斐逊还希望勘探密苏里河和太平洋之间广袤的未知领域。没过多久，陆军上校梅里韦瑟·刘易斯和威廉·克拉克收到了杰斐逊亲颁的委任状，为雄心勃勃的启蒙主义探险整装待发。美国国会拨出 2500 美元，派遣人员 10 人或更多人，组成远征特遣探险队去探索西部海洋和沿海地区。这样的探险从不曾有人设想过，更别说尝试过。

1804 年 5 月 14 日，两位指挥官带领队伍开始了远征。西班牙（驻墨西哥）大使得知这一消息后，立刻要求新西班牙（今墨西哥东部地区）总督、内陆省总司令萨希多"逮捕刘易斯船长和他的手下"。于是，以冷酷著称的萨希多煽动与西班牙同盟的科曼奇人（属印第安支系）去刺杀刘易斯和克拉克。但是，这些印第安人在他们的领地没能找到这支探险队。

8 月底，远征特遣探险队进入印第安部落拉克塔斯人和苏人①的领地（今南达科他州）。这些印第安部落是美国中西部大平原的统治者，自称是"勇者之王"。早在探险队出发前，杰斐逊便给拉克塔斯人送去了亲笔信，说自己敬畏这个民族强大的力量，希望他们能为探险队提供方便。探险队与拉克塔斯人进行了友好而平静的会面，好客的印第安人邀请探险队员们吸烟。看到这种烟管超长的烟斗时，刘易斯和克拉克很惊异，他们给吸烟的地点取名为"烟斗崖"。

---

① 苏人：北美洲大平原印第安民族或民族联盟，操苏语。分为三个主支：桑蒂人、扬克顿人及特顿人，分别自称为达科他人、纳科他人及拉科他人。

这年秋天，远征探险队来到密苏里河附近曼丹人①居住的地区，在这一带考察并建立了曼丹堡垒。半年后，即 1805 年 4 月，探险队经过密苏里河的支流黄石河，到达密苏里大瀑布附近，考察了那里的水系后又进入落基山脉门户的山地。8 月中旬，他们与肖松尼人部落的战士相遇，好在没有发生冲突。他们顺利穿越爱达荷州进入华盛顿州，然后渡过流速极快的斯内克河和清水河。10 月 16 日渡过哥伦比亚河后，他们开始遥望终点。三天后，他们见到了比大西洋更大的海洋——太平洋。

这支由 32 名士兵和 10 名平民组成的远征特遣探险队，在两年半的时间里横跨 1.28 万英里，穿过密苏里河，翻越北美大陆分水岭，渡过哥伦比亚河，抵达太平洋，接着按原路返回圣路易斯。他们付出艰辛劳动后带回的资料非常有价值，杰斐逊在私人札记中写道："理想有多远大，牺牲就有多扎实。"

在西北部地区的探险还在进行之中时，新《土地法》于 1804 年 3 月正式颁布。新法允许普通老百姓在西部地区（西部地区的概念自然也扩大了）购买小块土地，西部渐渐变得热闹起来。由于路易斯安那的并入，至 1810 年，美国人口激增至 723 万，其中住在阿巴拉契亚山脉以西的人已增加到 150 万。杰斐逊总结道："密西西比河及其水系的财产权和主权，不但为西部诸州的产品取得了一个独立的出口，及一条贯穿整个河道的不受控制的航路，而且这片土地的肥沃、它的气候和地域的广阔，开发到一定阶段肯定对我们的国库是一个重要的帮助，并为我们的子孙后代提供充足的粮食，为自由和平等的理想之国提供了一个广阔的场地。"

4. 以"阳谋"对付阴谋

杰斐逊在总统第一任期内创造的政绩无疑是辉煌的，得到了全国民

---

① 曼丹人：北美洲大平原印第安民族，操苏语，居住在密苏里河沿岸半永久性村落里，其范围在哈特河和小密苏里河之间。

众的认可。在下一届总统选举即将开始的时候，民主共和党人的宣传材料历数了杰斐逊政府过去四年来的政绩：以前联邦党人的政府增税，杰斐逊却取消了很多税务；联邦党人让国家背负了数百万美元的债务，杰斐逊不仅一分钱没借，还大大减少了原有负债，公众对政府的信任无限高涨；杰斐逊打击海盗，美国海军逐渐壮大，海权从此崛起；杰斐逊没动一枪一炮，得到了路易斯安那，受到民众的普遍赞扬。这一切，预示着即将在1804年大选中接受工作审查的政府将获得成功。

1804年总统大选刚开始的时候，联邦党内部出现了一些问题，给该党推举候选人带来很大的麻烦，也大大降低了该党选举的竞争力。事情的起因是这样的：

仍被提名为副总统候选人的阿伦·伯尔是纽约州的政治领袖，也是纽约州州长候选人。联邦党人相信，伯尔在民众中具有一定的影响力，只有他才有可能赢得选举，并支持他们组建新政府的计划。但是，联邦党的另一位重要领袖汉密尔顿与伯尔长期不和，完全不信任他。在纽约州的选举过程中，汉密尔顿对伯尔提出了严厉的批判，他的发言登在了很多报纸上，使伯尔最后落选。一个领袖人物失势，联邦党人在东北各州组建新政府的计划也因此胎死腹中。

这样的结果让伯尔感到既沮丧又愤怒，选举一结束，他就强烈要求汉密尔顿收回他先前的攻击性言论并道歉，但汉密尔顿毫不客气地回绝了。此后两人多次交涉，但是汉密尔顿的解释显得敷衍塞责，不能让伯尔满意。伯尔认为，汉密尔顿的言论不仅表明他们政见不合，还损害了他的荣誉，因此要跟汉密尔顿决斗。这是绅士捍卫自身荣誉的一种方式，决斗器械是极具攻击力的滑膛枪。

汉密尔顿见伯尔来真的了，有些胆怯，因为他儿子就是在一场决斗中被打死的。但事已至此，他不得不接受伯尔的挑战。1804年7月11日是双方决斗的日子，汉密尔顿和他的朋友早早来到纽约市哈德逊河对岸新泽西州的维豪肯。决斗的地点就在海岸边一堵高大的石墙底下。汉密尔顿和伯尔各就各位，两人相距不超过20码①。汉密尔顿的朋友向他们重申了决斗的规则，问道："先生们，你们都准备好了吗？"两人异口同声地说："是的。"他们同时将子弹上膛。沉寂片刻后，裁判发出了决斗开始的信号。伯尔和汉密尔顿同时举起了手中的枪，在扣动扳机的瞬间，后者稍稍迟疑了一下。"砰砰"两声枪响后，汉密尔顿栽倒在地。作为胜利者，伯尔丝毫没有得意喜悦之色，他从不曾料到同一党派仅政见不同的两人会以这样的方式结束争斗。

第二天，美国各地报纸都报道了汉密尔顿去世的消息。大多数人听到汉密尔顿的死讯，并没有激烈的反应。人们认为，这只不过是一场个人恩怨的悲惨结局，与联邦党内的矛盾没有太大关系。但是，伯尔的政敌却借题发挥，指控他犯下了杀人罪。伯尔心生恐惧，悄悄逃往佐治亚州暂避风头。

联邦党内最有竞争力的两人都不在了，副总统的人选改为当过7届纽约州州长的乔治·克林顿；总统候选人是南卡罗来纳州的平克尼。民主共和党则再次提名杰斐逊为总统候选人，副总统候选人是纽约州的鲁弗斯·金②。

联邦党人知道，杰斐逊肯定会连任，即使是联邦党人力量最雄厚的东北部地区，也都会投票支持他。最后的选举结果让两个党派的人都大吃一惊：杰斐逊赢得了162票，而他的对手、联邦党候选人平克尼只得到了14票，远远低于联邦党人预计的40票。

1805年3月4日，年近62岁的杰斐逊在参议院会议厅里再次宣誓就任总统。大选后，美国参议院里只剩下7个联邦党人，众议院里也只有25个联邦党人。联邦党人失去了对国会的控制，但依旧掌握着法院系统。两党的斗争还将继续下去。马萨诸塞州参议员蒂莫西·皮克林③

---

① 1码=91.44厘米。
② 鲁弗斯·金：美国开国元勋，联邦党人，曾任美国参议员、驻英公使。两次作为联邦党副总统候选人，但都落选。
③ 蒂莫西·皮克林：美国政治家，联邦党人，曾任美国邮政部部长、战争部部长、国务卿、参议员和众议员。

和一直跟杰斐逊唱对台戏的法官塞缪尔·蔡斯①，率先对杰斐逊和他的政策发起攻击，他们试图让民众相信存在着一个"托马斯阴谋"——使民主共和党人永远当权。蔡斯公开说："当法律制定不明、徇私不公、随意专断，当司法审判不能对所有人公正、公平，当财产安全得不到保障，人身受到攻击和暴力伤害却得不到法律的匡正，无论政府形式如何，他的人民都是不自由的。"他还对巴尔的摩大陪审团说："我们的共和政府将沦为暴民统治，变成可能有的政体中最坏的一种。"

在他的带动下，联邦党的一部分人先后加入到反对派行列中，一时"流言四起，诡计横行"。这些人铤而走险，策划建立一个以新英格兰地区为中心的新邦联政府，走上分裂联邦的危险道路。这个阴谋从1803年就已经开始策划，最初只有新英格兰地区联邦党内的核心人物，以及对此加以怂恿的英国驻华盛顿公使。策划者又找在任副总统阿伦·伯尔，并把他推为领军人物。伯尔精明能干，思维敏捷，城府很深，在政界和社会上均享有很高声望与地位。但杰斐逊虽然想拉拢联邦党，却从来没有信任过这位副总统。

1804年，托马斯不断收到匿名恐吓信和告密信。一名记者在给杰斐逊的信中写信："阁下在年内或遭斩首。"不久，又收到来自纽约的一封署名为"一名联邦民主党人"的信，此人告诉杰斐逊：受邀"前往华盛顿暗杀您"。还有一封发自纽约署名为 A-X 的信，信中说："您正身处险境，一场针对您的可怕阴谋正在酝酿……尤利乌斯·恺撒收到警告，谨防3月15日，我警告您当心4月的最后一天。"

面对攻击、恐吓和阴谋，杰斐逊十分冷静，并保持着清醒的头脑。他决定通过正当的法律程序和行政手段来解决这些问题。他说："这个法官对宪法理念的攻击难道可以不受惩罚吗？民众会要求国会对他采取必要的行动。"

杰斐逊将自己的议案交由国会开会讨论，是不是应该取消蔡斯作为

---

① 塞缪尔·蔡斯：美国政治家，《独立宣言》签署人之一。曾任美国最高法院大法官。

联邦最高法院大法官的职务。国会参议院用了整整三个星期的时间来听取证词,然后就蔡斯的8项指控逐一表决。最后,没有任何一项指控得到了罪名成立所需要的三分之二多数票,弹劾案宣告失败。蔡斯继续留任联邦最高法院大法官。不过,蔡斯后来也没敢再利用法庭对杰斐逊进行政治攻击。

杰斐逊连任总统后,马上开始处理伯尔的案子,因为他在决斗中打死了汉密尔顿,不能回到纽约去,过了几天亡命天涯的日子;他失去了一切政治权力,又欠了一大笔债,前途充满了未知数。

伯尔于1805年3月5日给女儿写信说:"10天或是12天后,我就要往西走,可能会在新奥尔良停下来,也可能会继续向西。"他还写信告诉女婿为什么不能回家,他在信中写道:"在纽约,我会失去自由;在新泽西,我会被绞死。所以现在,我不能掉以轻心。"

伯尔不想再逃亡了,冒险直奔目标而去。半年多来,他已经制订好了秘密计划,只是细节还需要斟酌。他把计划的一部分告诉了自己的追随者,但每个人拿到的计划内容都不相同,也就无从采取一致的行动。正因为如此,人们对这个秘密计划的具体内容无法确定。历史学家一般认为,伯尔打算从西班牙手中夺取墨西哥,密谋说服美国东北部的某些州脱离联邦,去西部建立另一个帝国。

伯尔当然清楚,这样惊天动地的大计划,靠他单枪匹马去拼命,无异于天方夜谭。他需要帮手,并且很快找到了两个可以信任的人,即国会前参议员乔纳森·戴顿和路易斯安那的军事指挥官詹姆斯·威尔金森[1]。伯尔还需要钱,没有钱,一切都是空谈。他四处筹钱,从他女婿那里借到第一笔钱后,又向富商哈曼·布伦纳哈萨特请求资助。他还与英国方面联系,试图争取英方的资助。他把计划全盘告诉了英国驻华盛顿大使,并强调他要建立一个与美国完全不同的全新的国家,还希望英方支援他舰船。

---

[1] 詹姆斯·威尔金森:美国少将军官,美国独立战争时期美军中的第三号人物,双重间谍。

英国大使对伯尔的计划很感兴趣，觉得这个计划即使不能成功，也会让杰斐逊政府很难受，于是满口答应了伯尔的请求。尽管英国给了伯尔很大希望，但他却越来越焦虑难安，甚至感到迫不及待，必须马上行动。那么，伯尔真正的目的是什么，真的是想夺取墨西哥，还是要拉拢西部各州，另立门户，建立自己的国家呢？这才是问题的核心。判断不同，得出的结论自然也不同。

1805年春末，伯尔像古代骑士一样，身负重债，跨马提枪，从佐治亚孤独西行。他翻山越岭来到港口城市新奥尔良，凭借曾经担任副总统的影响力，召集当地有钱有势的人开会，向他们宣讲自己的计划。如果说他是想要攻打墨西哥，那么这个目标对他来说显得遥不可及；如果说他要发动新奥尔良对西班牙统治不满的那些人起来造反，这种可能性还是比较大的，但他的计划里根本没有提及为什么要去新奥尔良。可以看出，他匆匆赶往新奥尔良只是筹措经费，召集人马，丝毫没有攻打墨西哥的行动准备。

在新奥尔良活动了一段时间后，伯尔北上到圣路易斯会见了詹姆斯·威尔金森将军。威尔金森明里是路易斯安那州的州长，暗地里还是西班牙间谍。他想退出伯尔的计划，所以这次会谈不欢而散。威尔金森劝伯尔放弃攻打墨西哥（实际上伯尔的决心也不大），重返政界，并表示愿意帮助他选上印第安纳州的国会议员。但伯尔当场拒绝，表示不愿放弃夺取墨西哥的梦想。威尔金森很勉强地答应了，计划将于1806年春天行动。两个光杆司令临时拉起一支队伍去打墨西哥，这太滑稽了。打墨西哥要越过密西西比河，经过西班牙人的要塞（必会开战），然后才能进入墨西哥。为了筹到钱，他们让有钱人投资，承诺打下墨西哥后均分财富。伯尔把很大一部分希望寄托在英国身上，除了钱，他们尤其需要舰船。英国虽然做出了口头承诺，但等了很久也没等来一艘船和一笔资金。

伯尔很无奈，硬着头皮回到了华盛顿。他会见杰斐逊时听到了一个坏消息：美国不会跟西班牙开战。伯尔大失所望，只好改变计划，暂时在路易斯安那建立一个定居点（或者军事据点），等待时机。

伯尔辛苦跑了一大圈，什么事情也没有做成，关于他的谣言倒是不少。新闻媒体刊发文章和专题报道，加上百姓口口相传，说伯尔搞阴谋分裂，是一个叛乱分子。威尔金森正好以此为借口摆脱伯尔，他给杰斐逊写信说，有一支约1万人的部队正向新奥尔良开进，准备攻打墨西哥，也有可能占领路易斯安那。他肯定地说，这是"一桩隐蔽、黑暗、邪恶而流布广远的阴谋"；他还提供了很多具体的细节，但没有说出主谋者是谁。

对于威尔金森在信中提到的情况，杰斐逊已从收到的有关伯尔阴谋的其他密信中有所了解。他收到过很多告密信，有的说伯尔想让东部新英格兰地区脱离联邦，有的说他想抢占路易斯安那，还有的说他正在招募士兵，囤积军火，建造船只，要打下墨西哥后独立称王。杰斐逊让麦迪逊、加勒廷和迪尔伯恩传阅了威尔金森的信，在众说纷纭的告密信中，选择威尔金森的信作为指证伯尔叛国的证据，并由内阁发出命令，要求美国所有军事指挥官都要设法阻止伯尔的行动。随后，杰斐逊发表公开宣言，说有人打算针对西班牙发动一场秘密军事行动，涉事者必须立即离开。

杰斐逊督请法院治伯尔叛国罪，他强调说，伯尔希望让大家以为他是在路易斯安那建立一个定居点，其实这只是一个掩人耳目的幌子。伯尔发现西部的人不支持其分裂主张，所以决定夺取新奥尔良。伯尔有罪，这一点毫无疑问。杰斐逊还通过各种渠道搜集伯尔的犯罪证据。

1807年1月10日，伯尔才发现自己的主要帮手威尔金森已出卖了他，总统已发布文告，密西西比准州的代理州长下令搜捕他。伯尔走投无路，只好自首。2月，伯尔被捕，被押往里士满，接受联邦法院大陪审团的裁决，以判定是否有足够的证据将他送上法庭。公开审判从5月开始，联邦检察官曾列出140多名证人名单。而杰斐逊指定的最重要的证人是伯尔的好友威金森将军。经过审理，法院发现伯尔并没有所谓的军队和船只，但杰斐逊坚持自己的指证。到6月份，该案由美国最高法院首席大法官约翰·马歇尔受理。马歇尔极力主张,应当严格遵守宪法对叛国罪所下的定义。

以此为据,伯尔在法庭上为自己辩护说:"虽有计划,但没有行动,也没有军队,就不能构成叛国罪。然而我受到攻击,却不是基于我的行动,而是基于一些错误的报告,说我可能会采取某种行动的肆意猜测。整个国家都站在我的对立面,这难道是公正的吗?威尔金森向总统打我的小报告,对结果的预测使总统感到了害怕,可总统怎么又去吓唬人民呢?"

初审法庭认为证据不足,很难定罪。为此,杰斐逊下令全国各地的政府官员寻找一切能够指证伯尔的证人。如此一来,案件的性质渐渐演变成了一场政治斗争。马歇尔是联邦党成员,他认为杰斐逊把矛头对准了联邦党,甚至可以说是直接对准了他本人,因而极力从法律中找到为伯尔脱罪的条款。

经过控方与辩方的多次对质,以及伯尔的自我辩护,首席大法官马歇尔认为控方提供的证据,不足以证明伯尔有叛国的企图和实际的公开行动。马歇尔认为伯尔只是参与阴谋或有暗示、建议战争等言论,不能构成叛国罪的证据,至少要有两名证人为同一公开叛国行动作证,才符合法律规定。

杰斐逊对马歇尔控制联邦最高法院的做法向来十分反感,觉得马歇尔利用职权,威胁到总统和国会的权力,应该对大法官的职权加以限制。但是,马歇尔已经下定决心,决不让步。杰斐逊被传讯出庭,在伯尔叛国罪审判中作证,并被要求提供某些证明文件。杰斐逊拒绝出庭,希望根据自己的意愿来决定是否提供类似的信息。

两个月后,马歇尔宣布证据收集阶段结束。他对陪审团强调说,一定要以宪法为准绳,指定犯有叛国罪必须有两个证人,但是到目前为止,还没有一个可信的证人,相信大家不难做出裁决。9月1日,大陪审团做出了最后裁定,裁决书上说:"本陪审团宣布,掌握的证据不能证明阿伦·伯尔有罪,因此我们宣布他无罪。"

伯尔看过裁决书后,认为文字过于啰唆,要求更改。首席大法官马歇尔表示完全认同，于是下令大陪审团重写裁决书，上面只写了两个字"无罪"。至此，伯尔叛国罪一案终于尘埃落定。

抛开党争因素，此案似乎告诉人们，在讲民主法制的美国，即便是总统亲自作证，也不能对法庭的公正判决有所改变。不过，从客观上讲，伯尔虽然被判无罪，但杰斐逊以"阳谋"粉碎一场试图分裂联邦的阴谋，瓦解了反对联邦政府的敌对阵营。这也是他以损害自己的名誉换来的，实属不易。

5. 一场禁运风波

在拿破仑发动战争期间，美国同时受到英国和法国的侵犯，国际环境变得很糟糕。两个交战国经常抢夺或者骚扰美国驶往对方国家港口的船只。在对外政策上，杰斐逊一直实行孤立主义①的外交政策，决心要使美国不受纠缠不清的联盟、旧世界的战争及外交骗局的影响，保持中立。

然而，从他第一任期开始，为了保护地中海上的美国商船，维护美国商业的利益，他就不得不派兵前去跟的黎波里打仗，尽管规模不大，但一打就是4年多，直到1805年的黎波里的帕夏政府被迫订立使美国满意的协议为止。

从这场旷日持久的战争中脱身后，杰斐逊本想把工作重心重新放到经济建设上来，尤其是要扩大对商品贸易。可是，这个问题还没有真正解决，新的争端又出现了。由于欧洲陷于无休止的战争，粮食紧缺，需要大量从美国进口粮食，使得美国商品价格上涨、利润上升，每桶面粉的平均价格由5.40美元上涨到9.12美元。于是，大量的奴隶主与自耕农涌入土地肥沃的未垦区，特别是宾夕法尼亚州西部、纽约州西部及更

---

① 孤立主义：一种外交政策，通常由防务、经济两方面的政策组成。在防务上，采取不干涉原则，即除自卫战争外不主动卷入任何外部军事冲突；在经济文化上，通过立法最大限度地限制与国外的贸易和文化交流。

为边远的俄亥俄河畔和伊利湖河畔地区。但在领土扩张的同时，美国也面临着分裂的危险，而且，独立思潮仍在蔓延：以对外贸易为主的东部沿海地区、以种植粮食作物为主的阿勒根尼山以西地区、以种植棉花为主的南部奴隶经济区，都发展成了相互独立的整体区块。这是一种危险趋势，为了国内社会秩序的稳定和国家安全，杰斐逊不得不采取防患于未然的特殊措施和手段。他对伯尔案件的态度正说明了这一点。

杰斐逊不惜牺牲个人名誉，好不容易让风浪平静下来，英国人、法国人、西班牙又出来捣乱了。

1805年年底，英国海军舰队司令纳尔逊在特拉法尔加海战的胜利，摧毁了法国的海军力量，英国成了海上霸主。而拿破仑几番横扫欧洲大陆，迫使奥地利求和，又将俄国军队击退，成了当时欧洲大陆的霸主。两个霸主争来斗去，又把一些无辜者拉进了战争中。他们都不怎么注意中立国的权益或国际法的细则，不断打击世界贸易大国美国的航运利益。

拿破仑在1806年、1807年的两个敕令中，规定他控制下的欧洲港口，一律不对任何货物开放，并宣布凡遵从英国贸易法规的中立国船只一律没收。与此同时，英国也针锋相对地宣布，封锁法国及其控制下的各国港口。美国商船从法属西印度群岛运往欧洲的货物，即便取道英国，也应予以截夺。在英法两国斗法的三年中，英国至少俘获了1000艘美国商船，法国俘获的则为这个数字的一半，先后大约有5000名美国人被英国强征，而法国则扣压美国的船只。1807年2月，与英国的一份协定提议送达美国，提议几乎没有考虑美国的利益。3月2日，杰斐逊看过协议后说："英国的达官贵人们极尽扭曲之能事，每项条款占尽一切，寸步不让。"

最令美国憎恶和不能容忍的是"切萨皮克"号被劫事件。1807年6月，美国战船"切萨皮克"号拟前往地中海时遭到英国战舰"利奥帕得"号攻击，美国士兵死3人、伤18人。"切萨皮克"号投降之后，英国人还带走了4名美国水手。由于英军的生活条件恶劣，成千上万的英国船员先后逃到条件更舒适的美国船上，英国海军部以此为借口，下令到美国船上抓捕逃兵,"顺便"也抓走美国商人和士兵。杰斐逊就此事发表讲话说:"自列克星敦一役以来,我还从未见过国内产生如此强烈的愤慨情绪,而且即便是在当时,全国上下也从未如此同仇敌忾。"

"切萨皮克"号遭袭事件更加剧了公海上的紧张局势,同时也加强了美国主战派的力量。杰斐逊对英国插手美国贸易提出强烈抗议,要求英国军舰驶出美国领海,并且赔偿、道歉,但他所尝试的外交手段并未解决与英国之间的冲突。不久,他也加入主战派行列,准备采取强硬措施与英法抗衡。

杰斐逊发布公告,宣布禁止英国武装船只驻留美国领海。在随后召开的内阁会议上,他未经国会同意,号召各州州长召集总数达10万人的民兵待命,并下令购买武器、弹药和补给。他说:"我必须研究政治和战争,就是为了让我的孩子们能自由地研究数学和哲学。"他还"做了如下安排:第一,征募足量炮舰;第二,准备充足资金(约75万美元)用于修建防御工事;第三,整编国民军(常备部队);第四,建立一支海上国民军(建制完备的海军);第五,在密西西比河西岸奥尔良地区,以土地为奖励,建立牢固的美国民兵定居点。这一次,国会毫无阻碍地通过了他的提案,使总统权力得到了进一步加强。

但战争并没有马上到来。1807年11月的一天,从英国传来消息说,伦敦方面可能将海事问题移交华盛顿谈判。这时因"切萨皮克"号事件引发的沸腾民怨已经消退,杰斐逊可以在开战和"禁运"中做出选择,而他更愿意开战,而且,美、英、法三国在海上的武装冲突一直没有停止过。但他冷静思考后,觉得眼下时机尚未成熟,尤其是海军的实力有待提高,不能让战争这么快发生。尽管他为创建海军做出了百般努力,但美国不可能在短时间建成一支能与英国抗衡的海军力量。与战争相比,国会虽然同意开战,但更愿意首先实施禁运。12月18日,杰斐逊在国会发表讲话说:"我们的船只、船员和货物,在公海及其他地方,正受到欧洲交战国越来越大的威胁。我们必须采取最有效的行动,我提议实施禁运。"

1808年英国的卡通画：拿破仑从美国总统托马斯·杰斐逊身后的椅子旁偷窥他的贸易禁运令辩护稿的情景。杰斐逊颁布的贸易禁运令及随之而来的战争，无意中大大刺激了美国的制造业

    无论是内阁还是国会，几乎都不大明白杰斐逊所说的"禁运"的目标和意义是什么，但却没有一个人提出质疑，所以，禁运提案很快就通过了。为了维护国家利益（以此为出发点），1807年12月22日，杰斐逊签署了《禁运法案》。法案规定，任何美国船只都不得驶往外国港口，任何外国船只也不得在美国港口卸货。所有从美国启运的对外出口货物，无论经由海路还是陆路，均被禁止。某些特别规定的英国工业品不许进口。杰斐逊的主观愿望是借此使英法两国政府和国会由于失去与美国的贸易而受到重创，从而接受美国航运的中立权。

    禁运之初，杰斐逊写信给拉法耶特爵士说："我们的禁运是非常折磨人的措施，但产生了一个令人欢欣鼓舞的长效影响，所有人都全心全意地从事国内生产。我确实相信，未来对英国货物的需求会减少一半。"禁运后，所有不在国外或未能逃出美国的船只，都只得停泊在港内或仅从事沿岸贸易。禁运一年后，一些英国外贸商和制造商向英国政府抗议反美政策导致了美国的报复性行动。除此之外，对英国和法国并没有造成更大的苦难，一些英国船主甚至称赞《禁运法案》，因为他们没有美国船主这样强有力的对手了。而且，英法两国的食品、军需物资仍能从其他地方源源不断地得到补充供应，所以两国都没有因禁运而承认美国的中立权。

但杰斐逊仍对禁运持乐观态度。他写信给著名医生本杰明·拉什说："它延迟了战争、争取了时间，可能带来种种益处，特别是维护了欧洲的和平，而和平又能推迟导致下一场战争产生的缘由。"他认为，美国无论是在政治上还是军事上，都没有做好与英国（或者法国）开战的准备，如果能够争取到更多的时间，欧洲的事态向和平方向发展，就有可能使美国摆脱海上力量薄弱的困境。乐观派普遍认为禁运还助于杰斐逊政府与英国代表乔治·罗斯进行谈判。但经过数次谈判，英国并没做出任何让步。

时间一长，禁运带来的负面影响渐渐显现出来了。加勒廷概括其缺陷说："物资匮乏、百姓受苦、税收锐减，既对敌人产生影响，也使国内政治经济大受影响，从各个方面考虑，我都宁愿打仗，而不是永久性禁运。"更直接地说，好处不多，坏处却不少。这足以证明杰斐逊和其他民主共和党人梦想的没有战争、市场自由开放的世界是不切实际的。相反，欧洲强国的经济在禁运的情况下依然兴盛不衰。

作为一个以海洋贸易为主的国家，英法之间的战争客观上促进了美国对外贸易的发展。据初步估算，进入19世纪后的7年里，美国本土商品的出口增长了一倍，转口输出则从110万美元增长到5900多万美元。这种高速增长大部分来自海运业和造船业，以及相关联的附属性工业，如制帆业、缆索制造业、伐木业、粮食供应、海事保险等。实行禁运后，不仅断了出口贸易商的财路，走私活动更加猖獗，也断了政府收取进口关税的财路，并使成千上万的海员、港口运输工人和造船等制造业工人失业，南方的烟草、棉花、玉米和小麦等农产品也不能出口，美国经济陷入严重的混乱状态。

国内的不满情绪与日俱增，怨声载道。有人写匿名信骂杰斐逊："你是上帝创造的最该死的蠢货！""杰斐逊，你见鬼去吧！"杰斐逊还收到公开署名为约翰·莱恩·琼斯的小船主的信，信中骂道："你这个该死的恶棍,你还打算让该死的禁运持续多久,难道要把我们穷人都饿死吗?我的一个孩子已经饿死了,我太羞愧了,对外宣称孩子死于中风。我还有三个孩子饿得嗷嗷叫,如果禁运还让他们没吃的,我想他们很快也会饿死的。"有些地方的民众做出了过激行为:纽约州的一些村民焚烧了杰斐逊的肖像。联邦党人也乘机发起攻击:"天塌下来了。没有人能预言将会产生什么后果。我所毫不怀疑的是,政府一心只想抑制商业精神,并逐步地摧毁这种精神。"

杰斐逊不得不分出很大一部分精力来回答人们在众多请愿书中提出的问题,为了节省时间,他请塞缪尔·史密斯①准备了一大堆印好格式的信笺。他还要分出精力与联邦党人进行辩论,回击他们污蔑诋毁的言论。

1808年夏初,马萨诸塞州州长、民主共和党人詹姆斯·沙利文提醒杰斐逊,禁运加强了亲英势力的力量,联邦分裂的可能性越来越大。经济、政治危机终于让杰斐逊清醒过来,加上总统大选即将开始,尽管他已公开表示不再参加下届竞选,但他不希望新总统从他手中接过去的是一个烂摊子。他既要担心国家的财政问题,又要担心自己的个人财务问题。他曾给约翰·韦尔斯·埃普斯写信说:"我在华盛顿欠下太多债了,现在不但不能开新账单,而且所有非必需的开支也统统取消。我现在必须这么做,不然,等我离开这个地方时还有债在身,如果不幸要动用我的私人财产归还,我注定晚景凄凉了。"

11月8日,杰斐逊在总统任期的最后一个年度咨文中,谈到了禁运起到的作用,但对是否继续执行禁运却只字不提,显然他已经对禁运失去了信心。

1809年1月初,国会中的联邦党人乘机发起最后一击,议员们纷纷响应,要求终止禁运。2月,人们开始讨论召集一个新英格兰代表大会以求废除禁运的提议。面对这骑虎难下的局面,杰斐逊没有办法做出辩解,只能听之任之。3月1日,国会以从未有过的高效率,通过了一项撤销禁运的法令。当天,杰斐逊一言未发,毫不迟疑地签署了这个法令。

---

① 塞缪尔·史密斯:美国军人、政治家,作为1812年战争中保卫巴尔的摩的美国陆海军司令而知名。曾任美国众议员、参议员、巴尔的摩市市长。

第九章　急流勇退显境界

1. 默默隐退

　　禁运被证实是失败的政策，而杰斐逊也到了离开白宫的时候。在1808年的总统大选中，杰斐逊的好友詹姆斯·麦迪逊被民主共和党提名为总统候选人，另一位好友詹姆斯·门罗也参加竞选。他不希望看到两位好友之间发生争斗，很为他们担心。他对门罗说："如果你和你的另一位挚友之间产生竞争，我会无比痛心，因为对于你们两位，我都一样珍视。"

　　门罗有没有主动退让不好说，但当杰斐逊得知联邦党人再次推举查尔斯·平克尼为总统候选人的时候，他对麦迪逊更有信心了，认为下届总统非麦迪逊莫属。果然，麦迪逊最后以122票对平克尼的47票取得了决定性胜利。这使杰斐逊感到卸下了心中的最后一个担子，心满意足。

　　在总统第二任期即将结束的时候，杰斐逊既没有像前任总统亚当斯那样"突击提干"，以保存自己所在党派的势力；也没有像首任总统华盛顿那样精心构思告别词，他只想悄悄隐去，让人们不再骂他，或者挽留他。媒体访问他时，问他在卸任之前最想做的一件事是什么，他回答："我想骑着古斯塔夫斯（马名）围着华盛顿城溜一圈，看看需要到底多长时间才能跑完全程。"

　　他花了好几天时间收拾自己置放在白宫的宝贝：画作、雕塑，植物、动物标本、家具以及图书、账册、日志等，还有几只嘲鸫，也必须把它们带走。这些东西反映了杰斐逊生活的另一侧面：他的从政之路始于威廉斯堡，26年间，他经历了国内与国外的风云变幻，经历了战争与和平，穿越大西洋，走过欧洲大地，巴黎、伦敦和阿姆斯特丹……从里士满，到费城、纽约和安纳波利斯，最后到新都华盛顿，一路走来，他相信自己已经尽心尽力、尽忠尽职了。他一直把自己当作一个普通人而不是救世主，如今年事日高，精力衰退，繁重的公务让他感到力不从心，他说："我渴望引退，心情十分强烈，以致现在就感到难于应付我职责范围内的一些日常琐事。"他甚至将总统职位视作"苦役"，要以华盛顿当年自愿引退为榜样，果断地中止自己的政治生涯。他甚至有理由相信，有了更多这样的先例，就会在无形中形成一种惯例，让那些一

詹姆斯·麦迪逊，美国第4任总统

心角逐权力的野心家无计可施，还可能由此引出一个宪法修正案来，将这种惯例制度化。他在给约翰·迪金森的信中说："对于现职，我不见得比其他许多人更有贡献，我早就厌倦它了……总统职务除了使我终年劳苦以及朋友越来越少之外，还给我个人带来了什么呢？"他最大的梦想就是避开政治、远离权力，回到他心爱的蒙蒂塞洛庄园，享受远离尘世纷扰、安宁自在、与世无争的生活。

1809年3月4日，麦迪逊就任总统。就职典礼当天举行了庆祝舞会，美国海军军乐队为这场盛大的舞会奏乐。杰斐逊很高兴地早早来到舞会上，这是他自妻子去世后第一次参加舞会。"我是不是来得早了些？"他问身边一个熟悉的朋友，"可不可先教我练习一下？我有20多年没有跳舞了。"他的朋友尴尬地笑道："谁不知道总统先生是超一流高手，我可不敢在您面前班门弄斧。"

这时，麦迪逊夫妇相携而入。杰斐逊向他们走过去，对一脸疲惫的新总统说："我刚卸装，你则刚刚上装。"麦迪逊的夫人多利·佩恩优雅地向他伸出手："先生，能赏光和我跳第一曲吗？"杰斐逊微微一笑："当然，夫人，我很乐意。"

秘书玛格丽特·贝亚德·史密斯在日志中写道："杰斐逊先生显得十分快活，上周过来了，昨天还在这里吃了饭。"但杰斐逊参加完舞会要离去时，突然有一种怅然若失的感觉。与其说失去了什么，倒不如说他留下了一些遗憾：他从就任总统的第一天起，就尝试着与世界各国进行商业外交，并力主建立一支强大的海上保卫力量，争取海权，但整整8年，他为之付出了长期而艰苦的努力，曾请求国会采取一些措施，至少在某些方面加强国家的防御能力，但国会要么否决，要么行动缓慢，然后事情草草结束，直到他卸任前都未能实现这一目标。他还有一个更大的遗憾，他从小就热爱土地及在土地上勤恳劳动的人民，希望建立一个以农民为主体、经济平等且无剥削的农业社会。然而，现在这个美好愿望也只能带回蒙蒂塞洛庄园去了。

离任前一天，国会议员约翰·雷亚在田纳西州发表演说，讲到兴奋的时候,他对杰斐逊政府大大赞扬了一番,说它是一个"以理性为基础的政府",并"尽量使美国人民体面、幸福、伟大和独立,乃是托马斯先生政府的目标"。有一位记者说他"把前任总统的种种君主制残余一扫而光。以平等的态度待一切人,在内阁里面,他从不以长官自居,从不独断专行"。一群学生议论说:"远方在打仗,我们却能在和平的环境下大胆地用知识另辟蹊径,不受战争喧嚣的侵扰,不用经受世界上许多国家正在经受的颠沛流离之苦。"华盛顿坦慕尼协会在"致托马斯·杰斐逊的祝酒词"中说:"在战争的喧嚣里,在国与国的争斗间,他一直用智慧守护着我们的和平。他的赫赫功勋已铭刻在他的儿女们的心上。"还有一位作家称赞杰斐逊为最伟大的人:"你对国家的贡献如此之大,对我来说你是一位父亲、一位守护者。因为你的贡献,我将永远以感激之心颂扬你。"

与此同时,对杰斐逊的骂声仍然没有停息。他归心似箭,急切地等待回家的那一天。在离开华盛顿的前三天,他向朋友告别时说:"再过几天,我就要回到我的家、我的书房和我的农场去了……解除镣铐的囚犯也绝不会像我摆脱权力的桎梏那样感到如此轻松和快意。"他把自己卸任总统比喻为"解除镣铐",他执政8年,始终把权力用于国家和人民,生怕有所闪失,因而诚惶诚恐,心有所"囚",以至于两届任满,顿有如释重负、心出"囚笼"之感。他还在日札中写道:"我终于要摆脱一件我不再适合的辛苦工作了。我要重新过宁静的生活,生活在家庭成员和朋友之中,这其实更适合我的年龄和本性的爱好。"

在华盛顿的日子结束前一天,杰斐逊把一盆非常漂亮的天竺葵送给了秘书玛格丽特·贝亚德·史密斯,这是他自己亲手培育的,一直养在总统府里。他觉得生命力如此旺盛的东西不该随他隐去。他原本要把几只嘲鸫带回去,后来想想自己都出囚笼了,为什么还要囚住它们呢?于是,他打开鸟笼,一扬手将它们放飞了。看着嘲鸫鸣叫着飞向自由的天空,他的心情变得格外轻松。这一天,他将一张1148美元的付款清单存入了美利坚合众国银行,这是他的最后一笔余款。还完这笔款后,他身上还背负着几千美元的债务。

弗吉尼亚的州县官员和乡亲们听说杰斐逊即将荣归故里,准备为他派出仪仗卫队和举行欢迎仪式,但被杰斐逊婉言谢绝,他写信表达了自己的谢意:"得知家乡全县同胞对我普遍怀有友好的感情,乡亲们不顾出门的困难,提出这样的建议来迎接我单独的一个人,我已经够高兴的了。我诚心诚意地说,我回到他们那里,使我感到无比愉快,是我离开他们后从未有过的那般高兴。"最终,杰斐逊只让蒙蒂塞洛庄园的总管埃德蒙·培根提前来到华盛顿,帮他收拾一下东西,然后陪他回家。所有需要带走的东西收拾好后整整装了三辆马车。

3月9日起程的这一天,华盛顿下起了雨夹雪,似乎要挽留这位执意离去的前总统。杰斐逊让管家先行一步,他自己等了两天才乘四轮敞篷轻便马车离开首都。天气依然没有好转,风雪反而越来越大,但已经没有什么困难能阻止归心似箭的杰斐逊回家的脚步。在泥泞曲折的小道上颠簸了四天后,终于到达蒙蒂塞洛。

因为已经打定主意永久退隐,杰斐逊把整个世界都带了回来。刚回到庄园,他就热切地规划农场和花园。他给朋友查尔斯·汤姆森写信说:"我回到这里,心里满是打算做的事情。这些事情对保持身体机能有极大的好处,还有利于头脑方面的健康,我主要通过娱乐活动来保持。"

蒙蒂塞洛庄园的修建已经进行了30多年,杰斐逊似乎还不太满意。他要求庄园十全十美,所以谁也不知道整个改建工作什么时候才是个头。他对农场的规划还会不断持续下去,大的理想农业国建立不了,但小的理想农场还是可以建立起来的。弗吉尼亚西部多山区,地广人稀,有大片土地可以用来做耕种实验,要把人们的注意力引向西部地区(包括最近购买的路易斯安那),需要有成功的样板。杰斐逊七八岁时就通过父亲弄清了土地和自耕农的含义,10岁左右就和包括奴隶、印第安人在内的各种劳动者打交道。从少到老,他始终认为自耕农才是美国平等观念的化身,是生命、自由和追求幸福等天赋人权的天然捍卫者和最合适的继承者。正是因为有这样的认识,他才有了建立理想农业国家的梦想。他在《弗吉尼亚纪事》一书中称赞道:"如果说上帝有选民的话,那么,那些在耕种土地的人就是上帝的选民,他们的胸怀为上帝所造,洋溢着上帝在那里撒播的最美好的品德。"

在从政生涯里,杰斐逊不断地接触到"城里人",他们经商或从事日常生活用品、食品和生产资料的加工和制造,他们的眼界似乎比自耕农更开阔,对自由的向往更强烈,对赚钱更重视。但杰斐逊对城里人的印象并不够好。他早期在日札中这样说:"他们不像牧民那样依靠上苍、土地和勤勉获取生计,而是依靠坑害顾客、依赖顾客的冲动赚取财富,这些人背有道德败坏的罪名。他们不仅品质堕落,而且是建立暴政专制的温床。……这种消极依赖的态度,导致阿谀奉承和唯利是图,窒息美德的萌芽,也是各种野心的温床。"即使在法国巴黎生活几年后,他依然没有改变自己对城市生活的看法,也没有改变自己对乡村生活的热爱。他在巴黎的最后一年写信给国内的朋友说:"我生性狂野,我喜欢蒙蒂塞洛的森林、旷野和独立自主的生活,而不喜欢这个淫乐放荡的首都的一切令人眼花缭乱的欢乐。因此,我将怀着新的感情和对于它(蒙蒂塞洛)的优点的超越寻常的敬意,返回我的故里,因为尽管那里的财富更少,却有更多的自由、更多的安逸、更少的忧患。"

现在,既已离开浮华喧嚣的城镇,杰斐逊便全身心投入他向往的乡村生活中。1809年中,应邀来访的玛格丽特发现前总统不仅身体很好,而且精神矍铄、心情极佳。她后来写道:"他总是太阳一出就起床,脑子里总在策划各种各样的事情,多到早起晚睡都干不完。他身上有一种宁静的气质,只有内心平和的人才会有的气质。"她还评论道:"我见到了,聆听了,最了不起、最伟大的人……一个真正的哲学家、一个真正的智者,他的心宁静如水,淡泊如镜。"

从总统重新变回庄园主的身份,这件看似平凡普通的事情背后,隐含着深远的意义。在美国历史上,华盛顿开创了总统连任不超过两届的先例,杰斐逊承上启下,坚守这一准则,反对一切压迫,仇视君主制和贵族特权，反对专制和暴政，为防止出现独断专行的政府设计了周密完善的机制，也为后世的总统树立了无法逾越的伟大榜样。

杰斐逊凭借着道义、信念和知识的力量，度过了曾经扰攘和峥嵘的岁月。现今，他的脑子里已将政党、权力、荣誉等概念清除，以冷静、超然的态度对待同代人的意见和历史的判断，用智慧去洞察和审视世界。他虽然非常在意人们对自己的议论和评价，但听取的角度已完全改变，他对自身的地位和自由的内涵有了更深刻的领悟。他已不在意生活的方式本身，而是追求一种淳朴而崇高的精神境界。正因为杰斐逊达到了哲学上的平衡和精神上的和谐境界，所以被人们称为"蒙蒂塞洛的圣哲"，而蒙蒂塞洛庄园后来也被人们誉为精神圣地。

2. 与老友重修旧好

1809年的秋天来了，蒙蒂塞洛也农闲了，杰斐逊有了更多自由支配的时间。这时，詹姆斯·门罗来信说，他的老朋友约翰·沃克病了，而且他的妻子贝琪·沃克也在生病，他们很想见见老朋友，希望杰斐逊去看看他们。门罗在信中说："如果你这个时候能去见见沃克上校，对他来说将是莫大的善举，他一定会很感动。"杰斐逊想起当年的那桩荒唐事——向沃克的妻子贝琪求婚被拒，担心见了面难免尴尬，便没有去，但他还是写信去表示安慰。

杰斐逊已经好几个月没跟外界联系了，这一次开了戒，他写信的"瘾"一发不可收拾，农闲的大部分时间都在写信。他给法国大使写信打听拉法耶特爵士的近况后，又给爵士写了一封信，信中说道，"假如真的有上帝，而他又是公正的，那么一定会有他施行公平正义的那一天。他绝不会丢下全人类不管，任由他们被洪水猛兽吞噬"并"希望欧洲的动荡能够尽快结束"。信发出后，他发现了一个问题：他的老朋友如塞缪尔·亚当斯、埃德蒙·彭德尔顿、乔治·梅森和曼·佩奇等曾经在《独立宣言》上签字的人，已相继撒手人寰。仅剩的几个朋友还在政界打拼，他要找一个不谈政治的朋友还真不容易。他只能给女儿写信，给孙辈们写信，宁可跟他们谈爱情、谈婚姻家庭、谈孝道，甚至谈哲学，也不愿意跟朋友们谈政治。可是，如果多次跟家人亲友谈一成不变的话题，他们会烦，会觉得枯燥乏味。他不得不找一些报纸来看，以便找到新鲜的话题。他写信告诉总统麦迪逊，说"每天只读一点点报纸，神奇的是，偶尔还是会有一两句真言打动我的心，像《圣经》中落在财主舌尖上的水一样"。

不知不觉，杰斐逊跟外界的联系越来越频繁了。而他与外界沟通的重要渠道便是写信。据不完全统计，他从卸任总统到去世这17年间，一共写了6000多封信。他逝世后，家人在整理他的书房时发现了26 000封信件，保存至今的尚有16 000封（包括部分复制品）。信件越多，涉及的内容自然越多，尽管杰斐逊避谈某些问题，但有时却在无意中流露出来。比如，1811年8月他给费城的本杰明·拉什写信说："我很惊讶老年人竟然不知道自己的头脑会和身体一同退化。"他原本是想讨论人类生老病死的自然规律、人类能力的局限性，并充分显示他在这方面的洞察力和专业知识，可是谈着谈着，却又不自觉地拐到他一直回避的话题上来，他说："无限期地占据权力宝座会让我们的共和政体陷入危险，我认识到了这一点，感觉自己有责任退下来。再说，我也害怕变成一个老糊涂自己还浑然不觉，光这一点顾虑就足以帮我拒绝所有要我连任的请求。"

拉什心想，如果要跟杰斐逊经常谈下去，而且要回避他不喜欢的话题，那还真有点为难。因此，他想到了一个自鸣得意的主意：撮合两位前总统，让他们去聊。一方面他们有同样的经历，也同样有时间；另一方面，他们曾经是对手，甚至可以说他们分别是联邦党和民主共和党的代表，两党之争往往都借用他们的名义。如果他们能聊到一起，或许能化干戈为玉帛，对缓解两党矛盾多少会有些帮助。

拉什拿定主意后，立马写信给杰斐逊，向他游说。"杰斐逊先生，我不得不向你提一个其他人都想不到的好建议，"他在信中说，"你们如果能恢复交往，对于知识分子和爱国者而言将是一种荣耀，对美国乃至全世界的共和事业也将大有裨益。"拉什极尽吹捧之能事，将他们重修旧好的意义很夸张地赞美了一番。拉什考虑到，在两位前总统的政治斗争中，杰斐逊是继任者，也是胜利者，如果他能主动伸出橄榄枝，再游说亚当斯就不用费太多的口舌了。

果然，拉什只用两封信就说服了一向重视社交和友谊的杰斐逊，拉什说"亚当斯已经在坟墓边缘挣扎，全靠旧日的战友拉他一把了"。杰斐逊认为自己与亚当斯的私交并不是特别好，但他还是愿意努力去追忆他们昔日的友谊。至于亚当斯，他记忆中几乎没有跟杰斐逊单独相处过，他翻遍所有日志，仅有一次记录："我和我所爱戴的杰斐逊先生度过了一整个夜晚。"当时，杰斐逊的脸上"荡漾着愉快的微笑"。而这一次还是十几年前他们出使法国，于1875年5月在巴黎开工作碰头会时的事情。其实，亚当斯只要再仔细回想一下，值得回忆的事情并不止这一件。比如，他们曾一起在伦敦周边城镇参观旅游，又如，当年杰斐逊的次女波莉从弗吉尼亚去巴黎，途经伦敦，亚当斯夫妇细心照顾她，并派人把她送到巴黎……

尘封的记忆已经被勾了起来，这是一个很好的开端。不过，杰斐逊还是有点担心，他给拉什回信说："你还记得那时候那些联邦主义者使出的各种手段吧。"拉什又给杰斐逊写了一封信，一句话就帮他消除了疑虑。拉什说："政治生涯的糟糕之处有很多，而最可怕的就是友谊的破碎，还有随之而来的难解的仇恨。"说到两位前总统友谊的破裂，应该是在制宪会议之后，起因应该归罪于该死的联邦主义与共和主义之争。如今大家都不玩政治了，还有什么过节不能化解呢？

这时发生的一件小事成了他们恢复友谊的加速剂。1811年夏，杰斐逊的朋友、废奴主义者爱德华·科尔斯（时任麦迪逊总统的私人秘书）和他的兄弟约翰一起去拜访亚当斯。会谈中，亚当斯讲述了国家历史上许多有意思的故事，主动谈到了他担任总统时期的政治局面，以及与杰斐逊之间的矛盾。这次交谈"亚当斯先生谈论人和事都毫无顾忌"，袒露了他对杰斐逊的种种"不满"，尤其对 1800 年大选落败心怀芥蒂。科尔斯回应说，他对前总统杰斐逊非常尊敬和爱戴，并夸赞了杰斐逊政府的治国之策及其成就。亚当斯听着听着，情不自禁地脱口而出："我也一直很喜爱杰斐逊，现在依然如此。"在这次谈话中，亚当斯真诚地表达了自己的喜悦之情，并对杰斐逊的人格大加称赞，感激他在独立革命期间及后来的日子里对国家的贡献。

结束拜访后，科尔斯欢天喜地赶往蒙蒂塞洛庄园向杰斐逊转述了他与亚当斯的谈话，杰斐逊听了感到十分欣慰。当天晚上，他就给拉什写信说："这样就够了，他只要这样承认了，我就能重拾我们关系最亲密时我对他的深切感情。"

不久，亚当斯在接受媒体采访时发表公开讲话，澄清了媒体对他与杰斐逊之间关系的误解。就这样，杰斐逊与亚当斯之间的友谊又重新建立起来。

1811 年年底，亚当斯在与杰斐逊重新修好后发出了第一封信，随信送上了一本讲稿集，那是他在哈佛大学教授修辞和进行演讲的专辑。杰斐逊兴奋得夜不能寐，欣然提笔。杰斐逊那真诚的话语直击亚当斯的心灵，勾起了他"内心深处宝贵的记忆"。之后，两人信件往来日益频繁，信件的内容大都是一起回忆"那个举步维艰、危险重重的年代"。杰斐逊在 1812 年 1 月 21 日写给亚当斯的信中说："我们为同一项事业共同奋斗，争取人类最宝贵的东西——自治权，我们一直在同一条船上努力划着同一支船桨，迎接面前的风浪，每一次风浪都似乎要掀翻我们，但我们的小船总能化险为夷。我们一心一意地与风暴搏斗，最后终于抵达了幸福的港湾。"他的信中完全没有了"不满"的语句。亚当斯在 2 月 10 日回信说，那些不愉快的日子似乎已成了过眼云烟。

杰斐逊在回信中表示自己现在已经离开了政治，不看报纸，而是在研读塔基图斯、苏基季泽斯、牛顿和埃夫克利兹等人的著作，并认为这样要快乐得多。

亚当斯在回复时向杰斐逊讨要一本前不久在弗吉尼亚出版的小册

子，然后他们一起讨论书中提到的有关世界末日的问题。亚当斯认为世界末日之说很荒谬，因为"时间和经验都已经反复证明了这些预测不可信"。杰斐逊作为一个自然科学爱好者，显然会对亚当斯的观点表示赞同，他认为时间和空间都是无限的，相对而言，人的生命则是有限的。他由此谈及自己的健康状况，以及自己的外孙子、外孙女的可爱小事。最后他写道，"我用永远不变的感情和敬意向您问好"，并希望亚当斯"多考虑和照顾自己"。

这两位已步入老年的革命家、政治家，分享着彼此的想法和回忆，谈论着他们的兴趣以及精神上和现实中的问题，讨论他们读过的书以及政治理论和哲学问题，阐释他们对人和社会的本质的思索，探讨人类（生物）生命的起源与终结……在此后的岁月中，他们一共通了158封信，其中亚当斯写了109封，杰斐逊写了49封。

1812年"第二次独立战争"爆发后，杰斐逊不再避谈政治问题，认为美利坚合众国成立之初的政治纷争早该结束了。他坦率地对亚当斯说："我和你，我亲爱的先生，就像老迈的普利阿莫斯，怎能穿上儿子赫克托耳的铠甲呢？……我早已下定决心顺从于世人的评判，他们将按照我的行为评判我，我绝不会为自己解释一句。"亚当斯虽然很大度，但他仍坚持说他所抱持的政治立场不一定就是错误的，"整个国家都站在你们那边，但你们的权威和国家的权威都不足以让我信服"。他也希望把一切都交给时间去检验，让后人去评判。

"不过，我们从来不瞎讨论看似稀松平常的政治问题。我们在那么多方面所见略同，为何专挑这个唯一有分歧的话题呢？"杰斐逊在1813年3月给拉什的信中说，"的确，既然造物主让人类形成充满矛盾的社会，就不可能不赋予我们足够的美德和智慧去解决所有社会问题。"

在此后的通信中，杰斐逊和亚当斯仍多次谈及他们争论的核心问题，并渐渐看清了其中的症结：他们对民主本质的理解不同，对国家终极目标的设计和实现途径也不同。杰斐逊在1815年写给亚当斯的一封信中说："你问我，美国革命的这一段历史该由谁来书写，谁有这个能力？谁最终能够下笔？没有人。能写下来的只有外在的史实。"

亚当斯对政治的变幻无常感触至深，他写道："50年来，我的名声一直是大众茶余饭后咀嚼的话题，将来也会如此。因此，名声对我而言就像一团泡沫，一张飘荡在夏日多变的微风中的蜘蛛网。"他已把一切看得云淡风轻。

杰斐逊在复信中说："现在我的终极追求就是伊壁鸠鲁式的享乐主义——身体舒服，内心宁静。我希望就这样度过余生。"显而易见，他们的心态都一样。

亚当斯在另一封信中还流露出一种急迫感："生命之分分秒秒如此短暂。我最近连续写了两封信，然而却没有引起注意，我必须写第三封信。别介意，我亲爱的先生，如果我给你写了四封信，而你的一封却比我的四封信还值……在我们相互向对方彻底解释清楚之前，你我都不能撒手而去。"

杰斐逊在回信中说："太多的话题涌上心头，我都不知道从何说起。……因为我们都年事已高，一辈子习惯了质疑与反思，不太可能改变自己的看法。我是受到你之前一封信的启发，你说在我们把彼此所有的想法都了解清楚之前，谁也不能死。但……对于我们政体的欠缺之处，我们就算想法不同，对国家也无大碍，因为经过一辈子无私的努力，我们现在已经把国家平稳地交给了下一代，他们能够好好地治理国家，也能好好地对待自己。"

这一年，亚当斯的独生女内比·亚当斯·史密斯死于乳腺癌，年仅49岁。杰斐逊是在巴黎认识内比的，对她的印象极为深刻，也很喜欢她。她的死又勾起了杰斐逊对早亡的小女儿玛丽的思念之情，悲痛让他难以自抑，除了给亚当斯写过一封慰问信外，几乎两周没有拿笔。后来再提笔写信的时候，他发现自己要聊的重点话题已悄然改变，更多地谈到家庭、孩子以及日常生活，谈生死与个人命运。他在一封信中说："孩子们虽然使我们苦恼、担忧、伤脑筋，甚至受到羞辱，但是他们也给我们带来了无尽的欢乐。实际上，从很大程度上讲，是他们让我们活着。"

对于这一话题,亚当斯在一封回信中讲得特别富有哲理:"你活着,我似乎就在蒙蒂塞洛有一个银行,当我高兴时便可以提取一封友谊之信,并给我快乐。"

1818年10月,亚当斯的妻子阿比盖尔生命垂危之际,杰斐逊写信安慰亚当斯,并与他讨论"悲伤的效用"。他说:"我理解这种深深的痛苦,我无比同情,没有任何痛苦能比失去最亲爱的人更沉重。时间和沉默是唯一的药方,然而它们虽能减轻痛苦,却无力消除这种痛苦。这种悲痛会深埋在心里,只能与生命一起消失。"亚当斯的回信富有哲理:"老朋友,我悲伤之至!与我风雨同舟、相濡以沫54年的爱妻,已经走到了生命的尽头。她已经不能说话,也丧失了听力。如果人的生命是一个泡影,那就无所谓多么短暂;如果是永恒的存在,那我们就应听从上帝的安排。"

杰斐逊与亚当斯的信件往来,是美国历史上一次非同寻常的文献交汇,留给了后代许多精彩的、引人入胜的宝贵资料。从现存的大部分信件来看,他们谈论的话题非常广泛,从美洲印第安人的起源到拿破仑的性格、贵族的实质、科学的未来、人类的理智、悲伤的影响、人类对社会掌控的局限性、死亡的必然性等,既有不同思想观点的碰撞,又有真挚情感的交流,两人相互扶携、相互理解,将彼此的友谊推到崇高的境界,同时也为解决党争问题找到一个较好的方式。在后来美国的政治生活中,党争虽然一直存在,但始终控制在"关起门"的范围内,并对美国的民主制度起到了促进作用。

3. "偏僻的寺院"

在杰斐逊晚年的生活中,蒙蒂塞洛庄园可以说占据了一个很重要的位置。蒙蒂塞洛庄园在阿尔伯马尔县的夏洛茨维尔镇。杰斐逊的出生地沙德威尔庄园也属于这个镇,两处庄园相距约15英里,只不过沙德威尔庄园自从失火后，渐渐变成了一片荒地，遗迹都寻不见了；而蒙蒂塞洛庄园经过杰斐逊近 40 年的规划修建，已经耸立于蓝岭东南端里瓦纳河岸的小山上。

庄园占地 11 万平方英尺，主体建筑属古典罗马式，始建于 1769 年。主楼以白色的圆顶与低矮的红砖为主体的搭配，两侧门廊采用多利安式，中楣上装饰着各式各样取材于神话的雕塑，非常迷人。从左右门廊向南延伸出两排平房，作为奴仆住房和各种用途的功能房。从高处俯瞰，整体建筑像伸开巨钳的海蟹。周边的绿草、红花、碧潭、蓝天，相映成趣，充分体现了杰斐逊富有诗意的想象力。至深秋时节，树叶如同一组色阶，错落出由红至黄的各种色彩，像一幅色彩斑斓的画作。

走进庄园细细观赏，人们可能会感受到杰斐逊可贵、独妙的匠心。高高的门厅天花板上装饰着石膏浮雕，图案是被星星簇拥着的鹰，梁柱上悬吊着一盏阿尔冈式的圆筒芯铜吊灯。从朝东的玻璃正门穿过门厅，便是宽敞的大厅，绿色的地板，雪白的墙壁，橘黄色的墙裙。墙壁上挂满了手工艺品、纪念品、动物的角和骨之类以及各种地图、画像。一侧还有一座胡夫金字塔的微缩模型和一座雕像，粗略一看，真像一个展览厅。

杰斐逊的主房是一个三门套间，右边是有四扇高大窗户的书房，左边是只有一扇窗户的带壁炉的卧室，配有凹室床，睡床嵌在书房（也常被称为他的"内阁"）和卧室之间的凹室内。其精妙之处就在于这个"凹"字上，只要将红色的帐幔一拉，就能置身于宁静的世界里。杰斐逊喜静，同时又希望能感受到时间在悄悄地流逝，因此，他在凹室的隔板上摆放着两块小型方尖碑，中间架着一只小座钟，方便他早晨钟鸣而起，晚间钟鸣而歇。它每天只响两次，每天晨钟响过之后，他新养的几只嘲鸫会来一段和鸣曲，提醒他新的一天开始了。

客厅高大宽敞，其绝妙之处在于大门的地板下安装了杰斐逊设计精巧的联动装置，两扇大门可以同步打开和关闭。大门开启，就能看见一座很大的落地铜钟，它是经过改装的，不仅可指示钟点，还能指示星期，可算是世界上第一座日历钟。杰斐逊不止一次将蒙蒂塞洛庄园称作"偏僻的寺院"，也许与这座铜钟不无关系。客厅摆满了各种娱乐器具，布置得像一个娱乐室，将主人一家的生活情趣、业余爱好充分展现了出来。

客厅的右边是餐厅，墙壁是亮黄色的。在餐厅一头，用现代感很强的两道滑动折叠门隔出了一间八方形的茶室，杰斐逊称之为"最荣耀的套房"。因为它的作用很大，不仅一家人要在这里用餐、交谈，还要在这里招待重要客人。茶室的主要饰品是为一些朋友塑造的半身石膏像，包括华盛顿、富兰克林、拉法耶特、约翰·保罗·琼斯①等人。

庄园的这座主楼一共有 33 个大小房间，楼上多为小卧室，每个房间都有不同的装饰和特色，难以一一详述。在这座主楼里经常举行各种活动，所有重要活动都在杰斐逊的掌控之中。他在 1813 年写给玛丽亚·科斯韦的一封信里说，他这个主人更像"古时候的一个酋长"。

杰斐逊"告老还乡"后不久，他的大女儿帕茜也带着孩子们来到了蒙蒂塞洛庄园，庄园一下子又热闹起来。他的外孙就有七八个，还有他收养的几个孩子的孩子以及朋友的孩子，可谓家大口阔。但杰斐逊是一个真正的"负翁"——欠债数千美元，他不得不精心打理农场，以增加收入，偿还在华盛顿任职期间欠下的债务。

杰斐逊拥有的土地大约有 5000 英亩，可耕地只占四分之一。他一回来就让庄园总管埃德蒙·培根拿来全部账本，仔细看过后，他开始制定扩大生产计划。他的女婿托马斯·伦道夫提出在山上实行"高等耕作"，并改良了玉米品种，使他的土地增产不少。另外，庄园里的制钉、织布等加工间也恢复了生产。杰斐逊还给农场订购了英国桑树、桃树和杏树的种苗，还有大雁和一只种公羊。他给一位老友写信说："对我来说，没有什么工作能像耕种土地使我更开心了，也没有任何耕种比得上菜园果园的工作。蔬菜水果的种类是如此之多，总有一种作物会成熟，

---

① 约翰·保罗·琼斯：苏格兰裔的美国海军军官、军事家。他甚至被俄国女沙皇叶卡捷琳娜二世任命为海军少将，被公认为是一个富有魅力的人。

而且一种作物的歉收总可以用另一种作物的丰收来补偿。一年不是一次的收获，而是不断都有收获。"

尽管年老，但杰斐逊的很多好习惯仍保持了下来。每天早晨6点，闹钟一响他就起床，先用冷水洗头洗脚。他把脚泡在冷水里，眼睛望着壁炉，静坐一刻钟左右，然后进书房。他对光线的最早感知主要来自于右边书房里第一扇朝东的窗户，并通过透进来的光线多少推断出太阳的高度。早餐后，他骑上自己的爱马，去果园或农场巡查，往往一走就是十几英里。午饭后还有喝茶时间，然后开始下午的工作。精神健旺的时候，他会帮孩子们摘果子或做游戏。他专为摘樱桃、枣子准备了工具，如果做游戏，果子就成了他给优胜者的奖品。他的一个外孙女后来回忆说：他说话从不大声，哪怕是下达严肃的命令。无论做什么事情，"他只是说'去做'或'不要去做'"。他的话一定会被遵从。晚上除了写信、整理笔记外，他偶尔会跟约翰·赫明斯或某个外孙女下一局国际象棋。

他写信告诉拉什："我现在的生活方式让我无法随心所欲地阅读。从吃过早饭，或者最晚从中午开始，直到晚饭，我大部分时间都在马背上度过，处理农场或者别的什么事情，我发现这样对我的身体、头脑和日常生活都很有好处。"

当然，他的作息时间会随季节的变化而改变。比如冬天，他的很多活动是围在火炉边进行的，他会讲故事或自己过去的一些见闻，教孩子识谱、拉琴等。尽管嗜书如命，但冬天的晚上他已经不常看书了，这可能与他视力衰退有关。不过他会叫人点亮蜡烛，督导孩子们读书。每当蜡烛亮起，四周就安静下来。杰斐逊即使手里拿着书，眼睛也是微闭着的，但脑海里仍在不停地翻腾着，从来没有停止过思考。他的外孙女在笔记中写道："我们说话都用耳语，生怕打扰到他。通常我们也会像他那样拿起一本书，我看到过他从自己的书中抬起头来，环视这一小圈读书人，然后笑着朝妈妈评论上几句。"她还强调说："他的命令不由分说，他的爱也无以复加。"

1816年，一位来访的客人谈及自己的感受说："假如这座房子不叫蒙蒂塞洛，那我会叫它奥林匹斯，它的主人就是朱庇特。"杰斐逊的家人完全赞同这种看法，并补充道："他的乐观和慈爱，就像温暖的阳光，照耀、鼓舞着全家人。"

但是，蒙蒂塞洛庄园通常无法按这样的规律保持宁静，因为来庄园参观拜访的客人络绎不绝，打乱了他们的生活规律。

杰斐逊并不喜欢长时间一个人待着，也希望与外界有所联系，从来无法做到全然不关心当下的世界。1812年，美国又一次与英国开战。杰斐逊虽然相信可以不通过武力冲突解决英国问题，但他仍写信提醒麦迪逊总统，"战争固然无益，但任人蹂躏更可怕"。他本想邀请总统夫妇和战争部部长、海军部部长等偕家人来蒙蒂塞洛做客，但因英国舰船"停泊在特拉华拒绝离开"，他们无法出行。5月，杰斐逊又给总统写信说："大家都镇定地等待你宣战。假如那些北方人意图控制少数派，这也是教训他们的一个好机会。"显而易见，他对国家的前途和命运仍然满心担忧，经常跟麦迪逊书信往来，在不少问题上为麦迪逊出谋划策。

在杰斐逊的书房里，有一张种植园风格的写字桌，大约从1811年开始，他每天都会坐在桌前写信、读信。有时来信太多让他看不过来，回信更是一种负累，而白天则要抽出很多时间陪伴客人，使他没有一天能享受真正的宁静。不过，杰斐逊对来庄园拜访的客人总是那么热情而真诚。尽管来访的客人们目的不同、身份也不一样，但他总是平等对待。只要力所能及，他总是乐意满足客人的所有要求，耐心解答客人提出的奇奇怪怪的问题。而来访的客人无一例外地要求参观庄园的园林建筑设计布局和室内琳琅满目的"展品"。

从庄园的整体布局来看，杰斐逊不喜欢刻板的几何图案和直线模式，而比较喜爱自然的、不规则的、不对称的以及曲线的设计。他曾到英国伦敦及周边参观过英式城堡和农庄，尤其对英国南部的庭院比较欣赏，因为那些庭院在景物布局上强调布局参差不齐、错落有致，呈现出生机盎然的自然生态，给人以轻松洒脱、自在舒畅的快感。他还讲究植物与动物浑然一体，能体现出静中有动，静谧之中却蕴含着勃勃生气。对于园林设计，他认为应该充分展现各种植物的独特魅力，并且要有层次感，比如槲树宜"庄严而古朴"，常绿树木宜"呈阴暗色"，溪谷宜"幽深而人迹罕至"，庭院宜佳色天成，尽可能展现乡村的自然景色，让人与自然互动起来。同时讲究线条、空间、视线的变化，因时因地，巧借自然妙笔神工，筑造世间最理想的生态乐园。

弗吉尼亚西部呈现明显的亚热带湿润气候，夏季又受海洋气候影响，日照时间长，空气炙热，因此杰斐逊在主楼周围栽满了在不同季节开花的树种，如棠棣、紫荆、山楂树、郁金香树等。由内向外扩展，还有桦、榉、红栎、白栎、红云杉等。在主楼西面的草坪周围铺设了蜿蜒曲折的小径，有曲径通幽的韵味；在小径两旁种上棠棣、欧石楠、野樱桃、蓝莓等。他还在房屋的四角上布置了24个椭圆形的花坛，每个花坛里都种了几种不同的花草，有来自美国西部的鸢尾兰，有来自欧洲的郁金香以及美洲本土的金鸡菊、海棠、石竹等。他在草坪周围的人行小道两旁设造了近百个10英尺长的花坛，里面栽满了时季花木。无论哪个季节，花坛里总有某种花在绽放。远远一望，这些全都精巧地点缀在草坪上，如诗如画。

主楼的许多设计源于欧洲的古典建筑：整体布局模仿意大利维琴察的安德里亚·帕拉迪亚圆柱，圆柱门廊类似罗马的维斯达神庙，穹顶则效法巴黎的萨姆穹顶。内里的装饰、器具如单扶手写字桌、转椅、折叠门、消形床、回转式食品架、日历钟等，都由杰斐逊亲手设计。

室内最吸引人的地方，是门厅、大厅、客厅里的那些塑像、画作。因为在蒙蒂塞洛庄园展示的任何物件、任何人物塑像，对杰斐逊来说都是有特殊意义的。在人物塑像中，无论是哥伦布、韦斯普奇、亚历山大一世，还是乔治·华盛顿、本杰明·富兰克林、麦哲伦、拿破仑、拉法耶特都是杰斐逊尊敬的人物，且对他的一生产生过重大影响。还有那些著名的画作，如《忏悔的抹大拉的玛丽亚》《解下十字架》《莎乐美与圣施洗约翰的头颅》等，对杰斐逊来说，其内涵价值远远超过画作本身。画作中，杰斐逊尤其看重《沉思中的耶柔米》和《耶稣在衙门院内》。耶柔米又译作哲罗姆，是基督教拉丁教父。熟悉杰斐逊的客人都知道，杰斐逊对宗教信仰并不像华盛顿那么虔诚，不明白他为什么会搜集那么多宗教题材的画作。有一次，杰斐逊跟客人讲述《耶稣在衙门院内》说："耶稣……被脱了紫袍，还未穿上自己的衣服，头上戴着荆棘的冠冕。他坐在那里……在场的人似乎有一个辱骂他的兵丁、他的一个门徒，还有监督行刑的人。这是《马可福音》第 15 章 16～20 节的事情。"可见杰斐逊对自己收藏的东西是有深入研究的。或许，就是这一个个房间、一样样物品、一幅幅版画、一座座雕像、一枚枚奖章，构成了蒙蒂塞洛庄园的神秘世界。

但是，这样理解似乎还只是事物表面的意义。人们所看到的杰斐逊，只是过着平淡生活的一个普通农场主，正如他 1811 年写给挚友麦迪逊的信中所说的那样："我在家园的怀抱和天伦之爱中，在与邻人的交往中，在书籍中，在农田及家里健康而有益的工作中，在每一个绽放的花蕾所带来的乐趣与喜悦中，在从我身旁吹拂而过的每一阵微风中，在或休息或活动、或思考或行动完全取决于自己的自由中，寻求幸福。"

在杰斐逊的内心世界里，人的幸福既有物质方面的，也有精神方面的，而后者比前者更为重要。从他的这些话语中，不难理解蒙蒂塞洛庄园不仅有着优美的建筑与园林，更是一代伟人的思想、情趣和人格的化身，融入了生命、自由、平等和追求幸福等天赋人权的思想。他的外孙女埃伦·库利奇后来回忆说："我们的妈妈教导所有孩子要像她自己一样仰视她的父亲——是真正意义上的仰视——仰视着一个站在荣耀和美德高峰上的人。而随着我们渐渐长大，有了自己的判断，我们也越来越坚定地相信我们印象中的伟大的外祖父的确很伟大。"

正因为如此，被杰斐逊称为"偏僻的寺院"的蒙蒂塞洛庄园才能成为美国人民的精神圣地。

4. 在困顿的日子

当杰斐逊在蒙蒂塞洛庄园平静度日的时候,年轻的美利坚合众国和她的人民迎来了一次最严峻的考验,那就是1812年爆发的第二次美英战争。杰斐逊对这场战争的酝酿过程十分清楚,他的立场和主张是极力维护和平,但不放弃为战争做准备(看起来像什么也没有做);若战争不可避免,最好的办法就是不惜一切赢得战争。尽管战争会带来灾难,但他还是支持麦迪逊总统对英开战。

这场战争从一开始就打得很艰难,麦迪逊不仅要对付英加(加拿大)联军,还要对付联邦党中的亲英分子,局势十分危急。

但杰斐逊给麦迪逊的信中非常坚定地说:"今年将加拿大地区兼并,包括魁北克,只要向前进,向哈利法克斯进攻,最终必定将英国势力彻底逐出美洲大陆。"美国人把这话当作控制整个北美洲的"昭昭天命"。

美国独立后,英国一直妄图夺回英属北美殖民地,同时美国也想夺取西部和英国控制的加拿大。1812年6月,美国对英国宣战,史称"第二次独立战争"。图为1812年10月13日,英军在尼亚加拉河附近击溃进入加拿大地区的美军

但是，要赢得这场战争谈何容易。战争逐渐扩大，在大西洋、五大湖地区和加拿大边境、美国大西洋东海岸、美国南部诸州四条线上展开，结局难以预料。如果失败，美利坚合众国就不复存在，将重新沦为殖民地。麦迪逊除了赢得这场战争，别无选择。

开战初期，美军处于战略进攻态势。在海上，美国战舰和私掠船在大西洋上全面出击，战果辉煌，仅几个月时间便击沉英国军舰3艘，俘获英舰船500多艘。但在陆地上，美军却连吃败仗。陆战的主战场在美加边境的西北部展开。美军发动了三路攻势，企图入侵加拿大。英将艾萨克·布罗克率英加联军于七八月间击退了美军的西路进攻，并攻占了美国西部的几个重要堡垒。之后又进攻底特律，2500名美国守军竟不发一枪，向700名英军缴械投降。接着，英军转到中路，于10月12日夜以1000人马击溃了3000名美军的进攻，许多美军士兵还未交火便四散逃跑，而纽约民兵则袖手旁观，按兵不动。美军在陆地上处于十分被动的局面。

战争打得激烈的时候，蒙蒂塞洛庄园显得很平静，往来客人依然络绎不绝。喜爱交际、乐善好施是杰斐逊的一种生活方式，但他的慷慨程度（有人称之为奢侈）又远非自己囊中财力所能及。他在担任总统的第一年就开始负债，总统的年薪为25 000美元，而那一年他的个人开支是32 634美元。他让管家把蒙蒂塞洛庄园的3000美元拿来还债，还有几千美元的空缺则靠向朋友借款来填补。之后几年，他力倡节俭，最大限度地压缩私人开支，为国家减少了不少债务，但他个人的收支仍不能保持平衡，债务有增无减。不过，他并没有停止花钱做善事，1801年资助公益款约1000美元，1802年为1588美元。到总统第二任期届满之时，他甚至不得不去借8000美元，以偿还他离职时在华盛顿欠下的几千美元的债务。他母亲在1770年欠英国银行的一笔钱，直到1808年才由他还清。

返乡后，杰斐逊的家庭经济收入每况愈下，主要原因有两个：一是家大口阔，他必须养活近百个家人和亲戚朋友，包括帕茜的孩子、妻子同父异母姊妹的孩子,以及其他亲友的孩子。他是一个有责任心和爱心的父亲、爷爷,正是养家糊口的庞大开支把他拖进了最具灾难性的财务泥潭,而他却根本不想从这泥潭里爬出来,因为他不愿看到任何一个孩子受苦。

帕茜在她的回忆录中讲述了很多关于父亲家庭生活的小事:有一次,杰斐逊无意中听到一个外孙女感叹自己还没有一条丝绸裙子,第二天,她就有了一条从夏洛茨维尔镇送来的丝绸裙子。又一次,一个外孙女心爱的棉布裙挂到门廊和门厅之间的玻璃门上扯坏了。她回忆道:"外公正好站在旁边,目睹了这场惨剧。"过了几天,杰斐逊走进帕茜的起居室,手里拿着一个包裹,对外孙女说:"我帮你把裙子补好了。"而她接过的却是一条崭新的裙子。帕茜还谈到,杰斐逊要是听到哪个孩子想要一块表,或是一套马鞍和笼头,或是一把吉他,他都会悄悄地买给他们,而买这些东西的钱可能是借来的。不管手头有多紧,他都要确保孩子们不仅有衣穿、有书读,还要让他们的某些兴趣爱好得到满足。他的一个外孙女说:"外祖父好像能看穿我们的心思似的,知道我们隐匿的愿望。他是我们的守护精灵,他挥一挥魔杖,用慈爱和礼物点亮我们的童年。"

蒙蒂塞洛庄园有一个男管家、一个女管家,帕茜回来后,取代了原来的女管家,因为她认为原来的女管家应付不了这个大家庭的复杂问题,尤其是在资金困难的情况下,难以支撑盛大的场面。蒙蒂塞洛庄园经常高朋满座,帕茜说至少有一次父亲要求她为 50 个人准备过夜的床铺。杰斐逊招待客人从来都是用上等的葡萄酒和食品,据说仅香槟一项,一个月就需要约 300 瓶。招待客人的覆盆子需要每周采买,椰菜、利马豆、朝鲜蓟(洋蓟)等隔两三周就得买一次。因为来访客人多,他还增设了三个马车库。慷慨地、无休止地招待来访客人,也是杰斐逊变"穷"的另一个原因。

美英战争后期,庄园的生活虽没有太大改变,但杰斐逊招待客人的档次却不得不降低了。有一次在晚餐时,杰斐逊坐在一位记不起姓名的绅士旁边，吩咐上马德拉白葡萄酒，因为他隐约记得这位客人喜欢这种酒。但这位客人拒绝了，说喝点普通葡萄酒就行。用餐完毕后，杰斐逊有事离开，这位客人立刻问旁边的朋友："你觉得我能找到一杯上等的白兰地吗？杰斐逊先生真有趣，我说喝葡萄酒，他还真拿出这种又酸又冷，像毒药一样的法国酒……我觉得我要死掉了，必须喝点白兰地之类的'解毒药'。"

过了两天，这位客人与麦迪逊总统见面，他称赞了杰斐逊待人热情慷慨之后，问道："为什么一个那么有品位的人会喝又冷又酸的法国葡萄酒？这种酒肯定会损害杰斐逊先生的健康的。"他恳请麦迪逊写信，务必督促杰斐逊为了健康换掉这种葡萄酒。

1814年9月，杰斐逊从报上获悉，英军攻占了首都华盛顿，不仅火烧总统府白宫，24日下午还放火烧毁了国会大厦，设在大厦内的国会图书馆里的3000册藏书也毁于这次火灾。一向急公好义、关心国事的杰斐逊义愤填膺，做出了一个违拗个人性情的举动，他致信国会图书馆的图书委员会主席，表示愿意将自己珍藏的6487册藏书，悉数有偿提供给国家。

杰斐逊嗜书如命，自称"收藏书籍至今已有50年，不辞辛劳，不惜代价，不放过任何机会，才达到了今天的规模"。这批藏书不仅包括了在一般科学和文学方面有重大价值的珍贵书籍，还包括了一个美国政治家所能拥有的全部文献，而且外交和议会方面的资料尤其丰富。杰斐逊援引《国民通讯员报》的话说，这些藏书"无论从选本，还是从珍藏价值、内容价值来看，都是无价之宝"。在转让价格方面，他希望能答应他提出的建议：

这些书可以由图书委员会自己指定的人估价，以国会方便的方式支付。例如，国会可以按法律规定每年分期付款，或者放在国会最近借的或本届国会将要借的任何一笔公债里，暂时可以不付，等战争结束，和平繁荣的日子到来后再付。即使是分期付款，但他们现在就可以使用这些图书，因为只需要 18 辆或 20 辆马车，就可以在两周内一次性把它们运到华盛顿。

国会图书委员会的人多少知道一些杰斐逊爱书的故事。杰斐逊寓居巴黎时，有一两个夏季，他利用每个空闲的下午跑遍所有大书店，认真翻阅每一本书，只要确信该书的内容对美国有帮助，不管多么昂贵都会买下来。他家里"差不多所有的书都装订得很好，其中有很多是精装，而且是现存最佳版本"。为了满足购书欲，他还背负了沉重的债务。最后，经费极度紧张的国会以 23 950 美元买下了这些书，价格不到拍卖价的一半。不过，这笔钱还不够杰斐逊偿还拖了数年的欠好友威廉·肖特和撒迪厄斯·科斯基斯科的钱。1815 年年初，杰斐逊亲自监督将这些图书包装好，并把它们一一放在松木书箱里，然后目送十几辆满载的马车远去。

然而，杰斐逊把图书"贱卖"后，发现空空如也的书架比债务更让他难以忍受。于是，他又到处筹钱，想再购买一批图书。"我不能一天没有书，否则，我无法活下去。"他对借钱给他的朋友这样说。仅 1816—1817 年的两年里，他就花了 500 美元来买书。

1815 年，美英战争终于结束了，《根特条约》①的签署带来了和平的曙光，美国经济因欧洲大陆市场开放、外贸解禁而发展加速。杰斐逊抓住时机，对农场的农作物进行了结构调整，扩大了烟草、茶叶等经济作物的种植面积。他还准备搞一个"菜园子工程"，主要是为了保证庄园自足自给。他的经济状况一度有所好转。

但是好景不长，1819 年前后，美国出现了严重的经济衰退。这场经济危机在全国范围内引发了各种争论与抗议活动。因市场不断扩展，

---

① 《根特条约》：签署于 1814 年 12 月 24 日，是一条终止美利坚合众国与英国之间 1812 年战争的和平条约。此条约使两个国家的关系大体回到战前状态，双方都没有领土损失。此条约在 1814 年 12 月 30 日被英国批准。因为当时通信慢，这个和平条约签订的消息几周后才到达美国，新奥尔良战争是在它签署之后打的。

商业化与工业化加大了对美国传统生活的冲击。而这个时候美国正值"西进运动"的高峰，最需要资金投入，人们却很难"看到钱"。杰斐逊还启动了一个庞大的计划——创设一所大学，他为筹款而四处奔走，心力交瘁。1817 年，他为中央学院慷慨捐款 1000 美元，而到 1818 年他为了去蓝岭的洛克菲什山隘口参加推荐弗吉尼亚大学校址的委员会会议，还找朋友借了 100 美元。就在杰斐逊经济状况岌岌可危之时，又发生了一件雪上加霜的事情。事情是这样的：

有一天，杰斐逊的老朋友、弗吉尼亚前州长威尔逊·卡里·尼古拉斯前来拜访，说他的女儿要出嫁，但是因为经济拮据买不起嫁妆，他想从银行那里借 2 万美元以解燃眉之急。尼古拉斯曾是里士满银行的行长，该银行有 30 万美元的资本，但银行规定借贷需要有人在借据上签字担保。尼古拉斯深知杰斐逊在社会上享有很高的名望，如果他肯签字的话，银行一定会借钱给他。在弗吉尼亚，相互担保是一种骑士风度的体现，何况杰斐逊一向乐于助人。可是，杰斐逊自己在资金上也遇到困难了，现在又遇上老朋友因钱财问题有求于他，这让他很为难。他还担心尼古拉斯以后无法偿还这笔款项，那么这笔不小的债务就会一股脑地砸到自己头上。但他稍作犹豫，便在借据上签了自己的名字。

签字后，杰斐逊有一种不好的预感，他在给大女婿伦道夫的信中透露，如果尼古拉斯破产，他很可能将承担尼古拉斯的"所有灾难"。事情正如他所料，尼古拉斯不久就因经济陷入困境而一命呜呼，这样一来，杰斐逊又额外增加了 2 万美元的债务负担，仅利息每年就要 1200 美元。得知尼古拉斯去世的消息后，杰斐逊患了急性消化不良和便秘症，差点要了他的命。

在杰斐逊的家庭经济出现危机的时候，庄园的客人仍源源不断，一年四季门庭若市。由于来往客人甚多，杰斐逊在自己的波普拉森林种植园建了另一幢房子，专门用来接待来访者。因为全国性的经济萧条，蒙蒂塞洛庄园的收入大减，但在杰斐逊的待客之道仍没有多大改变。因此，他跟银行打交道的次数越来越多。他是首倡铸造、发行美国自己货币的人之一，但他却极力反对开设国家银行，为此他与前总统华盛顿的财政部部长汉密尔顿针锋相对斗了很久。但到1819年夏，这个原本仇视银行的"负翁"已经在里士满的三家银行里借了五笔款项，他所欠的债务超过了10万美元。为了还清沉重无比的债务，杰斐逊准备出售一部分自己的土地，尽管他很舍不得，但不得不忍痛割爱。

杰斐逊刚打算这样做，但上帝似乎不想让他如愿。他在1820年写给亚当斯的信中说："自西迁运动兴起后，弗吉尼亚州已有三分之一的人沿着坎伯兰隘口奔向西部去了，这样一来，这里的土地也就变得非常低廉，市场上到处都是卖土地的人，农作物的价格因此大幅度下降。"所以他打消了卖地的念头。为了节省开支，他不得不缩减生活开销，省吃俭用把余下来的钱都用于偿还债务。

同样为了还债，杰斐逊于1821年开始实施他的"菜园子工程"，以帮助庄园减少开支。他还想到以抽奖给彩的方式出售自己的一部分财产来还债。国会过去也曾经批准过几起为公共事业和慈善事业提出的这类请求，杰斐逊确信以自己的名声，在高质低价的情况下还可能从中收回一笔钱。国会最后同意了他出售彩票的方案。但是命运再一次捉弄了杰斐逊，很长时间里，彩票销量十分惨淡。更糟糕的是，当时放宽贷款期限的合众国银行开始缩短期限，宣布所有票据再要延长时一律贬值12.5%。杰斐逊没有现款来充抵票据，只得再去借贷，以贷还贷，包袱越背越沉重。他的外孙托马斯·伦道夫不愿眼睁睁地看着父亲和外公面临破产，于是竭力说服父亲把属于伦道夫的埃奇希尔和瓦里纳种植园卖掉，并出卖一部分奴隶；同时到北方一些城市通过直接认购的方式来发行彩票。此举让美国很多人知道了杰斐逊当下所遭遇的经济困境，试图帮他筹一部分钱来还贷。许多地方专门举行募捐大会，纽约市的居民很快捐献出8500美元，费城人捐献了5000美元，巴尔的摩捐献了3000美元。这样一来，杰斐逊"穷"的名声也被传扬开了。

1823年，在80岁生日前几天，杰斐逊为全家开出了一个欠债、收入的账目表。这个账目表显示，他这个年度欠的债务为 46 262 美元，仅年息就达 2111 美元，占该年整个农场收入 10 400 美元的五分之一以上。尽管负债仍然很重，但是杰斐逊从不自怜，也从不抱怨自己为国家所做的一切没有得到应有的回报，也不愿张口向别人求助。他有一个非常深刻的哲学观点：再美好的事物背后都有一个阴影。这句话也可以反过来理解："我驾驶着希望之舟前行，将艰难困苦和所有恐惧甩在身后。的确，我的希望有时会破灭，但更多情况下，是预示不祥的黑暗消散。"他的话深富哲理性，也说明面对困难，他始终保持乐观。也是在这一年，他写信告诉麦迪逊说："我宁可死于贫困，也决不愿失去自尊。"因此，他一直到死都在为偿清债务而努力，但并不像人们传说的那样是死于贫困。

第十章　别具一格树丰碑

1. 真假莫辨的陈年旧事

杰斐逊是美国自由精神的奠基人之一，同时，他也是一个有着七情六欲的普通人。他一生中两度被卷进桃色事件。第一次发生在1802年，杰斐逊年轻时向朋友之妻求爱的事情被披露出来，政敌们添枝加叶，大肆炒作。面对人身攻击，那时，托马斯采取了沉默，认为只要尽心尽力地为国民服务，时间自然会洗刷掉身上的污点。

其实，事情并不像他的政敌说的那么糟糕。杰斐逊有个朋友叫约翰·沃克，两人既是邻居，也是同学。据说大约是在1764年，那时杰斐逊刚与他的初恋情人丽贝卡"分手"，非常孤独寂寞，有一天他见到了沃克的妻子贝琪·穆尔·沃克，觉得像贝琪这样端庄贤淑的女人才是他想要的妻子，可以越过恋爱过程直接走进婚姻。于是，他大胆地向贝琪求婚，但是，贝琪态度坚决地拒绝了他。后来很长一段时间，更准确地说是在杰斐逊结识他的妻子帕蒂（1771年夏天）之前，他都在追求这位已婚少妇，且几次当面求婚被拒。而他并不认为一个未婚青年向已婚少妇求婚有什么过错。

事情本来很简单，虽然有点荒唐，但也没有造成多大影响。不料到了1802年，也就是杰斐逊担任总统的第二年，这桩陈年旧事被翻了出来，沃克成了媒体攻击的主要对象。对于此事，杰斐逊只对媒体作了简短回应："年轻单身时，我曾向一位端庄的女士表达了爱意，我承认这是不对的。"但他的政敌不想让他这样敷衍过去,对这件事进行了"深入挖掘",并在媒体上曝光了更多的细节,使丑闻不断发酵,延续了两年多的时间。有报道称,约翰·沃克很信任杰斐逊,曾指定杰斐逊为自己遗嘱的执行人,要他在自己去世的时候照顾自己的妻子和女儿,没想到成为一个笑柄。

沃克认为自己无端地受到羞辱,心中愤愤不平,决定对此事加以澄清(也许是受人挑拨)。1805年,沃克公开发表了自己的一套说法:

1768年,我应召到斯坦威克斯堡担任弗吉尼亚代表团的秘书,与印第安人签订条约。这个代表团由威廉·约翰逊率领,其中还包括盖恩·路易斯和我的父亲。我把妻子贝琪和女儿留在家里,拜托我的邻居兼好友杰斐逊先生代为照顾,并保留我离开前立下的遗嘱,指定他作为我的第一位遗嘱执行人。我在离家四个多月后,即11月份才回到家。

在我离开的那段日子里,杰斐逊先生对我的夫人有行为不检之处,以至于她抱怨过,为什么要对他寄予如此的信任。1769—1770年时,在沙德威尔杰斐逊的家里,我们常常彼此串门,这在邻居来说是再正常不过的事情。但是他企图搂抱我的夫人,在她的长外衣袖子里塞了一张字条,试图让她相信,他对这份错位的爱的无知。我的夫人在一瞥之后就把字条撕得粉碎。

这之后又有一次,我们拜访一个住得较远一些的邻居,杰斐逊也正好在场。就在女士们回房间之后,他谎称自己不舒服、头疼,离开了我们所在的屋子,出去休息。但是他并没有像真生病似的去床上休息,而是悄悄地溜进了我妻子的房间。当时她肯定已经宽衣解带或躺在床上了,那次他又一次遭到了断然的拒绝。1772年,杰斐逊结了婚,然而他还在继续伤害我们平静的生活,直到1779年年底。

这是沃克向杰斐逊的政敌提供的一些细节证据。有人对沃克的说法提出了质疑:为什么这件本该及早解决的事情要等近20年才讲出来?

沃克做出的解释是，他的妻子贝琪一直对他保密，直到1784年杰斐逊前往巴黎后才告诉他真相。这个解释仍令人难以信服，这中间也隔了七八年。还有人传言，这件事使沃克尊严扫地，强烈要求与杰斐逊决斗。但是，杰斐逊安排在麦迪逊的家里与沃克秘密会见，说服沃克放弃了使用手枪解决问题的想法。很多人认为这种说法比事件本身更荒谬。如果说沃克知道真相后怒发冲冠，要与杰斐逊决斗，那也应该是在1784年，谁能够把这种怒气保持七八年以后再发泄出来？所以，人们一般认为制造这一桃色丑闻是政治阴谋。事情的真相可能就是杰斐逊承认的那样，只不过像许多青年人一样，失恋后做出了不理智的轻狂之举而已。

几乎同时，也就是1802年9月，民主共和党人卡伦德在里士满《记事报》上，发表了一篇讲述杰斐逊与他的奴仆萨莉·赫明斯之间的绯闻的文章。文中称，这位人人心怀敬仰的人士，将他的一个奴隶据为情妇，这种情况已持续多年，周围人尽皆知。他还透露了母子俩的姓名，说他们分别叫萨莉·赫明斯和汤姆；并说这个叫汤姆的男孩约11岁，其长相与杰斐逊总统本人惊人地相似。他还强调，这个孩子来得绝不"意外"，因为总统与萨莉还生下了另外几个孩子。他在文中讽刺道：瞧瞧这位共和党的第一个宠儿！景行行止的表率！

总统这样的隐私被捅了出去，到底能掀起多大的风浪呢？兴风作浪者知道，当时的奴隶主对奴隶拥有绝对占有权，包括性支配权。只要这个奴隶主不与这个有暧昧关系的奴隶结婚，依然承认他们的孩子为奴隶，那么他就不会被嘲笑，也不会受到任何谴责。这样的话，杰斐逊与女奴萨莉私通也就算不了什么。因此，当时的社会反响并不强烈。

由于没有达到预期目的，1805年，卡伦德根据查证的事实对先前发表的文章进行了更正。他说：我们的总统和这位叫萨莉的女子，生下了几个孩子。夏洛茨维尔镇没有一个人怀疑这件事，而且知道这件事的人不在少数。……可以断言，我们坚信以上所述事实无可辩驳。据说，这位"非洲维纳斯"在蒙蒂塞洛庄园任管家之职。他更正说，当年杰斐逊出任巴黎特使，是与女儿帕茜一道走的，而这位叫萨莉·赫明斯的女奴是和杰斐逊的次女波莉一起，在两年后前往巴黎的。卡伦德为什么要揪住这件事两三年都不撒手？是不是有人背后唆使？他散布的绯闻是真是假？这些都难以确定。

杰斐逊对此事也未作任何正面回应。后来，人们在他给朋友的一封信中看出，他含蓄地否认了这一指控。他在信中说，"唯有"20多年前他追求朋友的妻子贝琪·沃克的指控是事实。在其他任何场合，他从未谈及与萨莉到底是什么关系。因此，人们只能进行简单推测并把它同政治联系起来：杰斐逊刚进入政界的时候，言辞激烈地对奴隶制度口诛笔伐，而他在对非洲种族（奴隶）"轻慢"的时候，似乎完全没有想到会有人出来指控他；又或许他那个时候自己都没有料到他会选择一位具有非洲血统的女子来繁衍自己的后代……实际上，杰斐逊的政敌是想说明：杰斐逊表面上反对奴隶制，而他自己却在享受这种制度给他带来的特权。亚当斯在私信中也说道，"黑奴制引发了人性低劣的一面，萨莉事件自然会发生，这是几乎无法避免的结果"。显然，跟萨莉有过接触的亚当斯是相信事实存在的。

那么，杰斐逊与萨莉到底是什么关系呢？

杰斐逊的岳父约翰·威利斯先生生前是一个很有名望的律师，先后娶了三个妻子。杰斐逊的妻子帕蒂是威利斯先生与第一任妻子玛莎·埃普斯所生。玛莎·埃普斯有一个贴身奴仆叫伊丽莎白·赫明斯（昵称贝蒂），是个很漂亮的黑白混血儿。威利斯娶的第三任妻子去世后，再也没有结婚，而是与奴仆伊丽莎白同居。他们一共生了三男三女，萨莉·赫明斯是其中最小的一个。也就是说，萨莉是帕蒂同父异母的妹妹，杰斐逊的小姨子。由于她的母亲是奴隶身份，按当时法律规定，萨莉也只能是奴隶，且随用母亲的姓氏。威利斯先生死后，杰斐逊遵照他的遗嘱，继承了他的地产，承担了他的债务，还要抚养他未成年的孩子。萨莉当时还年幼（按时间推算才1岁左右），于1774年随母亲一起来到蒙蒂塞洛庄园，与杰斐逊夫妇一起生活。杰斐逊的次女波莉三四岁的时候，萨莉就成了她的贴身女仆。萨莉虽然只比波莉大5岁多，却乖巧聪明，也比同龄孩子显得更成熟。

杰斐逊出任驻法特使的时候，波莉没有随行，寄养在朋友家里，直到1787年，杰斐逊才安排女儿前往巴黎团聚。于是，14岁的萨莉陪伴9岁的波莉漂洋过海去法国。在轮船到达伦敦等待换船的那些日子，正是驻英特使亚当斯和他的夫人阿比盖尔照顾这两个小女孩。同年8月，萨莉和波莉抵达巴黎。杰斐逊见到的萨莉已经是一个浑身洋溢着青春气息的少女，她遗传了母亲的基因，从肤色上看已经不属于有色人种了，而且身材高挑，面容姣好，显露出混血儿那种独特的美。这让杰斐逊感到既惊讶又喜悦。当时，杰斐逊正期待着他的英国情人玛丽亚前来巴黎相聚，但相约的日期一再延后，他为此苦闷不已。直到12月，他们终于相聚了，但激情全无，也不知是否与萨莉的到来有关。

萨莉在巴黎只生活了两年多时间，杰斐逊就准备回国了。这个时候萨莉16岁，据说已经有了身孕。孩子的父亲是杰斐逊的可能性极大。萨莉的儿子麦迪逊·赫明斯后来在回忆录中写道：

> 我母亲在法国逗留了18个月（实际上是26个月），正是在这段时间里，我母亲成了杰斐逊的情妇，当他被召回家（国）的时候，她已经有孕在身。他希望能把我的母亲带回弗吉尼亚，但是她却不愿意回去。因为她刚开始懂一点法语，而且在法国，她是自由人，如果返回弗吉尼亚，她会重新变为奴隶。因此，她拒绝和杰斐逊一同返回美国。为了说服她回国，杰斐逊与她谈判，掌握主动权的人是她，而不是他。这样的情形看起来一定是超乎现实、无法想象的，甚至是荒诞不经的。或许这是他人生中第一次，在一件让他紧张的事情上真正地处于劣势。他开始让步，答应给予她非同寻常的特权，而且庄严地发誓说，她的孩子们能在21岁时获得自由。经不住杰斐逊的信誓旦旦，而她对此深信不疑，于是她与杰斐逊一同返回弗吉尼亚。刚到家不久，她就生产了，杰斐逊就是这个孩子的父亲。这个孩子没过多久便夭折了。她后来又生了4个孩子，父亲都是杰斐逊。他们的名字是贝弗利、哈里特、麦

迪逊（我自己）和埃斯顿——三个儿子和一个女儿。他们的父亲最终兑现了他在巴黎对萨莉许下的承诺。

此事由于牵涉到奴隶制，问题复杂而敏感，各党各派都不敢轻易表明自己的观点，即便杰斐逊的政敌有意攻击诋毁他，也只能借助他人之口。杰斐逊当年的确提出过反对奴隶制，而且在1808年又立法禁止国内奴隶贸易，但因遇到巨大阻力而无法施行。而他与女奴萨莉私通的绯闻，也随时间的推移和杰斐逊的归隐烟消云散。

但在杰斐逊归隐蒙蒂塞洛庄园几年后，有人在他平静的生活中又扔进了一块巨石，顿时激起了千层浪，把他推到了浪尖上。

1811年，佛蒙特州的伊莱贾·弗莱彻议员到蒙蒂塞洛拜访杰斐逊后，又旧事重提，提到杰斐逊与女奴萨莉私通之事。他在文章中写道："杰斐逊先生又高又瘦，腰板很直。他的长相并不英俊，而是有些粗野——我得知邻居们也不怎么尊敬他……女黑奴萨莉的事情并非传言——他和她同居，而且还生了好几个孩子，这是不争的事实。最可怕的是，他仍让这些孩子做他的奴隶，这简直是毫无人性的犯罪，但在这一带却很常见。考虑到这种行为在这里如此普遍，算不上丢人，所以杰斐逊这件丑事似乎也没那么过分了。"

马萨诸塞州的小乔赛亚·昆西也发表议论说："和黑人或者黑白混血女子同居是很平常的事情，人们说起来不会觉得有什么不好，也不用遮掩或觉得羞耻。餐桌旁服侍的黑奴有可能正是桌上主人的子女，这种情况并不少见。"他讲这番话是影射杰斐逊在行为上仍是遵循着奴隶制。麦迪逊·赫明斯后来说："他不习惯对我们这些孩子表现出关心或父爱。"而对自己的几个白人外孙、外孙女"倒是非常疼爱"。他的话正好验证了昆西所言。

但是，人们不明白，为什么这个时候要把一个退休老人的陈年旧事再次翻出来。其实，只要稍微了解一下当时美国的政治、社会背景就可以明白：此时美国正在大张旗鼓地倡导"西进"，也就是将东部地区

(主要指最早的 13 个州)的人口迁往西部地区,去开发西部,包括刚买到的路易斯安那地区,在那里设立几个新的州。法律规定,在新设立的州是否保留蓄奴制,由地方政府说了算。人们为此争论不休。有的人赞成保留蓄奴制,也有人反对蓄奴制,但无论是赞成者还是反对者,都可以把杰斐逊与女奴萨莉私通之事拿出来证明自己观点的正确性。杰斐逊既充当了他们的盾(赞成蓄奴制的人列举杰斐逊与萨莉私道为据),又充当了他们的矛(支持废奴者列举杰斐逊的废奴主张和立法为凭),因此,翻出这些陈年旧事并不是要出杰斐逊的丑,而是政治斗争的需要。

最初,主张废除奴隶制度的人认为,奴隶知识水平普遍很低,就业竞争力低下。随着奴隶人口的增加,只要能够把奴隶制存在的地域限制住,落后的农业产品的产出是稳定的,奴隶的单位生产效率就会下降,由此带来的经济收益也会相应下降。这样凭借经济发展规律就会让奴隶制度自然消亡。

然而,由于资本主义工业的发展,新技术催生了轧棉机、收割机等生产工具,结果使得棉花、小麦种植变成了利润惊人的行业。奴隶可以保持家庭单位进行劳作和管理,死亡率很低。这个时候奴隶总人口的增长不仅不会带来生产效率的下降,而且带来了产量的激增。奴隶经济的发展让南方越来越富有,再也没有转型为北方产业结构的动力和意愿了。

为了求得南北双方平衡,杰斐逊在总统任期内,于 1804 年以北纬 39°43′划定了一条"梅松–迪克逊线",分界线以北为废奴州,分界线以南为蓄奴州,这样双方阵营数量刚好旗鼓相当。购买路易斯安那后,发起了"西进运动",随着西部人口的增长,设立新州成为必然之势。人们争论的核心实际上是如何继续保持南北(蓄奴州与废奴奴州)平衡,这个问题争论到 1819 年,最后以通过《密苏里妥协案》[①] 告一段落。

---

① 《密苏里妥协案》:1820 年,美国南部奴隶主与北部资产阶级在国会中,就密苏里地域成立新州是否采取奴隶制问题而通过的妥协议案。该议案允许从马萨诸塞州划出的缅因地区作为自由州加入联邦,授权密苏里制定不禁止奴隶制的宪法,规定北纬 36°30′线作为自由州和蓄奴州的分界线。

19世纪末,美国西进运动中的篷车队

杰斐逊早就看破了这一点,所以不管别人怎么说,他都泰然处之,好像自己是一个局外人。"弗吉尼亚的一座古老庄园可以蕴藏许多秘密,"亨利·兰德尔写道,"就像古代的诺曼城堡一样。"而人们对于这些秘密总是尽量闭口不谈。

此事的真实成分到底有多少呢?后来人们发现,在庄园日志里,杰斐逊不动声色地记载了萨莉的几个孩子的出生年月:贝弗利,生于1798年;哈里特第二(与夭折的第一个孩子同名),生于1801年;麦迪逊,生于1805年;埃斯顿,生于1808年。但这个记录与杰斐逊记录奴隶们的生活、庄稼的收成并没有什么两样。显然,杰斐逊在心里把萨莉的这几个孩子看作另一个世界的人,尽管他们就在他身边长大。他对这几个孩子的态度,让人怀疑他是否为其亲生父亲。因此,后来又有人进一步寻找证据,并列举以下几点来证明杰斐逊是这些孩子的父亲:

其一,"农场记录"中没有提到孩子的父亲。当时的奴隶主应按照惯例注明奴隶的出身。

其二,哈里特生于1795年10月5日,当时杰斐逊在蒙蒂塞洛庄园住了两年（1794—1796 年）。

其三，哈里特第二生于 1801 年 5 月，埃斯顿生于 1805 年 5 月，都是在杰斐逊每年 8 月回蒙蒂塞洛庄园度假后九个月出生。

其四，麦迪逊生于 1805 年，正是杰斐逊回蒙蒂塞洛庄园参加女儿波莉的葬礼九个月后出生。

亨利·兰德尔在给传记作家詹姆斯·帕顿的信中，也提到了托马斯·杰弗逊·伦道夫的一些观察。谈到萨莉的几个子女和杰斐逊长相的相似之处，"伦道夫说有一个黑奴和杰斐逊太像了，如果穿着差不多的衣服，离远点或者在天黑的时候，那个黑奴很可能被误认作杰斐逊本人。"还有一次，伦道夫说："和托马斯一同进餐的一位绅士抬头看到托马斯身后的仆人，吓了一跳。大家都看得出来这两个人有多像。"

这几个孩子后来的去向是：麦迪逊和埃斯顿做了萨莉的哥哥——木匠约翰的学徒工，哈里特第二成为受人喜爱的家奴，据说还有一个成为逃亡者。1826 年杰斐逊去世前，解除了麦迪逊、埃斯顿和萨莉的哥哥约翰的奴隶身份，而 53 岁的萨莉从此杳无音讯。

提及杰斐逊的情史，不能不提他与情人玛丽亚的结局。自 1787 年巴黎一别后，他们再也没有重续前缘，但杰斐逊一直惦记着玛丽亚，关注着她的消息。1790 年 4 月，杰斐逊从来自伦敦的一封信中得知玛丽亚怀孕的消息，并知道她身体极差。这时正赶上他头疼病发作，但他还是立马写信去问候。大约六周后，他收到了玛丽亚的回信，她信中没有谈到她生了一个女儿，只是责备说："我担心亲爱的朋友已把我忘掉了吧！自从分手后，音讯杳无！"

此后三年多时间，他们没有通信联系。杰斐逊好不容易从朋友口中听到了一点关于玛丽亚的情况。玛丽亚于 1793 年进修道院当了修女，她把女儿托付给丈夫，要他把女儿抚养成人，并信奉天主教。但科斯韦的身体状况也很不好，他履行自己的诺言直到病倒为止，玛丽亚只得回家去照顾父女俩。不幸的是，她的女儿在 6 岁的时候夭折了。受此打击，她丈夫精神失常，疯疯癫癫直到死去。在此期间，玛丽亚偶尔会给杰斐逊写信，但内容极为简短。杰斐逊也只是礼节性地回复，两人从情人变成了普通朋友。

后来，玛丽亚又返回修道院，并于1823年给杰斐逊写了最后一封信。杰斐逊正忙于弗吉尼亚大学修建的事情，所以没有给她回信。他想，往事如烟，终有消散不见的时候，对年老的玛丽亚来说，回修道院应该是她最好的归属，就像自己归隐在"偏僻的寺院"一样。

2. 弗吉尼亚大学的奠基人

在蒙蒂塞洛庄园接待很多的来访客人时，杰斐逊最喜欢跟他们讨论书籍、政府、科学和教育。每当与人谈到学校教育，他都为自己是威廉-玛丽学院的毕业生而感到自豪，但他更希望能创办一所与威廉-玛丽学院风格不同的大学。

早年他在写给老师威恩的信中就说过："我认为迄今为止，我们整部法典中最重要的一条法律是公民获取知识的权利。这是公民享受幸福与自由的可靠根基，无可取代。"

杰斐逊认为，通过普及教育，提高民众的文化知识水平，他们就可以更有效地行使自己的民主权利。他特别关心美国民主的前途，认为发展教育民众就可以提升政治觉悟，并有能力来监督和约束政府，从而防止政府的腐化和蜕变，防止民主变为暴政。他说："我认为最安全的社会权力保管人，莫过于人类自身；如果我们认为他们不够明智，无法以审慎的判断力掌控他们的权利，我们要做的不是要剥夺他们的权利，而是通过教育提升他们的判断力。这是对滥用宪法权力的最好的矫正方法。"

当然，杰斐逊对教育的价值和功能的认识并不局限于其政治意义，他还认为教育的功能和作用，更重要的是能够开发人的潜能，提高人的素质，包括宗教、道德思想素质和文化、技能素质，"使一个新人植根于本民族，并改进他的天性中有缺陷的东西，使之成为具有长处和社会价值的品格。只有每一代人都继承所有前辈获得的知识,增添他们自己的收获和发现,并为了持续不断的积累而把其中的大部分东西传承下去,人类的知识和幸福才能得到应有的发展",才能促进人类生活的改善和社会的进步,并把贫弱的国家建设成为一个富强的国家。

他认为,每个人都有受教育的权利,但他也知道,每个人的学习能力都不同。他把人分为两类,一类从事体力劳动,另一类从事脑力劳动。这两类人都应该接受读、写、算的基础教育。基础教育过后,这两类人就应该分开,接受不同的教育。他认为,体力劳动者应该学习种地和手工技能,而脑力劳动者则应该着重于科学、医学或是法学的学习。

基于这样的目标,杰斐逊在于1778年12月向弗吉尼亚众议院提交了《关于进一步普及知识的法案》,主张利用国家的财政力量来建立一个完整的、免费的公立学校体系。该法案贯穿着"无差别受教育权"的政治哲学精神。杰斐逊一以贯之地坚持认为,受教育的权利应惠及全民,无论贫富、性别、种族、信仰、阶级等身份的差别,所有公民皆享有受教育的权利和机会。国家有义务为所有的人,尤其是无能力受教育的穷人家子女,提供基础教育。

但是,这个法案没有获得通过。一年半以后,即1780年夏,杰斐逊第二次提出修改法案,同样没有获得通过。他很不甘心,于1785年第三次提交该法案,这次在众议院通过了,但到参议院后又被搁浅。直到1796年,议会才通过了一个有关建立公立学校的计划,但并不是杰斐逊所说的完整的公立学校体系,仅限于设立小学,而且没有设置的具体步骤和办法。

之后,杰斐逊又提出了一个新的教育改革方案,主要是针对不完整体系和高等教育宗教色彩的。这个法案就是《修改威廉-玛丽学院章程法案》,试图让该学院摆脱教会控制,改由州政府管理,成为纯粹的州立大学。如果这一法案得到通过,加上已经通过的设立公立小学法案,那么,公立学校体系就基本可以搭建起来了。这个法案提出了改革管理机构,由议会每年选出的董事会代替由终身任职的英吉利国教牧师组成的学校管理机构；提出了学校专业部（系）的调整，在原有六部（系）的基础上增设法律、医药、历史及近代语言的研究；让大、中、小三级的教学科目有所联系，大学应该决定中小学校的教学课程；而且要尽量摆脱英吉利国教教会的控制和影响，为培养与新生共和制度相适应的各级各类的领导管理人才和技术人才创造条件。杰斐逊的教育思想为美国之后的公立教学运动勾勒出了完整而全面的思想蓝图，为教育的蓬勃发展奠定了思想基础，促使美国教育朝着公共化、普及化和世俗化的方向发展。但这一改革方案同样被议会否决了。

1800年，痴心不改的杰斐逊开始酝酿在弗吉尼亚建立一所新大学的计划。是年初，他写信给著名化学家、深谙教育的牧师约瑟夫·普里斯特利[①]，详谈了自己建校的构想，并认为应该是"十分广泛，十分开明和现代化，因而值得用公款赞助，首先要有个完备的计划"。1806年，杰斐逊在给卡尔的信中说："我们不能照搬任何一所欧洲大学的模式，而应该博采众家之所长，建立起最符合我们社会实际的大学。"

在总统任期的第二年，杰斐逊虽然需要主持联邦政务，每天总有忙不完的公事，但他还是在百忙之中抽空向弗吉尼亚州议会提交了一份兴办大学的提案。弗吉尼亚州议会的很多成员都十分欣赏这个教育计划，但是也有不少反对者，因为这项教育计划需要庞大的开支，他们不希望为此增加税收。最终，州议会没有买这位从家乡走出来的总统的账。

此后，杰斐逊决定开始进行新的尝试，提出了《建立公共图书馆的法案》；建议把州图书馆设在里士满，州里每年拨款用于书籍的购置和保管，还建议由议会任命三个有学问的、关心文化事业的人士为该图书馆的监察员，监督图书购买及保管事宜。遗憾的是，这个法案提交议会后，同样被束之高阁。

[①] 约瑟夫·普里斯特利（1733—1804）：英国著名化学家，其重大贡献是发现了氧和其他气体。1772年发现二氧化碳，1773年发现氨，1774年发现二氧化硫。他的职业是牧师，化学只是他的业余爱好。1766年当选为英国皇家学会会员。1782年当选为巴黎皇家科学院的外国院士。著有《电学史》《光学史》《各种气体之实验和观察》等。

杰斐逊退隐后，利用自己的可支配时间，与科学界、教育界、哲学界保持着密切的联系。他还监督了一项翻译工作，将一部关于孟德斯鸠《论法的精神》的法语评论作品译成英文。

在改革方案被一一否定后，杰斐逊与一位朋友讨论起了自然科学方面的问题，比如马铃薯的起源、葡萄树的插条培育等。而且，他对葡萄酒的酿制有过深入研究。正是这种探索精神让他突发奇想：买一块地，建立一个以探讨学术问题为主的图书馆，他称之为"学术村"。他不想麻烦议会的老爷们了，以一己之力将学术村办了起来。他在距离蒙蒂塞洛庄园约105英里的地方，买下了一片"白杨森林"，作为学术村的基地；附近有一个小小的图书馆，仅有100多本藏书，且大都是诗歌、散文之类，语言包括英文、法文、意大利文、希腊文和拉丁文。从此，杰斐逊成了那里"最勤勉的学生"。"我常常想，如果每个县都能花点小钱设立一个小小的流动图书馆，在保证按时归还的前提下，把精挑细选的好书借给居民们阅读，一定能带来巨大的益处。"

以前在欧洲担任外交使节期间，杰斐逊得以对欧洲一些有名的大学进行实地考察，并且购买了不少有关高等教育的书籍，写了大量的考察日记、读书笔记，如今退休了，他每天都会拿出大把的时间仔细阅读、整理这些笔记和日记，可谓潜精研思，乐此不倦。

1814年，杰斐逊当选为尚在筹建中的"阿尔贝马尔学院"的理事，这让他意识到，机会终于来了，他准备利用这块阵地来推行自己的教育规划。不久，他拟订了一份详细的教育计划："在州的中心和环境好的地方建立一所大学，讲授有用的科学的所有学科。各门科学分支如何分类及需要多少教授，在超过10个的情况下，由视察员确定人选。"

经过三年的探索，1817年，杰斐逊制订了一个既雄心勃勃又审慎周详的教育计划，这份计划将教育体制分为三大部分：初级学校、高级学校和大学。计划的侧重点在于高等教育——大学。在这个计划中，他对教育体制的三大部分进行了阐释：

第一阶段是小学，所有孩子都要上学，学习读书、写字、算术和地理。小学要遍布全州，开支由当地居民承担。

第二阶段是学院，相当于今天的高中。杰斐逊建议，在弗吉尼亚兴建9所高中，学生们可以学习科学，或是学习农业，或是学习一些手艺。这些学校的开支由州政府负担。

第三阶段是州立大学。高级学校传授古代和近代语言、高等数学、高等地理及历史。从初级学校的贫苦学生中，选拔出品行端正、头脑聪明的学生，让他们免费接受高教育。他花了大量笔墨来谈大学的宗旨："大学是最高学府，应该由许多职业性学院组成，专门培养建筑师、音乐家、雕刻家、经济学者、科学家、园艺学家、农学家、医生、历史学家、牧师、律师及各级管理人才。"他想要创建的这所大学，应当是一个"讲授所有科学学科的学校，并且要达到人类头脑所能承担的最高限度"。

总之，杰斐逊一再努力想创立这样一套综合性的教育系统。他在1817年写道："在这个世界上，使我牵肠挂肚的只有这件事了。它是诞生后看护了40年的幼儿，如果我能看到它站立起来行走，我就会含笑离开人世。"

但要实现这样的目标，第一步是获得弗吉尼亚州议会的同意。1818年，在杰斐逊的朋友约瑟夫·卡贝尔的推动下，弗吉尼亚州议会接受了杰斐逊提出的创建一所大学的建议，最终同意将"中央学院"与"阿尔贝马尔学院"于1819年正式合并为弗吉尼亚大学，并每年拨给学校15 000美元；同时指定一个24人的委员会，负责研究大学的组织和校址的选定。杰斐逊、麦迪逊和时任总统门罗都是委员会的成员。

1818年8月1日，在蓝岭山的洛克菲什山隘口召开了监察委员会的会议，杰斐逊是被詹姆斯·普雷斯顿州长特别指定参加会议的。与会者还有麦迪逊、门罗总统和卡贝尔等21人。会议首先讨论了大学的选址问题。有人提议将学校继续留在威廉斯堡，但是杰斐逊不同意，他事先就做了充分的准备，拟好了一份详细的报告。他认为威廉斯堡太过闭塞，气候也不利于学生们的健康，他建议把大学建在夏洛茨维尔镇，因为该镇是阿尔贝马尔县府所在地,是"州的中心和环境好的地方",更重要的是,这里的气候有益于人体健康。最终,委员会采纳了他的建议。1819年1月,州议会批准了这一选址提案,并正式授权成立弗吉尼亚大学,任命杰斐逊为大学的名誉校长,同时还成立了大学监察委员会。

可是,建校刚刚立项就遇上了经济危机,建校经费十分紧张。但杰斐逊仍不改初衷,坚决要把这所学校建成一流的、起样板作用的大学。他不顾年事已高,凡事亲力亲为,计划的每一步都走得非常扎实。首先,他亲自带了几个人到选定的校址进行实地勘查,并根据地形调整、修改了业已完成的设计图稿,在三块地坪上打上桩标,还划出了6个馆的馆址。这项工作完成后的第二天,他给未在场的监察委员约翰·拜克将军写信,兴奋地说:"我们的各个地区都已标出,制砖已经开始,周内即将平整土地。"随后,他与国内外教育专家交流,广泛征求意见,重新设计建筑图。他要求这所大学的不同建筑要"成为纯粹古代的建筑模式,为学习该门课程的学生提供样板,让他们明白,他们将来要学习的就是这类艺术"。

从这时起,杰斐逊放下了自己农庄的所有工作,全身心地投入大学的基础建设上,包括勘查校址、决定馆址、设计校舍建筑蓝图(教学馆、教授公寓、学生宿舍等)、调整和修订建筑设计、物色建筑工程的承包人、监督工程进展、雇用大理石雕刻师、雇用砖瓦工和木工,以及各种琐碎繁杂的学校事务。

这些都是学校"硬件"建设方面的工作,杰斐逊很快完成了大学主体和配套建筑的设计。可是,要满足学校的"硬件"建设要求,最大的困扰显然是钱。为此,杰斐逊四处奔走,一边请求州议会再拨出更多的款项,一边请求州政府从本州的一些基金会那里获得贷款。1819年12月,杰斐逊向州长汇报说,已经有7座馆和37幢学生宿舍的墙体已经砌好,但是还需要8万美元才能完成第二年的计划。然而,议会不愿为大学增加拨款,从里士满送来的有关贷款报告也让杰斐逊感到失望。于是，他发起了一个"募捐基金运动"，恳请社会各界对大学"仗义捐赠"。

在建校过程中，杰斐逊几乎每天都会去监工，随时随地纠正施工中出现的错误，即使身体不适，他也会从住所的窗户里通过望远镜监督工程进展。他的身体状况越来越差，感到气力不支，还患有风湿和糖尿病，身体虚弱，而且他的记忆力也在不断退化。有时在书房工作大半天，他便感到神疲身倦，头脑昏昏然只想睡上一觉，于是躺在椅子上休息片刻。尽管如此，他的思维能力并没有减弱，工作的勤奋也不减当年，视野的开阔、思想的敏锐、对现实的洞察似乎更甚于从前。他回忆说："我不是一个职业建筑家，我的设计还需要他人的修改和完善，但我自感为自己的梦想而劳动，是真正的享受。看着那些堂皇的红砖建筑完全按照自己的精心策划，在夏洛茨维尔一年一年地兴建起来，我心里有说不出的快乐。我在蒙蒂塞洛装了一架望远镜，每天都能从望远镜中观看下面山谷中大学的建筑。"

整整花了 6 年时间，弗吉尼亚大学基建才终于完工。学校占地面积将近 30 英亩，建筑群位于稍有点坡度的小高地上，中间的道路是东、西两边与大学内其他建筑相隔离的分界线，南面则由一条宽阔的人行道分隔。

学校的建筑很有特色，整体体现了古希腊和罗马复兴建筑风格，但又富于变化。主体由多个圆顶建筑组成，每一个建筑内都有教室、教授的公寓和一层学生宿舍。各建筑之间由走廊连接，一方面是用来遮阳避雨，另一方面是用来将宿舍隐蔽起来，增强主体建筑的整体美感。沿着中央草坪的两侧延伸到圆顶建筑前，有两个外侧区域是宿舍和食堂，教学、生活十分方便。这项开创性的事业使杰斐逊的政治才能、过人智慧以及建筑天分得到了充分发挥。

哈佛大学的一位教授参观这所学校的校舍之后表示，这所大学的建筑"比新英格兰的任何一个建筑都要美丽，除此之外，大概世界上再也找不到任何一处更适宜做大学的地方了"。

当然，要建立一所一流的大学，仅有漂亮的校舍显然是不够的，更重要的是它的"软件"，包括专业（部、系）设置、课程安排、师资力量以及常规管理等。从某种意义上说，"软件"比"硬件"更复杂。幸好杰斐逊的教育思想已自成体系，而且有一股强大的精神动力支撑着他，所以他信心十足。

他早就为弗吉尼亚大学确立了宗旨：要增进国家的福利和光彩。它所要达到的目标是：培养政治家、立法者和法官，因为共同的繁荣和个人的幸福很大程度上依靠他们；协调和促进农业、制造业和商业的利益，靠渊博的政治经济学见识给公众以自由发挥其勤奋的机会；培养年轻人的推理能力，扩大他们的胸怀，培养他们的道德，向他们灌输德行和秩序的纪律；用数学和物理科学教育他们，因为这些科学推动工艺发展和促进人类的健康，提高人们的生活水平。……大学要培养他们思考和正确行动的习惯，使他们成为与人为善、自身幸福的榜样。杰斐逊将学科领域分为10大类，并列举了几十个科目，包括古代和现代语言、纯数学、建筑学、物理学、机械学、天文学、矿物学、地理学、化学、动植物学、解剖学、医学、政治学、哲学、历史、法学、伦理学、文学和美术、修辞学、观念学等，学科之齐全，文理之兼备，在当时的美国高等院校中实属罕见。

当然，杰斐逊列举的这些专业科目是指高等学校需要开设的，就新建成的弗吉尼亚大学来讲，设置的专业科目只能是其中的一小部分。

为了满足所设科目的师资，杰斐逊希望能以高薪从大西洋两岸延揽各学科第一流的学者，并专门派人到英国牛津、剑桥、爱丁堡大学等著名学府，精心物色优秀学者来校任教。他说："我们开始就瞄准的伟大目标，是让这所学校成为美国最著名的学校。"

经过远渡重洋、百般寻觅，杰斐逊终于聘请到了7名教授，包括数学教授托马斯·基、古代文学教授乔治·朗、现代语言教授乔治·布莱特曼、解剖学和医学教授罗布利·邓格利森、自然哲学教授查尔斯·邦尼卡斯尔。另外，来自纽约的约翰·佩顿·埃米特博士被委任为博物学教授；弗吉尼亚的乔治·塔克兼任伦理学教授之职，因为他是国会议员。这些教授都享受高薪和优越的生活条件。

人们惊讶地发现，这所大学居然没有聘请神学教授，这使杰斐逊受到了宗教人士的抨击。但是，杰斐逊教育改革的基本思想是让"教育"与"宗教"和"政治"分离，政治与宗教、学术、思想之间必须划清界限，因此他不打算让步。不过，他也不想硬碰硬，跟教会翻脸，他想到一个对策，提出每个教派都可以自己出资，在弗吉尼亚大学的范围内建立自己的学院。学校的图书馆将向所有人开放，也允许学生同时学习宗教知识和普通课程。"但必须明确的是"，杰斐逊强调，"这些学院必须独立于弗吉尼亚大学，并各自独立出资。"各个教派教会一想到要自己掏钱建学院，便知难而退了。传记作家内森·沙克内尔说："杰斐逊选择的生命中的这些要点，都是他为释放人类思维不懈努力所做出的贡献，摆脱政治压迫、摆脱宗教压迫，并最终借助教育获得自由，摆脱束缚人类精神的一切桎梏。"

在学校管理方面，杰斐逊推行自由教育、校政民主的理念。校方既要注重校内各项事务的"秩序"，又要兼顾学生的"自尊"，培养一种秩序和自尊相结合的精神。他还亲自起草了各个班级的课程表、学生行为准则、教职员工作细则、考试的要求、学位的授予以及各种细节规定，在报经监察委员会批准后，开始试行。校规的最大特点是，给予师生最大限度的自由，尤其是思想自由。在学生中间实行教授指导下的"自治"。他曾说："这所学校将以人类思想可以自由驰骋为基础。因为在这里，我们不惧怕真理会将我们引向何方，只要允许理性自由地去斗争，我们也不怕容忍任何错误的存在。"

1825年3月7日是一个令人难忘的日子，弗吉尼亚大学在经过数年艰辛的筹建工作之后，终于正式开学了。尽管参加开学典礼的只有区区30名新生，但开学典礼仪式却是庄重、高雅、有板有眼的。在场的每个人脸上都洋溢着欣喜的微笑，杰斐逊这个82岁的老人也露出了孩子般的笑容。

杰斐逊的朋友约瑟夫·卡贝尔给他写信说:"我说学校是你的,因为你是它的真正创始人,只有你当之无愧。"杰斐逊在开学后的第一个周一写道:"以创办和扶植一所教育我们的后来人的学校,来作为结束生命的最后一幕,我深感欣慰。我希望学校对他们的品德、自由、名声和幸福,都起到有益而永久的影响。"

3. "一个字也不能多"

在生命中最后的几年里,杰斐逊把全部精力和智慧都奉献给了教育事业,他把创办和建设弗吉尼亚大学,视为自己为国家所做的三大贡献之一。他在回忆录中写道:"弗吉尼亚大学是我人生中最重要的三件事之一,和《弗吉尼亚宗教自由法案》《独立宣言》具有同等重要的地位,所以我打算把它们一并刻到我为自己设计的墓碑上。除此以外,我不希望我的墓碑上再多添一个字。"

一个耄耋老人多年来的辛劳和筹谋,终于换来了上帝的特别恩典,让他多年的夙愿如愿以偿,但他走过的这段人生旅程却极为艰辛。在世界上,恐怕还没有哪一所大学是在创建人75岁时投入全副身心力量来创建的。

1818年,弗吉尼亚州议会刚刚通过杰斐逊关于创建一所大学的提案时,他还没来得及高兴一下,就因风湿病痛被迫到温泉去治疗,但温泉似乎反而给他添了新疾。从温泉回到蒙蒂塞洛庄园后,他感到严重的下腹不适,医治之后更趋恶化。而且他在家中还发生了一点意外,他在整理书柜时碰倒了一座雕塑,差点让他一命呜呼。但病情稍微好转后,他又开始为创建弗吉尼亚大学而奔走。

这年8月,建校监察委员会在洛克菲什召开大学校址选定会议,杰斐逊忍受着手腕的伤痛,写了一份详细的报告呈交给委员会。为了出席这次会议,他还向朋友借了100美元。

1822年年底的一天,刚下过一场雪,杰斐逊在自家房子的台阶前滑倒了，造成左胳膊骨折，红肿、僵硬了好长一段时间。34年前在巴黎时，他的右手也因摔倒而受伤，一直未愈。这样一来，他的双臂都有伤了，给日常生活和写字带来了不少麻烦。他很感伤地说："一想到冬天要来了我就害怕，我希望能和冬眠鼠一起睡上一整个冬天。"可是，他却不能不为解决学校图书馆的修建经费差额而四处求援。

杰斐逊平时不吃肉食，"蔬菜与其说是他的佐餐品，不如说是营养品"，构成了他的饮食主体。他还由此阐发出有关生命的哲理："我不为来世发愁，即使死亡的命运就在眼前。因为我们是人，不可能长生不老，我们所有的人都有一死。但是身体的衰弱是出现在眼前的令人沮丧的事情，因为在人类可以想象到的一切事情中，最令人憎恶的莫过于一具没有思想的躯壳。作为一个糊涂的老人，同一件事在一个小时内重复唠叨四次，如果这就是生命的话，它充其量不过就像一棵卷心菜的生命而已。"因此，他要让生命的每一分每一秒都变得充实，这与环境、年龄和身体健康无关。

1824年11月，杰斐逊的老朋友、法国革命家拉法耶特，应门罗总统之邀访问美国。拉法耶特专程到蒙蒂塞洛庄园拜访杰斐逊。这天杰斐逊刚刚庆祝完自己的81岁寿辰，正忙于准备弗吉尼亚大学的开学事宜，根本不知道有贵客临门，也没有做任何迎接客人的准备，拉法耶特一行就已经来到了家门口。这位67岁的老将军由一队士兵护送，后面跟着100多个美国友人和群众。当拉法耶特从马车里蹒跚走出时，杰斐逊立刻从台阶上艰难地走下来，拖动着不大灵便的腿脚，向他的贵客走去，口中轻呼："啊！拉法耶特！"拉法耶特也急忙跛着脚小跑着迎上前去："亲爱的杰斐逊！"两位伟大的革命家重逢了，唏嘘不已。这是他们自1789年巴士底狱被攻占之后第一次见面。当两位老人紧紧拥抱在一起的时候，在场的人无不感动得潸然泪下。

第二天，杰斐逊在尚未竣工的圆形图书馆大圆顶下二层的一间极为宽敞的圆形房屋中，为拉法耶特举行了欢迎宴会。他准备了一篇热情赞扬拉法耶特的祝酒词，高度赞扬这位老将军为美国独立革命做出的贡献，感谢这位朋友和乡亲们这么多年来毫无保留地奉献给他的深情厚谊。他恳切的言辞让人感动。这篇祝酒词是他最后的公开讲演，这次宴会也是这座图书馆首次对外使用。宴会中，大家相互祝酒，频频举杯祝福拉法耶特，也祝贺杰斐逊，称赞他为"弗吉尼亚大学的奠基人"，并祝愿这所大学创办成功。宴会进行了三个多小时，场面热烈而感人。

到1825年，杰斐逊的前列腺病症越来越严重，因前列腺肿大而尿道阻塞。拉法耶特在返回法国之前特意来向他告别，他看到杰斐逊老态龙钟、疲惫不堪，半靠在长沙发椅上，既不能完全躺下，又不能坐立，更无法下地行走，便反复叮嘱杰斐逊好好静养，不要再操那么多心了，并告诉他说，巴黎有一种更好的导液管，回去后马上寄一些过来。

为了尽快康复去做那些亟待完成的事情，杰斐逊在仆人的帮助下，抱病坚持锻炼；他每天让人把他扶上马，飞快奔跑好几英里。有一次他因为遇到麻烦事心中郁闷，骑马奔跑了好长时间。在越过一条小河时，他的马因太累而摔倒在河中，他也随之落水，如果不是手腕幸好被缰绳缠住，可能就被淹死。

当杰斐逊躺在床上，身体不能动弹的时候，脑子却在不停地思考。他想到了废奴，也许还有奴隶遣返问题，他写道："这项事业所需要的公众观念革命，是无法在一天甚至一个时代内发生的，但时间能够战胜一切，也终会战胜这项罪恶。"他还给弗朗西斯·赖特写信，表示相信奴隶制总会有终止的一天，他写道："废除这一坏制度不是不可能的，因此，永远不应对之失望。应当制订每一项计划，做出每一样试验，总会有助于达到这一最终目标的。"

1826年年初，杰斐逊给里士满的一位朋友写信说："由于被要求卧床，我写得很慢、很吃力……身体因疾病而虚弱，精神因岁数而不济，我对83岁这个年纪有了深切体会。"他终于向无法抗拒的生命规律低头了。生命是有限的，任何人都会老去。

1826年春末，杰斐逊给麦迪逊写信说："我们之间持续了半个世纪的友谊，我们在政治原则和事业追求上的和谐，一直是我在漫长岁月中的幸福源泉。如果我不能再照顾这所大学，或者走出了生命本身的界限，学校留给你管是对我一个很大的安慰，也是不可缺少的保证……对我来说，你是我一生的支柱。我死后也请你来照管它。请相信我将自己最后的爱皆留给你。"这封信的字里行间流露出他悲凉的心绪及无法与岁月抗争的无奈。

因为身体健康状态每况愈下，杰斐逊开始考虑自己的后事。1826年3月，他起草了第一份遗嘱。这份遗嘱中，他给了5个黑奴自由，希望议会准许他们继续留在本州，并且说这5个人都有手艺，可以在自由社会中养活自己。按照弗吉尼亚的法律规定，所有被解放的农奴必须在一年内离开本州，所以杰斐逊才向州议会提出这样的请求。这令人不得不怀疑杰斐逊是为了兑现他对女奴萨莉的承诺。这份遗嘱中还有一个附件，讲到要将他的镶金手杖留给麦迪逊，以纪念他们之间深厚长久的友情和多年的政治合作。从他写给麦迪逊的信和这个附件可以看出，麦迪逊是他最信任的人。

杰斐逊希望死后能简单地被安葬在房子附近的山脚下，并描绘了自己墓碑的样子以及对撰写碑文的要求。

1826年6月下旬，美国各地举办了形形色色的纪念活动，以庆祝下个月初即将到来的《独立宣言》发布50周年纪念日。杰斐逊收到请帖，邀请他参加签署《独立宣言》50周年的庆祝仪式并讲话。此时他已是83岁高龄，身体极度虚弱，患有严重的风湿病、腹泻病和泌尿疾病，连下床都非常困难。但是，他还是拖着病躯，于6月24日写信给华盛顿的公民，表达他的谢意。信中写道：

因病情急转直下，这次首都之旅难以成行，我对此深表遗憾。我本该带着特殊的喜悦心情亲自到场，与今日硕果仅存的几位伟人相见并互道祝贺，当日我们曾一同为国家在屈服和抗争两者中做出勇敢而前途难测的抉择。我也应该与他们同享慰藉之情，事实证明，同胞经过半个世纪的历练后，仍然认同我们当初的抉择。

我坚信《独立宣言》或许将成为一个世界性的信号（也许早些传达到一些地方，迟些传达到另一些地方，但最终将覆盖全世界），唤醒人们挣脱因修道士般的愚昧和迷信而被蒙蔽的精神枷锁，接受自治的惠泽和保障。我们建立的新体制，极大地恢复了运用理智及言论自由的权利。所有人都已经知晓或正在了解人的权利。科学知识的普遍传播，向各执己见的人们揭示了一个显而易见的真理，即群众不是生来背负马鞍任人驾驭的，而少数人也并非天生优越，理当穿着皮靴、套着靴刺，凭借上帝的恩赐驾驭别人。这是所有人希望的基石。对我们而言，就让一年一度的今天永远警示我们对人权的记忆和忠诚。

杰斐逊还表达了自己渴望去华盛顿参加纪念活动的意愿。遗憾的是，他现在连家门都出不了。在他亲笔书写的最后一封信里，还谈到了根据《独立宣言》而实行的自治所带来的诸多幸福和权利，以及他一贯如一坚守的信念，这也是他对合众国的最后寄语。

强撑着写完人生最后一封信之后，杰斐逊请来了自己的私人医生、弗吉尼亚大学的解剖学和医学教授罗布利·邓格利森博士，向他询问自己的病情。博士知道他来日无多，一直守在他的病床旁。博士在病情记录中写道："在7月2日以前，托马斯与他的外孙伦道夫先生就私人事务进行了最后的安排与叮嘱；他对刚创办起来的弗吉尼亚大学还念念不忘，并相信麦迪逊先生和其他监察委员会为它继续尽力；他满心希望能实现最后一个愿望：活到7月4日……"

7月1日和2日连续两天，杰斐逊都在发烧，病情恶化，他强撑着身子，将一家人都叫到床前，并把一份遗书交给女儿帕茜。7月3日，无论白天黑夜，他都处于昏迷状态，间或苏醒片刻。他的女儿白天陪着他，托马斯·杰斐逊·伦道夫和尼古拉斯·特里斯特晚上守着他。白天，他几乎一整天都紧闭着眼睛。傍晚时分，他突然醒了过来，看见儿孙们全都守候在床前，缓缓问道："今天是7月4号吗？"声音沙哑而又模糊。问过之后，他又微微闭上眼睛。躺在凹室的床上，似乎在回味着独立战争，喃喃地讲述着大家已经听过好多遍的故事。大家都不知道他为什么会这么啰唆，但可以看出他的思维还是非常清晰，他在努力与病魔抗争着，想要实现自己的最后一个心愿——在他起草的《独立宣言》发布50周年的日子，向人世间告别。孩子们告诉他："还有几个小时。"他又睁开眼睛，强打起精神对邓格利森博士说："再多几个小时，医生，然后一切就可以结束了。"

数小时过后，午夜前一刻，他又问道："4号到了吗？"回答是："马上就到了。"邓格利森劝他再服一点用烈酒掺和的鸦片酊，以缓解疼痛。他对邓格利森说："算了，医生，就这样吧。"

说完他又进入昏迷状态。7月4日下午1时许，邓格利森医生给他号脉，昏迷数日后，他的血液循环变得更加缓慢，手腕上的脉搏几乎快没有了。蓦地，他又清醒过来，再一次问道："是7月4号吧？"邓格利森不忍回答这个简单的问题，守在旁边的一个外孙用一块湿海绵给他润了润嘴唇，轻声答道："是的，今天是4号，独立日。"他就像得到一生中最满意的答案一样，令人难以察觉地微微笑了一下，以极其微弱的声音喃喃自语："噢，上帝！"然后静静地闭上了双眼，再也醒不过来了。

真是让人难以置信，上帝对杰斐逊是如此眷顾，让他戏剧般地选择了自己最看重的一个日子离世。更令人惊奇的是，上帝知道这位中年丧妻的鳏夫太过孤独，于是特意安排他晚年的好友与他携手同行——在他离世仅仅数小时后，约翰·亚当斯也溘然长逝。这两位总统、《独立宣言》的签署者同一天离世——恰逢伟大的《独立宣言》50周年庆典。上帝将这一天安排得这么圆满，如同杰斐逊辉煌的人生一般，具有传奇色彩。

杰斐逊去世后，遵照他的遗嘱，他的家人和亲友为他举行了极为简单的葬礼。葬礼当天，天色阴沉，由他的家人、朋友和奴隶组成的送葬队伍，将他的木棺从房间护送到小山下的墓地。这是一片绿茵覆盖、山花遍野的林地，杰斐逊的母亲、妻子、早夭的孩子们和最好的朋友也葬在这里。下午，在哈奇牧师宣读了祷告词之后，杰斐逊的棺木被放进了墓穴。他终于能与妻子长相厮守了。

墓前，竖立着杰斐逊生前就设计好的方尖石碑。墓碑同样简单，没有基座，只在方尖石碑上刻下了他为自己写好的碑文：

托马斯·杰斐逊

美国《独立宣言》的起草人

《弗吉尼亚宗教自由法案》的执笔人

弗吉尼亚大学之父

安葬于此

碑文一个字也不多。杰斐逊一生政绩斐然，但他对总统一职却只字不提，因为他认为当总统只是承担某些责任和义务，并不是取得的成就，他终身为国家所做的贡献只有石碑上的这三条，希望后人铭记。弗吉尼亚大学古代语言学教授乔治·朗对学生们说："他值得每一个因在他的大学里接受教育而获益的人的尊敬。作为生于弗吉尼亚的最伟大的人物之一，他应该被永远铭记。他伟大的事迹写入了他为自己所作的碑文中。"应该说，这块简朴的方尖石碑，实际上是一座精神丰碑，永远刻在人们心中。

杰斐逊去世后，蒙蒂塞洛庄园发生了不小的变故。由于杰斐逊生前还有不少债务尚未还清，他的女儿帕茜一度考虑卖掉蒙蒂塞洛庄园或把它办成一所学校。她的丈夫伦道夫对家庭和妻子已经越来越疏远，对岳父交代的一些事情也懒得去办了，最后只能由帕茜来承担对这个家庭和蒙蒂塞洛庄园必须承担的法定责任。外孙女埃伦·库利奇没能赶上外公的葬礼，当她回到阔别已久的蒙蒂塞洛庄园时，觉得这里的一切都变得有些陌生了。她后来在给亨利·兰德尔的一封信中说："他的房间空了。我去了他的墓前，但蒙蒂塞洛庄园的整座房子，它那高耸的屋顶和宽敞的房间对我来说就是一座巨大的墓碑。"她最终离开了那座庄园，再也没有回去过。

蒙蒂塞洛庄园被卖出后，那些奴隶大部分被送到奴隶交易市场拍卖，只有萨莉·赫明斯等5人获得了自由身，但这几个人不得不在几个月后离开弗吉尼亚去谋生，从此不知所踪。

蒙蒂塞洛庄园渐渐衰败了，但是，美国民众对杰斐逊和他生活过的庄园永远怀念。在美国人民的心目中，去世后的杰斐逊和他生前一样，依然是一个生动鲜活、魅力非凡的人物。

约翰·亚当斯生前说："他是我的老朋友，我们经常有机会一起商讨棘手的问题，他的能力和坚定的品格非常值得我的信赖。"

拉法耶特爵士说："没有比他更好的驻法公使了。他的一切都是那么优秀，那么正直，那么开明机智。每一个认识他的人都尊重他，热爱他。"

詹姆斯·麦迪逊说："他依然并永远活在明智和善良的人们的记忆中，他是科学的巨人，自由的追随者，爱国精神的楷模，人类的造福者。"

塞缪尔·莱瑟姆·米奇尔众议员说："他的衣着和举止非常朴实。他严肃，或者应该说是镇定，但是丝毫不带有浮夸、卖弄或傲慢；偶尔露出微笑，像社交圈其他人一样可以听或者讲笑话……他比几乎所有的他的对手和谩骂者更深刻地了解人性和人类的知识。"

詹姆斯·帕顿说："倘若杰斐逊错了，那美国必错无疑；倘若美国走对了，则杰斐逊功不可没。"

乔治·W. 坎贝尔[①]众议员说："只要世界依然尊重美德、智慧和爱国精神，他的品格就像是一座丰碑，向人们昭示着自由和人权战胜了暴政和贵族统治，自由之子将会团结在丰碑之下，欢庆胜利。"

与杰斐逊同一时代的一些著名人物已经对他做出了中肯的评价，随着时间的推移，后来者越来越感受到他的伟大、英明与崇高。1926 年 7 月 4 日，在《独立宣言》发表 150 周年、杰斐逊逝世 100 周年时，蒙蒂塞洛庄园被弗吉尼亚的妇女们集资买下，作为全国的一处圣地保护起来。自由、平等才是这座庄园留给世界的真正遗产。如今，这里成为美国人民的精神朝圣地。

---

① 乔治·W. 坎贝尔：美国律师、政治家，民主共和党成员，曾任美国参议员、美国财政部部长。

附　录
托马斯·杰斐逊大事年表

1743年4月13日（新历），出生于弗吉尼亚阿尔贝马尔县沙德威尔庄园。

1748年，迁居到塔卡胡，进入英语学校。

1752年，返回沙德威尔庄园，进入道格拉斯拉丁语学校学习。

1757年8月17日，父亲彼得·杰斐逊去世。

1758年，进入詹姆斯·莫里牧师的私立学校，学习希腊、罗马拉丁语及古典作家名著。

1760年3月，进入皇家威廉-玛丽学院学习。

1762年4月，从威廉-玛丽学院毕业，以授徒方式，在乔治·威恩的律师事务所进修法律。

1765年3月，英国政府颁布《印花税条例》。

1765年5月，弗吉尼亚民众发起抗税运动；他到弗吉尼亚议会听帕特里克·亨利作反《印花税条例》的演讲，印象深刻。这对他投身政坛产生了深远影响。

1766年，取得律师资格，在阿尔贝马尔县选址开业。

1769年3月，当选为弗吉尼亚众议院议员。

1770年2月，沙德威尔庄园遭遇火灾，房屋和藏书被烧，被迫向西南迁移。

1772年1月，与玛莎·威利斯（帕蒂）结婚。

1772年9月，第一个女儿玛莎（帕茜）出生。

1773年4月，加入在抗税斗争中成立的通讯委员会，第一次出席会议。

1773年12月，波士顿发生倾茶事件，以抗议茶叶条例。

1774年9月5日，第一次大陆会议在费城召开，抗议英国政府采取的暴力行为，呼吁人民起来斗争。

1774年4月，第二个女儿玛丽·伦道夫出世。

1774年7月，出席弗吉尼亚第一次人民代表大会，撰写《英属美洲权利概论》。

1775年3月，出席弗吉尼亚第二次人民代表大会，当选为大陆会议候补代表。

1775年4月19日，列克星敦和康科德人民对英军进行反击。

1775年6月，到费城参加第二届大陆会议，与约翰·迪金森共同起草《必须采用武力宣言》。

1775年8月，再次当选为大陆会议代表。

1776年6月，为弗吉尼亚起草宪法草案，并当选为《独立宣言》起草委员会委员，负责起草提交《独立宣言》草案。

1776年7月4日，大陆会议通过《独立宣言》。

1776年10月，出席弗吉尼亚议会，向弗吉尼亚议会提交废除限定继承权的法案。

1777年，起草《弗吉尼亚宗教自由法案》，并于1786年获得通过。

1777年5月，儿子出生后不久夭折。

1778年8月，第三个女儿玛丽·杰斐逊出生。

1779年6月，当选为弗吉尼亚州州长。

1780年6月，连任弗吉尼亚州州长。

1780年11月，第四个女儿露西·伊丽莎白出世。

1781年1月，组织州民兵抗击英军侵略。

1781年5月，小女儿露西·伊丽莎白夭折。

1781年11月，独立战争宣布结束。

1781年12月，州议会决议表彰他在州长任内的政绩；着手撰写《弗吉尼亚纪事》。

1982年9月，妻子玛莎·威利斯·杰斐逊去世，终年34岁。

1783年6月，当选为国会众议院议员。

1784年5月，与亚当斯、富兰克林同时被任命为欧洲特使，负责与欧洲各国签订友好通商条约。

1784年9月，安排《弗吉尼亚纪事》一书出版。

1785年5月，被国会任命为驻法公使驻巴黎代表。

1786年3月，离开巴黎赴伦敦会见亚当斯，两个多月后返回巴黎。

1786年8月，马萨诸塞州爆发由丹尼尔·谢斯组织领导的武装起义。

1787年9月，同意美国制宪会议通过的联邦宪法，并就宪法存在的缺陷提出批评。

1787年7月，联邦国会通过《西北土地法令》。

1789年4月，联邦政府成立，乔治·华盛顿就任第一届美国总统。

1789年9月，被提名为国务卿，离开巴黎起程回国。

1790年3月，当选为美国艺术与科学学院会员。

1790年3月21日，抵达纽约就任美国第一任国务卿。

1791年，美国宪法增列10条修正案（即《权利法案》）。

1792年4月，美国国会通过《造币法》，在费城建造一座制币厂。

1792年9月，写信向华盛顿请辞，准备归隐田园。

1793年1月4日，当选美国哲学学会副主席。

1793年12月，辞去国务卿职务。

1794年1月，回到蒙蒂塞洛庄园。

1794年3月，美国海军宣布诞生。

1794年11月19日，美英政府签订《杰伊条约》。

1795年4月23日，致信麦迪逊，明确拒绝出任官职。

1797年2月，当选为美国副总统。

1797年3月，当选为美国哲学学会主席。

1798年7月，公开反对《客籍法》和《惩治叛乱法》。

同年，美法关系恶化，进入准战争状态。

1800年5月，被提名为民主共和党总统候选人。

1800年12月，联邦政府首都从临时所在费城迁往华盛顿。

1801年2月，当选为美国第3任总统。

1801年3月，宣誓就任美国总统。

1801年12月，向国会提交第一个国情咨文。

1802年12月，向国会提交第二个国情咨文。

1803年1月，就派刘易斯和克拉克组织西部探险一事向国会提出特别说明。

1803年4月30日，美法在巴黎签署《路易斯安那购地条约》。拿破仑因急需战争经费，便答应了美方提出的所有条件，出售从密西西比河到落基山山脉的一大片土地。这宗买卖使美国的领土扩大了一倍。

1803年7月，拟就宪法修正案十二条。

1803年10月，《路易斯安那条约》得到参议院审议通过。

同年，马伯里诉麦迪逊案审结。

1804年12月，再次当选为美国总统。

同年，成立奥勒冈属地；颁布《1804年土地法案》；批准美国宪法第二次修正案；派遣梅里韦瑟·路易斯与威廉·克拉克率探险特遣队赴北美洲的西北地区进行勘察。

1805年3月4日，宣誓就任美国总统。

同年，发生副总统伯尔叛国案；成立路易西安那属地（后更名为密苏里属地）。

1806年11月，颁发逮捕伯尔的公告。

1807年1月，再次当选为美国哲学学会主席。

1807年3月，签署禁止国内奴隶贸易法案。

1807年7月，颁布反对英国海军强征美国人服役的公告。

1807年12月，签署《禁运法》，企图与拿破仑战争中的交战国中止贸易关系，从而使美国的中立国地位获得尊重。同时派人赴法谈判，以期购买新奥尔良和西佛罗里达。

1809年3月,任职届满引退,回到蒙蒂塞洛庄园,致力于农场改造以及研究建筑工程、哲学、古生物学等自然科学。

1811年1月,为美国农业协会起草工作计划。

1812年1月,与约翰·亚当斯重归于好。

1812年6月,美英爆发第二次战争。

1814年9月,把私人藏书6000余册折价卖给国会图书馆。

1814年12月24日,美英签订《根特条约》。

1815年1月,提出高等院校教学科目纲要。

1816年,美国政府颁布《关税条例》及《第二国家银行法案》。

1818年1月,弗吉尼亚州议会通过创办弗吉尼亚大学提案。

1818年8月,选定夏洛茨维尔镇中心作为校址。

同年,当选为弗吉尼亚大学第一任名誉校长,着手规划设计第一批校舍,派人去欧洲延聘教授,设法筹措经费。

1819年2月22日,美国与西班牙签订条约,西班牙把西佛罗里达和新奥尔良转让给美国,并放弃对俄勒冈地区的全部领土。

1820年3月,联邦国会通过《密苏里妥协案》,重新划分自由州和蓄奴州的边界线。

1821年4月,联邦政府颁布《土地法》,降低出售土地的单位面积。

1823年12月,门罗总统在致国会年度咨文中正式提出"门罗主义"[①],反对欧洲干预美洲事务。

1824年5月,弗吉尼亚大学建成开学。

1826年3月,写遗嘱。

1826年6月24日,书写庆典邀请答谢信。

1826年7月4日,《独立宣言》签署50周年纪念日,逝世于蒙蒂塞洛庄园。

---

① 门罗主义:于1823年提出,表明美利坚合众国当时的观点,即欧洲列强不应再殖民美洲,或涉足美国与墨西哥等美洲国家之主权相关事务。而对于欧洲各国之间的争端,或各国与其美洲殖民地之间的战事,美国保持中立。相关战事如发生在美洲,美国将视为敌意行为。这是美国涉外事务的转折点。